歐洲藝術的源泉，史詩電影的寶庫

THE MYTH OF GREECE AND ROME

希臘羅馬神話故事

更新版

作者序

希臘羅馬神話在西方文學中佔有極重要的地位，西方人視它爲自己文化的根源，並引以爲傲。數千年來，藉由歷代偉大詩人與藝術家的神筆妙手，多采多姿的神話世界吸引著我們浸淫在自然的神祕創造力與精神世界的波瀾壯闊中。而那些王者、英雄以及美女、妖怪的浪漫傳說，即使在經歷了數千年歲月後的今天，依然存於我們的周遭，不曾隔絕片刻。

在現時代中，希臘、羅馬的古代傳說歷經哲學、宗教、歷史等學術性的研討，整理成許多稿本，然這些都是學者的工作，而一般人所要求的，只是對希臘羅馬神話能有一連貫而完整的敘述。

於是，在本書中的第一篇〈創世錄〉中，我們細述了太古時代的一般故事，但實際上，它並非完全是「故事」，它往往也有事實和相關的事物作背景；事實上，學者們咸認爲洪水神話反映遠古時代的歷史事實。它同時具有虛假與眞實的雙重性。一些荒誕怪異的事物、巨獸，很有可能就是古代人們所畏懼的某種自然現象，例如火山、海嘯、雷電等，經由人們的流傳而逐漸形成。當然，我們不須拘泥於它的眞實性，畢竟它是神話故事，而非一部歷史。

第二篇〈諸神篇〉裡，主要是以家喻戶曉的希臘諸神爲華裳，將發生在他們身上的動人故事化成五彩絲線編織進去；並且刻意排除、省略一些令人產生厭惡或喪失人性的故事，以期讀者能在幻想的曠野中浪漫奔馳。

在第三篇〈英雄篇〉的傳說當中，有些是神化了的歷史事件，有些則講述遠古社會的生活，如有關冤怨相報、骨肉相殘的故事；有的英雄故事反映了遠古人類與大自然的奮鬥對抗；還有些和遠古社會宗教有密切的連繫，如阿伽門農為了平息風浪把女兒獻祭給女神。

神話故事的產生都是由於先民不斷地創造口述傳說而來，希臘羅馬神話也不例外。最早出現的希臘「史詩」——即希臘神話的前身，有人說它是盲詩人荷馬所述寫，但也有人認為「荷馬」這個人實際上並不存在，而是無數代在街頭巷尾賣唱詩人的代名。姑且不論是否有「荷馬」此人，他的〈伊里亞特〉和〈奧德賽〉兩部史詩是最早且對後世影響最深的偉大創作，已是不爭的事實。

本書第四篇〈史詩篇〉即是敘述「伊里亞特」、「奧德賽」這兩部壯觀的傳說。其中「伊里亞特」，以特洛伊戰爭為主題，從特洛伊城的建設以至沒落，完整地寫成故事，全篇充滿了戲劇性，並且以悲劇收場。而「奧德賽」的氣氛和「伊里亞特」截然不同，它描述的是冒險故事，魅力十足，且是一部大團圓的喜劇。在這兩部史詩中都還有一項特色，就是均有神與人一起活動，足使凡人的故事生色不少。

閱讀古典名著誠能擴大我們的視野，啓發我們的心靈，期望這部《希臘羅馬神話》的重新編寫可以成為一座橋梁，引領讀者去尋求名著之汪洋裡遍佈的明珠。

目錄
Contents

第四篇 史詩篇

第一篇

創世錄

　　朦朧的太古時代，遠在神明出現以前，只有無形的「混沌」置身在永恆的黑暗裡。整個宇宙沒有別的東西，一切都是漆黑空洞、寂靜無邊的。

　　當黑暗和死亡衍生出「愛」來，秩序和美就漸漸驅散了曖昧的混亂。尚未成形的世界，以胚芽形態開始孕育未來的一切。

　　接著，天和地創造了，大海漲落於兩岸之間。魚在水裡頭嬉戲，飛鳥在空中歌唱，大地擁擠著生物，但還沒有靈魂可以支配世界的生物。

　　這時，先覺者普羅米修斯撮起一把泥土，捏塑成人形；並將各種動物的心攝取出的善與惡，封閉於人的胸膛裡。於是，最初的人類遂被創造出來。

1 神與世界的緣起

在世界誕生以前，那兒是一無所有的太虛幻境。

一片混沌之中，世界呈蛋卵狀，不斷旋轉；緩緩地出現一股力量，要在這種混亂中導入秩序。一轉瞬間，這「力量」把天空推往穹蒼，把星辰綴滿天空，還創造出我們即將生於斯、棲息於此的大地，以及環繞這大地的海洋。這一切的一切，被包圍在陽光與空氣之中。就這樣，世界裂爲兩半，即成天地。

從此以後，神話中的無數人物，在地上、在空中、在海裡自由自在地居住和活動。

泰坦神族

宇宙最古老的神是「混沌」卡俄斯（Chaos），卡俄斯生了「黑暗」厄瑞波斯及「夜晚」妮克絲這對兄妹。兄妹結合後，生了海鐵爾和海彌拉，海鐵爾是充滿光亮之神，而海彌拉則是光明的白晝女神。於是白天和夜晚、黑暗和光明，都先後誕生了。

接著，大地母神蓋亞憑著自己的神力，產生了穹蒼之神烏拉諾斯及代表高山與大海的邦杜斯巴。於是，天與地、山與平原、海與陸地，皆已區分完畢，而且井然有序。

世界的主宰烏拉諾斯和大地母神蓋亞結合，生下六男六女，即十二位泰坦巨神。

十二名神祇中的大洋之神奧克亞諾斯與海之女神特蒂斯結合，生下泉水與河川；而克伊奧斯與波伊貝則是日神阿波羅與月神阿緹密斯之母莉托的雙親。

希佩里翁與蒂雅結合，生下哈里奧斯、塞勒涅、厄俄斯。克羅諾斯與瑞亞則是奧林帕斯許多神祇的父母。哈里奧斯身爲太陽神，每日駕馭著光明的戰車，由大洋升到天上，於黃昏時再降落大洋之中。哈里奧斯之妹塞勒涅爲月亮女神，厄俄斯（羅馬名：奧羅拉）是黎明女神。此外，尚有四名泰坦神祇，分別爲庫雷奧斯、伊亞佩特斯、姆娜摩休納、特彌斯。

瑞亞

庫雷奧斯與海的女兒悠留比雅結合，生下星星與風；伊亞佩特斯與海的女兒克琉梅妮結合，生下亞特拉斯、普羅米修斯和亞比梅丘斯；姆娜摩休納是技藝的女神，亦爲九名文藝女神繆思之母；特彌斯則是主宰法律的女神。

此外，烏拉諾斯和蓋亞還生了三個獨眼怪物，稱爲「庫克羅普」；庫克羅普有三個巨大的孩子，每人都有五十個頭、一百隻手，他們三人被稱為「海卡頓奇勒埃」的百手神族。

看到這些醜陋無比的怪物，最為震驚的是他們的父親烏拉諾斯。他是眾神之王，統領全宇宙，尊寵無比、驕貴榮耀，怎能有那麼醜陋難看的兒子呢？他感到羞恥、忿忿不平，於是狠下心腸，只要孩子一出世，就把他們丟到蓋亞的肚子裡，而且還把蓋亞關到地底下，讓他們永遠無法見到世界。

這般無情的作風，引起了蓋亞的憤慨。她怏怏不樂，想要報復，所以當她生下亞打米斯（金屬）後，就打造一把巨大的鐮刀，並召集泰坦族，出示銳利的鐮刀說：「你們當中有誰能使用這把鐮刀去懲罰你們殘酷的父親呢？如果有這種膽識，就可以代替你們的父親來管轄全天庭，成為眾神之王！」

聽完這些話，眾子女面面相覷，畏懼不前。這時，有個堅定沉著的聲音從群眾中徐徐傳出：

「我來負責！」

這個年輕人就是克羅諾斯，在泰坦族中年紀最小，但是膽識和智慧卻最為出類拔萃。克羅諾斯的善體母意讓蓋亞很欣慰，她把鐮刀交給他，交待他預先埋伏起來。

被蒙在鼓裡的烏拉諾斯一步步陷入危機。當他擁抱著蓋亞在大地上躺下時，克羅諾斯迅速竄出，用鐮刀將父親殺死。從烏拉諾斯的血中誕生了多名神祇，其中一種是復仇女神艾莉紐絲。艾莉紐絲們的職責是追捕及懲罰罪人，所以被稱為「黑暗行者」。她們的外貌十分可怕，以扭動的蛇群作頭髮，眼睛流著血絲。

另外還誕生了巨人基喀斯們以及梅莉雅斯的精靈們。而克羅諾斯推翻父親之後，便成爲眾神之王。

克羅諾斯與衆子之戰

克羅諾斯後來娶瑞亞爲妻。但是烏拉諾斯在臨死前預言克羅諾斯也必將爲其子所弒。克羅諾斯對父親的預言感到恐懼萬分，他害怕這預言會實現，所以步上父親的後塵，每當瑞亞一生產，他就搶過嬰兒，吞到自己肚子裡。

失去三個女兒、二個兒子後，瑞亞感到痛苦不已；因此她再度懷孕時，便誓死要保護孩子。

在她即將臨盆時，瑞亞在夜晚偷偷跑到克里特島，產下一個男孩，他就是日後統治所有神祇的萬神之王、眾神之父——宙斯。

瑞亞將宙斯藏在克里特島中一間岩石築成的房子裡，並且安排了

克羅諾斯吞噬他的兒子

哥雅　1820~1824年，馬德里／普拉多美術館

年輕的精靈克里特斯保護他。宙斯每天喝著阿馬爾特亞山羊的奶與蜂蜜，而精靈們則日以繼夜地守在宙斯身旁，互擊盾矛，高聲唱歌，跳舞狂嘯，目的就是要遮蓋宙斯的哭聲，免得被克羅諾斯發現。

當宙斯長大後，瑞亞又用巧妙的方法，給克羅諾斯服下嘔吐藥，讓他把從前吞下的孩子們吐出來。第一個被吐出來的是後來成爲大海之王的男神波塞頓，接著是治理地底陰府的黑暗冥王黑地斯，然後是宙斯後來的王后希拉，再來就是農業女神迪密特，最後是灶之女神海絲蒂雅。

這五位天神都是宙斯的哥哥及姐姐，但他們是被吞下再吐出來的，可算是再生，所以自此以後，他們就視宙斯爲大哥。

一場可怕的戰爭爆發了，一方是克羅諾斯和他的兄弟泰坦族，一方是宙斯與他的五個兄弟姐妹們。雙方激烈的戰鬥，可怕的聲音攪動了無邊的大海，大地發出哀鳴，廣闊的天空顫慄叫苦，黑色的地獄渾身發抖，這場戰爭差一點把宇宙毀掉。

戰爭進行了十年，始終無法分出勝負。宙斯聽從蓋亞的忠告，前去釋放被囚的獨眼神族及百手神族。「爲了結束地球上的混亂局面，我需要你們的幫助，請你們助我一臂之力，跟我到地上去一趟吧！」宙斯闖入地下王國，將他們解救出來，使他們獲得可貴的自由，重見光明。

爲了報答宙斯的恩情，庫克羅普與海卡頓奇勒埃們奮力作戰，施展他們可怕又強大的力量來對抗泰坦族。庫克羅普最擅於打造鐵器，他們製造出世間最可怕的武器——送給宙斯的是雷霆萬鈞的閃電，具有強大的殺傷力；送給波塞頓的是一支三叉戟，而黑地斯的禮物則是隱形的頭盔。另外，海卡頓奇勒埃族更是在戰場上威風八面，銳不可擋，他們用一百隻手抓起巨大的石頭，如雨點般地往泰坦族丟去。

不久，勝負大致分曉。宙斯從巍峨的奧林帕斯山巔發射出火亮的閃電，所至之處熱燄燃天、雷聲震耳，地動山搖。泰坦族此時已陷於苦戰，被燒死或被擊斃者橫屍遍野，再加上海卡頓奇勒埃族的巨石把泰坦族壓得動彈不得，只好投降。

宙斯痛懲戰敗的敵人，把他們鐐銬拴在環抱四方的地層下，關在監獄中。爲了防止他們逃走，宙斯又命令黑地斯在監獄周圍建造了青銅門窗及牆壁，再命海卡頓奇勒埃族負責看守，讓他們永遠生活在暗無天日的地下。

經過這長久的戰爭後，宙斯終於頂替了父親，君臨天下，成爲眾神之王。

此時，大地母神生下了一個可怕的孩子——泰風，他是一隻噴火的百頭怪物，在泰坦族被殲後起而對抗眾神。泰風可怕的嘴巴

泰坦巨人的傾倒
朱里歐．羅曼諾　1532～1534年，曼多太宮殿吉甘提室

吹出死亡信號，眼睛冒著烈火，宙斯爲了重建世界秩序，全力應戰。

最後，宙斯以永不安息的閃電和吐火的雷霆打擊泰風，火燄燒入他的心臟，他的力氣頓成死灰，頹然倒在艾特娜火山旁。據說，埋在地底的泰風發怒時，會煮沸他的標槍，讓山口流出火紅的岩漿，吞食掉花果鮮麗的西西里平原沃野。

但是，宙斯還是沒有得到完整的勝利。若干年後，巨人族叛變企圖取代宙斯爲王。不過，那時眾神已變得非常強壯，又有宙斯的兒子海克力斯協助他們，天庭的神力完全戰勝了大地的蠻力，巨人族很快地被扔下地獄。

宙斯雕像

此後宙斯和他的兄弟姐妹們成爲世界的主宰。

於是宙斯召開諸神大會，論功行賞，分配天地萬物。諸神遂推宙斯爲天帝，波塞頓被封爲海洋之神，黑地斯爲冥府之神，宙斯並娶妹妹希拉爲妻，立爲天后。

統治權分配完畢，宙斯即率領著兄弟姐妹及妻子居住於奧林帕斯山上的宮殿之中；波塞頓娶老海神尼遼斯之女安菲特麗緹爲妻，居住於歐玻亞島海岸附近的海底金殿；黑地斯則居於冥界。

2 太古人類的誕生

在宙斯與克羅諾斯的爭戰中，泰坦神族的普羅米修斯加入了宙斯的陣營。他機敏而睿智，早有先見之明，洞悉了宙斯終將贏得勝利的事實。

普羅米修斯知道天神的種子隱藏在泥土裡，所以他用土和水揉成了泥，照著神的模樣捏出人形。爲了要給予泥土構成的人形生命，他取出各種動物的勇敢、力氣、快速、伶俐、善惡等天賦，將它們封閉在人的胸膛裡。智慧女神雅典娜驚奇於這泰坦之子的創造物，便把靈魂和神聖的呼吸吹送給這僅僅有著半個生命的生物。

這樣，最初的人類遂被創造出來，不久就充滿在遠處的大地。

普羅米修斯為人類盜火

人類雖被創造了，但有一段很長的時間，他們並不知道怎樣使用他們的高貴四肢和身體裡面的聖靈。他們視而不見，聽而不聞，無目的地移動著，如同在夢中的人形，不知道怎樣利用宇宙萬物。他們不知道鑿石、燒磚，從樹木刻削梁柱，或利用這些材料建造房屋。人類如同忙碌的螞蟻，聚居在不見陽光的土洞裡，不能辨別嚴寒的冬天、花朵燦爛的春天和果實充裕的夏天。

於是，普羅米修斯教他們觀察星辰的升起和降落，教他們計算和用寫下的符號來交換思想。他並指示人類如何駕馭牲畜，用以分擔人類的勞動；並且告訴他們怎樣調治藥劑來醫治各種疾病。

其次，他教他們預言未來，並為他們解釋夢和異象，看鳥雀飛過和犧牲的預兆；並引導他們做地下勘測，好讓他們發現礦石、鐵、銀和金。總之，他介紹他們一切生活的技術和生活上的用品。

很快的，在天上的神祇們——尤其是宙斯，開始注意到這新的創造物——「人類」了。他們很願意保護人類，但要求人類對他們服從以為報答。

一天，他們在希臘的邁錫尼，舉行人、神集會來決定神、人之間的劃分，也就是必須標明神和人命運的不同。這時，代表人類的普羅米修斯拖來一隻大公牛，將之分成兩部分，然後說：「我已經將牛分為兩部分，請諸位神祇選擇其一，以決定神、人兩者不同的命運。」

暗地裡，普羅米修斯其實暗藏玄機，運用機智玩了一次巧妙的詭計。

普羅米修斯將公牛分為兩部分：其中一部分是牛肉、內臟和脂肪，包藏在不能食用的牛皮裡，裝入牛胃中；另一部分是不能食用的牛骨，外表則被覆蓋了純白香滑的牛脂。他心中如此盤算：「如果這個計策成功，人類將獲得美味可口的牛肉，諸神只有啃骨頭的份，那麼宙斯就無法佔有所有美好的東西。」

但全知全能的宙斯看穿了他的騙局，說：「伊亞佩特斯之子，我的好朋友，你的分配如何地不公平喲！」這時普羅米修斯相信他已騙過宙斯，暗笑著回答：「顯赫的宙斯，萬神之王，取你隨心所喜的吧！」

宙斯著實惱了，禁不住心頭火起，但卻不拆穿，反而順水推舟，將計就計，故意選擇不好的一部分。就這樣，後世的人類在殺完牛時得到可吃的牛肉，以及用處頗多的牛皮，而以牛脂及牛骨燃燒祭神。

表面上看來，人類得到較多的好處，但睿智的宙斯是不可能讓眾神吃虧的。其實，宙斯的選擇早就由他自己決定好了，骨骼是屬於神，而人類只配得到肉。為什麼呢？原來牛死後骨頭永不消失，而牛肉則會腐爛。雖然如此，宙斯對普羅米修斯的行為仍大感憤怒，為了要懲罰普羅米修斯，宙斯拒絕給人類為了完成他們文明所需的最後一物——火。

機敏的普羅米修斯馬上想出辦法，他摘取木本茴香一枝，走到太陽車那裡，當它從天上馳過，他將樹枝伸到它的火燄裡，直到樹枝燃燒。他持著這個火種降到地上，為人類帶來了火，即刻，第一堆叢林的火柱就升到天上。

當宙斯看見火燄從人間升起，他大為光火，但人類既有了火，就不能從他們那裡奪去。

宙斯憤怒地對普羅米修斯說：「別以為你很聰明，膽敢汙損我的雙眼。不久人類就會悔恨你賜給他們的恩惠，因為由於你的偷盜行為，我將賜給人類一場可怕的災禍！」

第一個女人

爲了懲罰普羅米修斯偷盜天火的狂妄行爲，宙斯立刻爲人類想出了一個新的災害。

他命令以巧妙著名的火神黑法斯托斯用水土合成攪混，依女神的形象塑出一個可愛的女人；再命令美神阿芙蘿黛緹送給她美貌，智慧女神雅典娜則教女人織布和各種才藝，阿波羅送給她音樂的天賦，漢密斯送給她利嘴靈舌。完成了所有的手續後，宙斯在她最使人迷戀的外形之下，佈置了一種眩惑的災禍。這女子名爲潘朵拉，意即「有著一切天賦的女人」。

接著，宙斯命令使神漢密斯把女人帶給普羅米修斯的弟弟艾匹美修斯，成爲他的妻子。艾匹美修斯與他的兄弟不同，生性愚蠢。普羅米修斯曾經勸告他切莫接受宙斯的贈禮，但艾匹美修斯原本就愚笨，再加上潘朵拉的誘惑，他立刻就著迷於美色，忘掉普羅米修斯的警告。

在此之前，人類還沒有災禍，也無過分的辛勞，或者疾病的苦痛。但不久以後，潘朵拉發現了一只大箱子，她對這只箱子產生了強烈的好奇。有一天，她趁艾匹美修斯外出時，敲開了蓋子，想看個究竟。立刻從裡面衝出一大群使人遭受不幸的災難——如折磨人肉體的病痛，折磨人心靈的嫉妒、怨恨、復仇；它們向四方飛散，數不清的各種悲慘

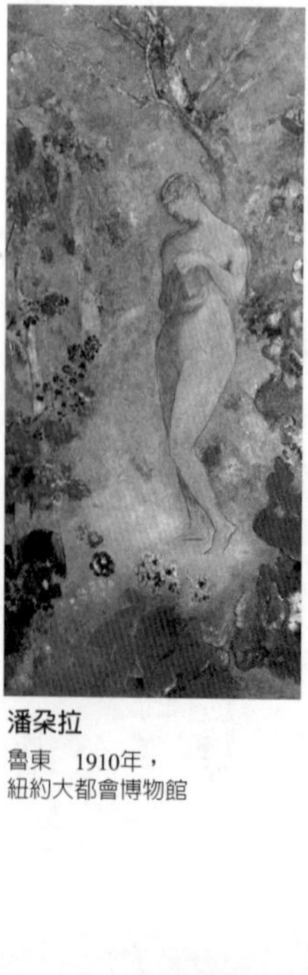

潘朵拉
魯東　1910年，
紐約大都會博物館

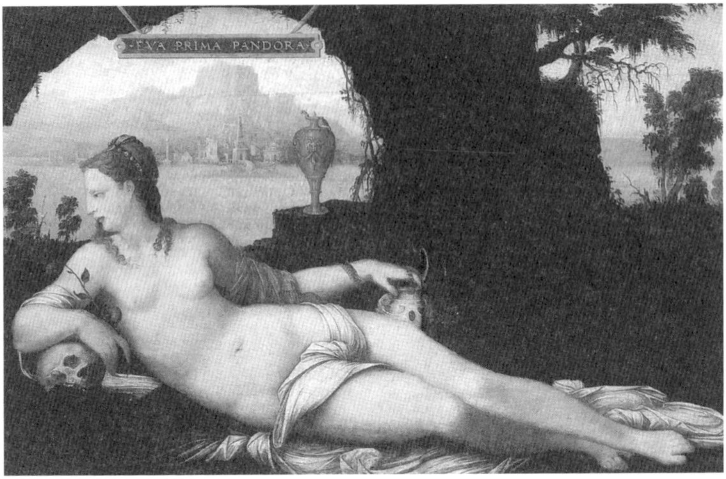

潘朵拉 柯辛 約1538年，巴黎羅浮宮

充滿大地、空中和海上。疾病日夜在人間徘徊，祕密地、悄悄地，因宙斯並沒有給它們聲音。各種不同的熱病侵襲著大地，而死神，過去原是那麼溫暖地躑躅著步履來到人間，現在卻以如飛的步伐前進了。

自知闖下禍的潘朵拉，在慌亂中及時蓋住了大箱子，結果把箱子底還深藏著唯一美好的東西——「希望」關在裡面。因此，即使人類不斷地受苦，受生活折磨，但心中總是留有可貴的希望。

在艾匹美修斯與潘朵拉結合之後，人類的生活有了巨大的改變，也就是從單元一性世界成爲雙元雙性世界；最早的女人種族產生了，男人必須娶女人爲妻，必須辛苦工作來供養女人，否則不會有後代子孫。

宙斯再度利用機會，劃分了神與人的界線，決定了人類痛苦的命運。

這事完成之後，宙斯還是要懲罰普羅米修斯，將他綁在西方世界末端的一根柱子上，手腳都上了鍊銬，讓大鷲每天來啄食他的心肝。由於普羅米修斯也是天神，所以不會死，而被吃掉的心肝也會於隔天再長出來；因此，大鷲走後他還是活著，只是日復一日地受到折磨。

普羅米修斯堅忍不拔地忍受著煎熬，因爲他知道日後就會有一個英雄來解救他。果然，時候一到，英雄眞的來了。他不是別人，正是宙斯的兒子，力大無窮的海克力斯。海克力斯爲尋找海絲佩麗德斯的金蘋果來到這裡。他彎弓搭箭，射落兇鷲的大鷲，解救了苦難的普羅米修斯。

普羅米修斯之懲罰 黎雅，法國

爲了充分履行宙斯的判決，在懸崖絕壁長期受苦的普羅米修斯永遠戴著一隻鐵環，並鑲上一片高加索山的石片，使宙斯能誇耀他的仇人仍被鎖在山上。

人類的世紀

神祇所創造第一紀的人類乃是黃金的人類，此時由克羅諾斯統治世界。這是一個天眞無邪和幸福的時代。眞理和正義主宰一切，但不是靠法律的約束，也沒有什麼權貴的恫嚇和懲處。人們無憂無慮地生活著，沒有勞苦和憂愁，幾乎跟神祇一般，他們不會衰老，手腳永遠靈活如青年，不生疾病，一切生活必需全可仰給於大地。春天永在，不用種子，地裡也長出鮮花來；河裡流的是奶和酒，以及從橡樹蒸餾而來的黃澄澄的蜜糖。

接下來的是遜於黃金時代的白銀時代，宙斯縮短了春天，把一年分爲四季。於是人們首先嘗到了酷暑嚴寒之苦，不得不找個蔽身之所，要吃穀物就得耕作。這時的人類雄偉剛毅，但卻驕橫而粗野，互相違戾，不再向神祇的聖壇祭祀來表示敬意。宙斯很惱怒他們對於神祇缺乏尊敬，所以他使這個種族從大地上消失。

白銀時代之後就是青銅時代，人們的稟性更加殘忍而粗暴，習於戰爭，總是互相殺害。他們損害田裡的果實並飲食動物的血肉，動輒就要大興干戈，但是還沒有達到十惡不赦的地步。

最後到了最棘手和最糟糕的時代——黑鐵時代。罪惡像洪水一樣氾濫成災，謙虛、眞理和尊嚴逃得無影無蹤。大地的賜予全被拿去造孽，欺詐、暴力、戰爭四處猖獗。

宙斯見到這種情況怒不可遏，他召集眾神商討對策。在神祇大會上，宙斯陳述了人類不堪容忍的情況，並宣布了他要毀滅地上現有居民的意向，表示要另置新人。這種新人類不同於現有的人，他們將更有生存的價值，對神祇也更加敬重。

宙斯正想用閃電鞭笞整個大地，卻又及時住手，因爲恐怕天國會被殃及，並燒燬宇宙的樞軸；所以他放下閃電，決心以暴雨降落地上，用洪水淹沒人類。即刻，南風隱藏在漆黑的夜裡，搧動溼淋淋的翅膀飛到地上，浪濤流自他的白髮，雲霧遮蓋他的前額，大水從他的胸脯湧出。他升到天上，將濃雲撈到他的大手裡，然後把它們擠出來，雷霆轟擊，大雨從天而降，大風雨的狂暴蹂躪了莊稼。

海神波塞頓也把河川召集來，說道：「氾濫你們的洪流！呑沒房舍、沖破堤壩吧！」同時他也用三叉戟撞擊大地，搖動地層，為洪流開路。河川洶湧在空曠的草原，氾濫在田地，沖倒了小樹、廟堂和家宅，頃刻間，水陸、大海莫辨，一切都是無邊無際。

人類盡自己的力量來自救，爬到高山，划著船在淹沒的屋頂上；魚在樹枝間掙扎，逃遁的牡鹿和野豬則為浪濤所淹沒，所有的人都被大水沖去，那些倖免的人也餓死在僅僅生長著雜草和苔蘚的荒蕪山上。

在陸地上，仍然有著一座山，它的山峰高出於洪水之上，那是帕爾那索斯山。丟卡利翁由於受到他父親普羅米修斯關於洪水的警告，並為他造下一隻小船，他和他的妻子皮拉乘船浮到這座山上。

丟卡利翁為人正直，他的妻子則虔誠敬神。宙斯從天上俯視，看見大地成為無邊的海洋，千萬人中只有兩個人剩存，而這兩個人是如此善良而敬畏神祇。所以他使北風驅逐黑雲並分散霧靄，同時管領海洋的波塞頓也用三叉戟使浪潮退去。大海又現出海岸，河川又回到河床，泥汙的樹梢開始從深水裡伸出；其次出現群山，最後平原擴展開來，開闊而乾燥，大地復原。

丟卡利翁看著四周陸地荒廢而死寂，如同墳場一樣，他不禁落下淚來，對妻子說：「我們兩人是大地僅僅殘留下來的人類，其他人都淹沒在洪水裡了。而即使一切的危險都過去了，我們也還不能確保生命。現在連一片雲影都能使我發抖，且我倆孤獨地在荒涼的世界上能做什麼呢？多麼希望父親普羅米修斯能將創造人類和吹聖靈於泥人的技術教給我呀！」

夫妻二人不覺地哭泣了起來，他們在正義女神特彌斯半荒廢的聖壇前跪下，向著永生的女神祈禱：「告訴我們，女神呀，我們如何再創造消滅了的人類種族。啊，幫助世界重生吧！」

「從我的聖壇離開，」一個聲音回答。「蒙著你們的頭，解開你們身上的衣服，把你母親的骨骼擲到背後。」

這神諭令他們驚愕不已，皮拉首先打破了沉寂：「我們不能照著這道神諭辦事；我們不敢褻瀆父母的屍骨。」他們躲進樹林，苦苦思索神諭的含義。

丟卡利翁的心忽然明亮了，好像閃過一線光明，他用撫慰的話安慰妻子：「神祇的命令永不會叫我們做錯事的，大地是萬物之母，她的骨骼便是石頭。我們可以往身後扔石頭，我想神諭就是這個意思。」

於是他倆蒙住顏面，鬆開衣帶，撿起石頭朝身後扔去。奇蹟突然出現了，石頭不再是堅硬易碎，它們變得柔軟、巨大，成形。人類的形體顯現出來了，起初還不十分清楚，只是頗像從大理石雕鑿成的粗略輪廓。石頭上泥質溼潤的部分變成肌肉，結實堅硬的部分變成骨骼，而紋理則成了人類的筋脈。

結果，男人投擲的石頭變成男人，女人投擲的石頭變成女人。人類的新世紀從此展開。

第二篇

諸神篇

繼泰坦神族而後的神祇，以十二位奧林帕斯天神地位最高。他們是：天帝宙斯、天后希拉、海神普塞頓、冥王黑地斯、戰神阿利斯、火神黑法斯托斯、使神漢密斯、美神阿芙蘿黛緹、太陽神阿波羅、月神阿緹密斯、智慧女神雅典娜、農產女神迪密特。

奧林帕斯山是座神聖峻峭的山，天神們選擇這塊地方來建造他們的宮殿，並在那裡治理世界。它的入口是一扇雲彩大門，由四季神把守，裡頭就是衆神的住所。他們在那兒居住、睡眠、吃仙糧、飲甘露，聽太陽神阿波羅彈豎琴。那兒是幸福無邊的淨土，沒有風吹皺奧林帕斯的安詳寧靜，沒有雪降在那兒，四面都是萬里無雲的晴空，白燦燦的陽光鎮日普照著宮牆。

奧林帕斯聖山除了住著以宙斯為首的十二天神外，還有幾百幾千位次神，如小愛神丘比特，青春女神希比，主管社會娛樂的美惠三女神，負責文學、藝術和科學的九位謬思女神，紡人類命運之紗、控制人之生死的命運三女神，以及與地府、海域和冥國有關的神靈，如以婉轉動聽的歌聲引誘航海者走向死亡的海妖塞壬、冥府群神、復仇三女神、睡神和死神等。

此外，地面也有無數負責山水草木、星風雨虹等自然界物象的神靈，如森林牧神潘恩及薩堤洛斯等。

在這個神仙世界裡，有著許許多多生動活潑的故事，透過這些神話，我們即能瞬時掌握住那奇妙而美麗的活力世界。

1 天帝——宙斯 Zeus

宙斯是奧林帕斯山之主，世界之王，人和神的共同之父。天地繞著他的權杖轉，小至野草、大至蒼鷹，宇宙中的一切生物都得服從他的意志。宙斯坐鎮宇宙，指揮著天兵天將。晴朗明媚的天空，或暴風驟雨的天氣，都是宙斯喜怒哀樂的反映；因此，人們的希望和恐懼彷彿從天而降，每天各種事物的變化，各種奇事的出現都由眾神之主決定。

當宙斯情緒良好、春風滿面時，希臘上空就陽光明媚；當宙斯流淚時，希臘上空就會落下雨；當宙斯把白大衣蓋在地面上時，那就是雪天。白天和黑夜也聽從宙斯的命令，宙斯的意志和力量能驅散烏雲，能使天空萬里無雲或出現五顏六色的彩虹，能使海上的船隻乘風破浪。

宙斯與特蒂絲
安格爾　1811年，法國／格拉那博物館

宙斯又是黑雲之神，他經常把烏雲堆積在天空，刮起破壞性的颶風，在海上掀起狂風惡浪，使地上飛沙走石，使天空電閃雷鳴、大雨滂沱。所以，宙斯又被稱為雷電之神、震天之神、雲雨之神。

宙斯強而有力的手高舉宛如一道火光的雷電，這代表坐在天上的宙斯是由正義所引導的。他雖能呼風喚雨，但他對人類的統治卻是公正不偏的。

在宙斯面前，人人平等，人生之禍福完全是善惡之報。當人們行善無惡時，黑色的土地就長滿小麥，樹上就果實纍纍，大地牛羊成群，魚蝦豐收；當人們做了惡事、辦事不公、缺乏正義、失去理智時，颶風和洪水就會鋪天蓋地而來，江河氾濫，雷電交加，山崩地裂，冰雹打爛農作物。然而，宙斯也不是全能全知的，他也可能被人反抗和欺騙。

宙斯的王后叫希拉，是他的妹妹之一。但一種說法認為，宙斯最初選擇的對象是孕育智慧女神雅典娜的密蒂斯；兩人生下四季女神荷萊。荷萊有三姐妹，分別掌管著和平、正義及秩序。她們主司四季變化，維持人類世界的和平、正義和秩序。接著，密蒂斯又生了命運女神莫以利絲，也是由三姐妹組成，分別掌管紡布、分配與執行。

除了荷萊三姐妹幫助宙斯治理宇宙以外，命運三女神也協助監督人們遵紀守法。她們每天在宮殿牆上寫上每個人的命運，標示各天體運行的路線，任何東西也不能擦去她們寫在牆上的字跡。她們決定每個人的命

命運三女神

魯本斯　1621～1625年，巴黎羅浮宮

美惠三女神
拉斐爾　1503～1504年，香捻／孔德博物館

運，爲每個人紡織生命之線，並根據宙斯的命令和每個人的功罪，決定每個人在地上應該遇到的禍福。命運三姐妹用白羊毛和金色羊毛，還有黑羊毛給人們紡織生命線；白色和金色表示幸福的日子，黑色則表示不幸的日子。

宙斯也和密蒂斯的妹妹——記憶女神穆妮摩西妮，生下九個負責文藝的繆思女神；與美麗的河神尤莉洛美生下風姿綽約的美惠三女神，她們是群漂亮的姐妹，經常在諸神的宴會中跳舞歡唱，主司娛樂。

宙斯個性風流，不受習俗約束，在娶希拉爲后之後，仍到處拈花惹草；爲了追求神界與人間的美女，更不惜裝扮成各種身分或形狀以求親近，生下許多神祇與半神半人的英雄兒女。

誘拐歐羅芭

歐羅芭是位美麗的少女，她雙眼神采奕奕，皮膚白裡透紅。她是腓尼基國王愛基諾的女兒，每天早晨起床後，她便和同伴們一塊去海邊採摘玫瑰花。一天，她像往常一樣，在女伴們的陪伴下來到海邊的草地上摘花，編製花環，這時宙斯從遠處望見了歐蘿芭，立刻爲她神魂顛倒。

於是宙斯隱去了自己的神祇面目，化身爲一頭全身雪白的牡牛，這樣既可避過多疑善妒的希拉的震怒，又易於騙取這位少女的柔情。

當歐蘿芭走近時，牡牛便伏在她腳前，發出溫柔的叫聲，輕輕地舔著她的腳。歐蘿芭則用溫柔的手撫摸著牡牛的背，給牠的雙角掛上花飾。

「喂，親愛的姐妹們，快過來，快過來。」歐蘿芭高聲招喚同伴，「快過來騎這頭溫馴的公牛，我們可以一塊兒騎在牠寬闊的背上，像坐船一樣。」

說著，她笑咪咪地坐到牛背上，別的女孩也跟著要往牛背上爬。宙斯一見歐蘿芭已經中計，便馬上起立，迅速地躍身向大海奔去。當他來到海邊時，洶湧澎湃的波浪立即平靜下來，使他在海中奔跑，就如在陸地上一樣輕鬆。

歐蘿芭坐在狂熱劫持者的背上，她一手抓住這頭神牛的角，一手抓住她那被風鼓起的裙子。海岸漸漸被拋在後頭，山峰在視野中消失，幾個時辰過後，歐蘿芭只見頭頂上是無邊無際、湛藍的天空，腳下是浩

誘拐歐蘿芭
亞爾比　1568～1640年，羅馬／波給塞美術館

瀚的大海。最後，在遠遠的地平線上出現了小島的山峰。

公牛加快速度，很快地來到了克里特島。他把歐蘿芭放在一棵梧桐樹下，這時宙斯恢復神的原貌，並把自己的身分告訴歐蘿芭。時光女神赫爾立即從奧林帕斯山下來爲宙斯和歐蘿芭準備新房，歐蘿芭不久就在宙斯懷中入睡。

按照傳統的說法，歐洲大陸就是因歐蘿芭公主而得名的。宙斯和歐蘿芭的三個兒子都是希臘神話中赫赫有名的人物，其中米諾斯做了克里特的國王，死後成爲陰曹的法官；拉達曼提斯也因在世間爲人公正，被封爲死者的法官；而薩耳珀冬則是呂喀亞人的祖先。

爲了紀念宙斯和歐蘿芭的結合，打那天起，那棵梧桐樹的葉子就組成一個花環形，並且永不凋謝。

達妮與黃金雨

達妮是阿高斯國王亞克里西奧斯的女兒。這位國王沒有兒子，於是他求助於神諭，看是否能有一位王子接替他的王位。神諭告訴他沒有，並告訴他更糟糕的訊息：他的女兒達妮將生下一名男孩，這男孩長大後會殺害他的外祖父，篡奪王位。

亞克里西奧斯國王恐懼不安，他想盡辦法，試圖擺脫命運。他叫人建造一座銅塔，然後把達妮關在裡面，派哨兵日夜站崗，嚴密監視，禁止任何人與她交往，讓她永保處女之身而不能生育子女。

達妮日日無事可做，她呆坐在塔裡，只能看著天上飄過的浮雲。然而，命運是無法抗拒的。一天，宙斯化作一場黃金雨，從天空灑下，一時狂風大作，黃金雨如久旱的雨露，滲入達妮的軀體，讓她生了個男孩，取名叫帕修斯。

亞克里西奧斯發現之後，盛怒地問道：「他的父親是誰？」達妮驕傲地回答：「宙斯。」國王不肯相信，且確知那男孩將對自己造成極大的危厄。但是，他畏懼宙斯和復仇女神將懲罰謀殺親人者，因此不敢殺死女兒和外孫。

於是，他命人造了一只大箱子，把母子放進去，然後丟進愛琴海裡。達妮和稚子就坐在那奇怪的船內，天漸黑，他們在海上孤獨的漂流。風浪將恐懼打入達妮的心靈，她含著淚，緊緊地擁抱著嬰兒，整夜在起伏不定的箱子裡聽著水聲，海水似乎隨時會將她們母子倆吞沒。

達妮與黃金雨　提香　1553～1554年，馬德里／普拉多美術館

終於黎明來了，宙斯引導著這只箱子穿過風浪，漂浮到塞里福斯島，這島是波里德克特斯和迪克提斯兩兄弟所統治的國土。這時，正在捕魚的迪克提斯發現了箱子，拯救了他們。他和他的哥哥都熱愛著達妮和她的孩子，後來波里德克特斯娶她爲妻並用心撫育宙斯之子帕修斯。

帕修斯長大成人之後，在一次偶然的機會中拋擲鐵餅，無意地擊斃他的外祖父，應驗了神諭。

麗達與白天鵝

一天，宙斯又下凡到荒涼的泰格特山。那天深夜，泰格特山一片沉靜，厄多里國王的女兒麗達睡意正濃，突然，一隻巨大的飛鳥拍打著翅膀落在她身邊，爲她帶來了香氣撲鼻的食物。麗達被驚醒，她睜開眼睛，一隻羽毛鮮潤、雪白的天鵝就在她身邊，正用脖子撫弄她的臉蛋。

「別害怕。」白天鵝對她說，「我是光明之神，我希望妳生兩個外貌一樣的孩子，他們長大後所處的位置就像太陽與月亮一樣。他們將成爲兩位神祇，負責減輕那些做善事的好人離開人間時的痛苦，救護那些遇險的海員。」

講完以後，宙斯便回到天上去。九個月後，麗

麗達與白天鵝
迪索多瑪　16世紀，羅馬／波給塞美術館

達在一片樹林深處生下兩顆神奇的蛋，其中一顆孵出波里德凱斯與海倫，而另一顆則產下卡斯托耳和克麗泰梅絲特拉。

海倫就是引起特洛伊戰爭的美人，而克麗泰梅絲特拉嫁給希臘聯軍的主帥阿伽門農。

宙斯與伊娥

伊娥出身於神祇世家，父親是河神伊納曲斯，她也是希拉神殿裡的女祭司。宙斯見伊娥長得美麗動人，為要與她親近又不引起希拉的猜疑，便把伊娥逐出神殿，解除她的祭司職位。正當他在河邊向伊娥調情的時候，希拉看見那地方竟在晴天也濛著雲霧，她立即起了疑心。

因此她乘雲下降到人間。宙斯預先知道她來，為了從她的嫉恨中救出情人，他使伊娥變形為雪白的小母牛，即使這樣，伊娥看起來仍是十分美麗。

希拉馬上懷疑這牝牛的形體裡隱藏著一位人間美女。於是她走到丈夫的身邊，注視著那頭小牝牛，假意誇獎牠的俊美，又問主人是誰，屬於哪個牛群。宙斯唯恐她再追問下去，就隨口說是宇宙剛創造出來的動物。希拉疑心加重，便裝著極為喜愛這隻小牝牛，並向宙斯討為禮物。宙斯無計可施之下只好答應，而希拉馬上把牝牛交給百眼神阿古斯看守，好讓宙斯不得接近。

且說，阿古斯頭上長了一百隻眼睛，每逢睡覺時，只閉上一、兩隻眼睛就夠了。因此伊娥無時無刻不在他的監視之中。白天他趕她出去吃草，晚上用繩子拴住她的脖頸。她多麼想伸出雙臂乞求阿古

宙斯與伊娥
科雷吉歐　1530～1531年，維也納國立博物館

斯放了她啊！可是她卻沒有可伸出的雙臂，發出的聲音也只是牛的吼叫。她絞盡腦汁，想不出辦法能使父親認出她來；最後她終於想到了寫字，用一隻蹄子把自己的名字劃在沙地上。

河神伊納曲斯辨認出這個名字，發現他尋找多日而未得見的女兒原來竟被僞裝失去了原形，他不禁悲慟起來。正在這時，阿古斯發現了他們，他趕開了伊娥，自己坐在河堤上，監視著四周的一切動靜。

宙斯見到情人受苦，很是傷心，就派使神漢密斯施計把阿古斯遣開。但是阿古斯那一百隻眼睛有不眠不休的本事，如何使他稍有鬆懈，的確是一件費神的差事。

漢密斯拿著他的笛子，穿上有翅膀的皮靴，飛快來到阿古斯看守伊娥的山林間。他假扮成一位牧羊人，一邊趕羊，一邊吹奏美妙的樂曲，把阿古斯的睡眼一隻一隻地催眠，直到他完全熟睡之後，漢密斯馬上以利劍砍下阿古斯的頭來。伊娥終於重獲自由。後來希拉爲紀念阿古斯的忠心，遂取下他的眼睛，撒在她的孔雀尾巴上作爲裝飾，直到今天這些眼睛還待在老地方。

但是希拉仍然不放過伊娥，她派出一隻牛蠅去折磨伊娥，伊娥只好拚命逃跑，越過一片大海，這海從此就以她而命名爲愛奧尼亞海（意爲「伊娥之海」）。後來她又到過許多國家，最後來到尼羅河畔，她前腳跪下，昂著頭，默默地怨訴，仰望著天上的宙斯。他看到她，激起愛憐，立即到希拉那裡，擁抱她，請求她憐憫這個可憐的女孩，並發誓他將永遠放棄對伊娥的愛情。心軟了的希拉，終於許可宙斯恢復伊娥的原形。

宙斯忙著趕到尼羅河邊，用手撫摩著小母牛的背，牛毛立即從伊娥的背上消失，牛角也隱去，她的眼睛縮小，牛嘴變成紅唇，四蹄也恢復成四肢。

在那裡，尼羅河畔，她爲宙斯生了一個兒子，因人民都尊敬她，於是她如同女神一樣統治那個地方許多年。後來，她的孫女利彼亞繼承她的美名，人民也把她當做神來崇拜，利比亞地方，就是因她而得名。

宙斯與凱莉絲杜公主

天帝宙斯爲了親近喜歡打獵的的凱莉絲杜，遂化身爲月神黛安娜（阿緹密斯之羅馬名）引誘這位阿開地亞公主，凱莉絲杜因而失身懷孕，生下兒子阿卡斯。

宙斯非常喜歡凱莉絲杜的善良和嬌媚，所以，他常來造訪她，看她逗弄阿卡斯玩。天后希拉知道後相當嫉妒氣憤，便謀劃了一種殘酷的懲罰來對付凱莉絲杜。希拉穿上了她灰色的長袍，從奥林帕斯山下來，經過黯色雲朵的大門，降臨塵世。她發現凱莉絲杜剛剛睡醒，那紅潤可愛的阿卡斯則躺在她的身邊熟睡著。

希拉將自己隱身，直等到凱莉絲杜起床，走出她所居住的屋子，然後，希拉觸著這山澤女神的肩膀，將她變作一頭熊。

「我要叫妳喪失掉那誘惑我丈夫的美貌。」妒火中燒的希拉說。

一下子凱莉絲杜的腰身就屈了下去；她想伸臂懇求，但她那修長潔白的雙臂眼看著就要長滿了黑毛。她的手變得圓敦敦的，長出了鉤狀的利爪；她美麗的小嘴變成了一對駭人的下巴；她的聲音本來是能喚起人們的惻隱之心的，現在卻成了嗥叫，令人毛骨悚然。但是她並沒有喪失固有的氣質。她不停地呻吟、掙扎著想站直身子，伸爪乞憐；她覺得宙斯也太薄情，然而她無法說給他聽。

有多少個夜晚她徘徊在小屋門口，悄

宙斯與凱莉絲杜 布雪 1759年，美國堪薩斯州／尼爾遜阿堅斯美術館

悄地張望她的小兒子阿卡斯；有多少次她被獵犬嚇得到處逃竄，怕被獵人捉住。她不敢與野獸爲伍，忘記了自己是獸國中的一員。

一日，凱莉絲杜被一個正在行獵的小伙子看見了，她認出這名獵手原來是自己的兒子，現在已長成爲一個翩翩少年。她想走過去把他抱在懷裡，要告訴他自己是他的母親。

阿卡斯一見她走來，馬上警覺起來，舉起獵矛就要投射。但是，有什麼東西抓住了他的手，矛沒有擲出去。原來宙斯正注視著阿卡斯的初次狩獵，並發現到這隻熊就是凱莉絲杜。

宙斯止住阿卡斯的手，奪去了他的矛，但卻不能解除希拉的邪法，讓凱莉絲杜恢復本來面目；因此，他使阿卡斯變成了一隻小熊。頃刻間，小熊阿卡斯認出了他的母親，他們相偕在森林中漫遊，本來也會幸福快樂的，但宙斯爲他們想到了更好的安排。他帶著他們到天國去，以天空作爲他們遊樂的地方；在月色皎潔的夜晚，你可以看到他們，他們就是大熊星座和小熊星座。

當希拉看到這兩個新的星座置於眾星之間時，很是惱怒，但是她也不能干涉，畢竟宙斯是天國的主宰。因此，希拉到海神波塞頓那兒，要他答應不讓這兩顆熊星像其他星座一樣，在白天的時候到海洋下面休息。

於是，大熊星座與小熊星座始終在靠近北極星的四周移動。雖然，你只在晚上才能見到它們，但實際上，它們卻永遠停留在天空。它們因彼此靠近而感到快樂，且已學會了滿足於雲層中的生活。

宙斯與安緹奧披

有一次，宙斯想接近美貌的安緹奧披，她是河神的女兒。那天，她正在一棵大樹下睡覺，身上蓋著一件薄紗，宙斯便化作一個長著羊腳的人睡在安緹奧披身旁，從那天起，她就能感覺腹中有兩個胎兒在動。做父親的河神並不知曉女兒由於美麗非凡而被宙斯愛上，他嚴厲地訓斥安緹奧披的行爲。爲逃避家人沒完沒了的訓斥和威嚇，安緹奧披離開了父親的宮殿，隱居底比斯。

不久，底比斯國王厄波布斯愛上了這位迷人的流亡公主，並娶她爲妻。消息傳出，河神尼克透斯痛苦萬分，怒火中燒而自殺身亡；臨死前，他要其弟里戈斯發誓向安緹奧披及其丈夫復仇。里戈斯於是帶兵討伐底比斯，殺死厄波布斯，抓住安緹奧披並將她押送回國。途中，安緹奧披生下了一對雙胞胎，但她不得不遺棄這兩個嬰兒，幸虧牧羊人把他們撿回家，分別取名安菲昂和撒塔斯。

好心的牧羊人把兒弟倆撫育成人，使神漢密斯不忍見他們年幼失怙，遂教他們狩獵，同時還贈送一把七弦琴給安菲昂，教他彈奏動人的樂曲。

宙斯與安緹奧披

華鐸　1715～1716年，巴黎羅浮宮

安緹奧披被押送回國後受到嚴密的監視，並經常受到王后狄爾刻的虐待，過著悲慘的生活。然而，有一天，鎖著她那雙嬌嫩的手的鐵鍊自動脫落，她神奇地獲得了自由，於是她派遣使者找到這對孿生子，告訴了他們的身世和自己的處境。兄弟倆便糾集了大批牧羊人前往刺殺里戈斯，把母親救出，並由安菲昂繼位底比斯國王。

至於殘忍的王后狄爾刻，則被綁在野牛角上撞死，屍體被拋進一口泉裡。後來，人們便把那口泉叫做狄爾刻泉。

美少年加尼密地

海克力斯回到奧林帕斯山後，天后希拉便將女兒青春女神希比嫁給了他。這一切看來似乎都非常圓滿，然而卻有一件事令大家很頭痛，就是原本希比負責的侍酒工作，現在無人接替了。就在宙斯傷透腦筋的時候，忽然間他眼前一亮，一位俊美的少年映入眼中，那就是特洛伊的王子加尼密地。加尼密地長得極爲俊秀，尤其是他全身閃耀著金色的光芒，非常引人注目。

年輕的加尼密地十分貪玩，常常溜出皇宮，在海邊玩耍。宙斯便化作一隻老鷹，趁

加尼密地被擄

科雷吉歐　1530～1531年，
維也納國立博物館

他出遊時降落在他身後，用他那雙不會傷人的爪子將加尼密地攔腰抓住，用喙啣著他的頭髮，接著便展開他那強勁的雙翅，把加尼密地挾持到奧林帕斯山。

加尼密地被帶到奧林帕斯山後，無處可去，只有接受為眾神侍酒的工作，而他的年輕活力深受眾神喜愛，沒多久就和大家打成一片。

神話傳說加尼密地同時也成為宙斯的愛人，因此獲得永生不死的神職。他提著寶瓶倒水的形象被提升到空中，成為水瓶星座。

加尼密地
阿提卡赤陶　約西元前470年

宙斯的藝術形象

宙斯既是眾神之父又是人類之王，所以人們往往描繪他莊嚴地坐在用象牙雕成的寶座上。他莊嚴的頭部表現他那駕馭風暴的力量，同時也表現他那支配明媚風光的冷靜與沉著。獅鬃般的濃厚頭髮飾在寬闊的前額上，他的護胸甲就是盾，看上去威風凜凜。

他的聖鳥是鷹，他的聖木是橡樹。

他的神殿位於橡樹林密佈的多多那島。

他的神意，由祭司藉橡樹葉的娑娑聲解說出來。

2 天后——希拉 Hera

希拉是克羅諾斯的女兒，即宙斯的妹妹，也是天帝的妻子。

當希拉還是個臉上帶著稚氣的少女時，她的奶媽瑪格麗絲總是陪侍在她身邊，形影不離。然而在一個寒冷的冬日，希拉獨自待在荒野外面，一隻凍得發抖的杜鵑鳥突然飛來，停在她的肩膀上，希拉同情地將這隻快要凍僵的小鳥兒抱在懷裡，讓牠暖和。

宙斯與希拉　巴利　17世紀，英國

其實，這隻杜鵑鳥是宙斯的化身，宙斯搖身一變，恢復原形後對她說：「啊，希拉，我想娶妳爲我的合法妻子。我將把奧林帕斯山我右手邊的輝煌寶座讓給妳。」

天眞無邪的希拉應允了宙斯的要求，於是，宙斯便叫人把希拉抬到綠樹成蔭的喀泰戎山舉行婚禮。大地爲他們準備了軟綿綿的草地作爲新床，花兒爲他們綻放，綠樹搖晃著枝葉向他們致意，泉水爲他們散發出佳餚的香味，眾神都來參加他們的婚禮。

希拉握著宙斯的手，一朵金色的雲彩飄來，把他們送到奧林帕斯山的宮殿裡。

身爲宙斯的天后，希拉能分享天帝的各種特權和榮譽。她像天帝一樣，有時使天空雷聲隆隆，使海上狂風大作，使每年冬去春來，在她腳下閃閃發亮的星星也得聽從她的指揮。在奧林帕斯山上的女神中，希拉長得最美麗、最迷人，也最受人尊敬。當她進入神殿時，眾神都肅然起敬，向她走來，舉杯致意。她像宙斯一樣，發起脾氣時令人膽裂，她在寶座上搖動一下，就能使整個奧林帕斯山隨之震動。

在詩人們的筆下，宙斯和希拉的居家生活有時甜蜜和諧，有時吵吵鬧鬧，就像天氣有時晴朗、風和日麗，有時則烏雲密佈、狂風大作，於是，人們往往把天空的各種現象解釋爲宙斯和希拉夫婦關係的變化。

希拉貞潔而賢能，掌管婚姻與生育，羅馬人稱她爲「使嬰兒見到日光」的女神，具有忠貞妻子的形象，是婦女的保護神。雖然她是除了阿芙蘿黛緹以外最美的女神，但她從不會在向她求愛的眾多仰慕者面前讓步。她以婚姻關係和宙斯結爲夫婦，除了對宙斯的愛之外，對別的神從未產生愛情。

忘恩負義的伊克西翁

在被希拉非凡的姿色弄得神魂顚倒、不知天高地厚竟敢向她示愛的人當中，最出名的要算是伊克西翁。

伊克西翁是拉庇泰的國王，他答應要娶伊俄紐斯的女兒笛爾爲妻，保證贈送豐盛的聘禮。但他沒有實踐諾言，反而在宮殿前設下陷坑，坑下點燃熊熊的炭火。當岳父指責他說話不算話時，伊克西翁藉口要與岳父和解，邀請他赴宴。未料伊克西翁卻趁老人不備，把他推入火坑，讓烈火將他燒死。

伊克西翁的暴行引起眾神的憤慨，他們認爲這是滔天大罪，拒絕爲他滌罪。伊克西翁走投無路，被迫逃到宙斯那裡，宙斯憐憫他，寬恕了他的罪過，還讓他與眾神共同進餐。沒想到伊克西翁竟忘恩負義，意圖將他的魔爪伸向宙斯的妻子希拉。他認爲善妒的希拉，一定會喜歡有這樣的機會來報復宙斯的花心。但希拉對這個厚顏無恥的男人非但不予理睬，還一再埋怨丈夫不該收留這個無賴。

宙斯對於希拉的指控半信半疑，爲了考驗伊克西翁，他把一朵雲變成希拉的模樣。沒想到伊克西翁一見這位假希拉，果眞發狂地撲上去，緊緊把她摟在懷裡。宙斯親眼看見伊克西翁汙辱妻子的化身，便命令黑地斯無情地鞭笞他，打得他連聲直說：「恩人應該受尊敬。」

後來，為了懲戒這名忘恩負義之徒，宙斯把伊克西翁推下地獄，還用結實的繩子將他的四肢捆住，綁在一個火燄熊熊的車輪上，讓車輪永無止盡地在地獄裡滾動。

宙斯對希拉的懲罰

希拉以善妒聞名，常因宙斯與別的女子有染而大發雷霆。其中有一位凱莉絲杜公主被希拉變成一隻大母熊，另外一次宙斯為了要攻打巨人族，便與愛克美娜生下了海克力斯，以幫助他作戰，希拉知道之後便派了兩條蛇去咬死海克力斯，不料海克力斯天生神力，在搖籃中便把兩條蛇掐死。希拉的嫉妒與報復行為，往往為諸神和凡人帶來無限的災劫。

有一次，宙斯的傲氣和喜怒無常的脾氣實在教人難以忍受。於是希拉便慫恿波塞頓、阿波羅和奧林帕斯山的神祇，趁著宙斯躺在床上熟睡之際一擁而上，用生牛皮繩把他捆綁起來並打上一百個繩結，使他動彈不得。當他們歡慶勝利並懷著猜疑嫉妒之心討論繼承宙斯王位的人選時，海洋女神特蒂斯看到奧林帕斯山即將爆發一場內戰，便將百臂巨人布里阿瑞俄斯給找來。

希拉頭像

這位巨人把一百隻手都同時用上了，迅速解開繩結，還予天帝自由。因為是希拉領導了這場陰謀活動，宙斯為了馴服她，便用黃金鎖鎊住她的雙手雙腳，再將她從天宮打下凡間。

別的神祇氣惱萬分，但不敢拯救希拉。後來宙斯答應釋放她，條件是大家要起誓永不造反。諸神們雖然滿心不情願，還是個個做了保證。宙斯懲罰波塞頓和阿波羅去給勞梅頓國王當奴隸，他們爲國王建造了特洛伊城；至於其餘的神祇，宙斯認爲他們只不過是被脅從，所以寬恕了他們。

希拉的藝術形象

在奧林帕斯山永生的眾神中，希拉是天后，她梳著漂亮的頭髮，分享丈夫的權力。她往往以戰服的裝束出現，手持鋼刀，頭戴鑲有花葉的冠冕，威風凜凜。隨侍她左右的是季節女神奧雅絲、社交女神卡莉緹絲和彩虹女神伊麗絲。

3 海神——波塞頓 Poseidon

希臘神話把海描繪成兩個朝代。舊朝興旺於克羅諾斯統治時期，由泰坦神奧克亞諾斯和特蒂斯所創立。他們繁衍了三千條河流和無數海上仙女。後來大地母親的兒子尼遼斯成爲海洋中的長者，以預言天才、知識和對眞理及正義的熱愛著稱。他的女兒和波塞頓結爲伉儷，從而聯合了海洋新、舊兩個朝代。

波塞頓是宙斯之弟，當他和兄弟們把父親克羅諾斯推翻之後，三個兒子三分天下，宙斯主宰天堂、黑地斯掌管冥府、波塞頓監護海洋，而陸地則由三人共同統治。

波塞頓與安菲特麗緹
戈塞特　1516年，柏林國立美術館

波塞頓居住在愛琴海的宮殿裡，邸宅的地基就在海洋的深處，房頂則在海浪下面。五光十色的珍珠貝殼裝飾著宮殿的牆壁，豐富多彩的水草使他的花園繁花似錦。

當這位海洋之王離開宮殿外出時，他穿上發亮的胸甲，然後一手執著三叉戟，一手拉著韁繩，駕駛一輛由兩匹金鬃銅蹄白馬所拉的戰車。當他路過時，大海微笑著爲他開道，海豚躍出水面，鯨魚等海洋生物也夾道歡迎，前呼後擁地護送他；狂風惡浪會立即停息，清涼的微風吹拂，無垠的碧波波光粼粼，兩匹駿馬拉著戰車飛馳而過，馬鬃銀白如海浪泡沫。

海神掌管的是變幻莫測的海洋，因此波塞頓也被視爲一位難以控制的神祇。他發怒時不但會掀起狂風巨浪，還會發動海嘯衝擊懸崖，震撼峭壁。我們所看到散佈在海洋的島嶼以及海岸的巨大裂口，皆是海神波塞頓用三叉戟戳碎的巨形岩石和擊碎的山峰，滾到海裡以後形成的海島。

波塞頓的妻子叫安菲特麗緹。據說有一天，她和其他海洋仙女一起在奈克索斯島跳舞，由於她的姿色絕美，讓波塞頓一見鍾情，想把她劫持回家。但是，安菲特麗緹因受驚而潛入海底逃之夭夭。波塞頓立即派了一條海豚去追，她去到那裡，這條海豚便追到那裡，當她疲倦之極不能再逃時，海豚就將她擒住，把她背在背上帶回去給波塞頓，成爲他的妻子。

波塞頓的子女眾多，分別有許多故事。

海神之子

波塞頓和安菲特麗緹婚後不久，就生了一個兒子特里同，他上身像人和神的身軀一樣，但下身卻蓋滿了藻類，而且長著一條長長的魚尾。特里同出生不久就成爲雙親的使者，他有一個海螺殼做的螺角，他用這個螺角可以吹出大海狂風惡浪的聲音。

不久，特里同娶了好幾個海中仙女，生育了許多子孫。特里同的子女和他一樣，都是些半人半魚的怪物。當海神波塞頓和海后外出巡遊時，他們的子孫就走在祖父母乘坐的車前，爲他們鳴鑼開道，吹響螺角，平息海上風浪。

五十個被總稱爲「寧芙」的海中仙女姐妹們也陪伴他們巡遊，在銀色的海浪中嬉戲。她們的父親尼遼斯，即老海神，對海中之路瞭若指掌，負責指引波塞頓及其隨行人員，並以帶著鹹味的微風爲他們引路。另一個海中老人洛透斯則負責看管海神波塞頓的畜群，他能使海面變幻無窮。海怪使海面波濤洶湧。姿色迷人的海中仙女騎在奔騰的馬頭魚尾怪獸上彈奏豎琴，愛情之神阿姆爾坐在天藍色的海豚背上嬉戲。有時海中繆思的塞壬也離開海邊峭壁加入小特里同的行列，爲小特里同吹螺角伴唱。

然而，小特里同並非波塞頓的唯一後裔。波塞頓與宙斯一樣喜歡拈花惹草，在神界與凡間生下無數的兒女。他甚至與蛇髮女妖美杜莎暗渡陳倉，生下一匹有翼的神駒佩加索斯和巨人克利沙歐。據說大海有時還會在波浪中噴出會毀壞岸邊的可怕怪物，這些都是海神的兒子。

海洋女神特蒂絲

波塞頓與太陽神阿波羅，都曾爲灶與火女神海絲蒂雅的傾國姿色著迷過，並想娶她爲妻。海絲蒂雅的職責是爲人類看守福祉，駐守凡間。自古以來，希臘人最尊崇的就是神聖的海絲蒂雅，因爲她爲人類付出的心血最巨，貢獻最大。她是處女神，聖潔無垢，純潔無瑕，所以嚴厲地回絕波塞頓和阿波羅的求婚，她發誓要永遠保有貞潔，絕不結婚。

在滿是絕色美女的眾海之仙女中，尤以寧芙仙女特蒂絲（編按：非泰坦神之一的海洋女神特蒂斯）最爲突出。她的美貌令宙斯與波塞頓不約而同的愛上了她，兄弟幾乎演出鬩牆之爭。但很不幸地，特蒂絲的命運早就決定了，她必須生下一個比父親更強的兒子。

宙斯知道命運女神的決定——特蒂絲可能生出一個比他更優越的天國之神後，不但愛意頓消，還特地照會海神波塞頓，請他也放棄對特蒂絲的迷戀。然而宙斯仍是寢食難安，害怕自己會失去理智，所以乾脆強迫特蒂絲嫁給波第亞國的國王佩遼斯。

特蒂絲後來生下預言所說的兒子阿基里斯，爲了讓兒子成爲不朽之軀，每天夜裡，她將這孩子放在天火裡，燒燬他從父親那所遺傳的人類特質，使他聖潔。在白天，她就用膏油治癒他燒灼的肌肉。不料，有一次佩遼斯去找她，卻看到他的兒子在火燄中發抖，他勃然大怒，阻止了特蒂絲。於是，特蒂絲悲痛地拋棄了這個她沒有能使之完全成爲神人的兒子，回到冰冷的海洋王國去了。

佩遼斯把兒子帶到凱龍那裡請他醫治，賢明的馬人凱龍曾撫育過許多英雄，阿基里斯在他的教養下，果然成爲日後特洛伊戰爭中的大英雄。

從大地汲取力量的巨人安泰

波塞頓與大地母神蓋亞也有一個兒子，取名安泰。這個絕世巨人的力氣宛若最猛烈的風浪，他從不感到疲勞，因爲他疲倦的身體只要一接觸大地就能汲取力量。他住在洞穴裡，爲了汲取力量恢復體力，他總是睡在大地母親的懷裡。每當外地人來到他的地方，他就強迫外鄉人與他決鬥，並把外鄉人打翻在地，且置人於死地。他用死者的頭顱來裝飾在海濱爲其父親建造的神廟。

一天，海克力斯來到此地，眾神交給他一件任務，即消滅巨人安泰。雙方打得難分難解，安泰幾次被扭打在地，大地母神蓋亞把他的汗水吸乾，又爲他補充新的血液、鬆弛他的筋骨，他就又精力充沛地站起來。最後，海克力斯終於發現了安泰被打翻在地時會補充神奇的力量。他抓住這位可怕的巨人，讓他的雙腳離開大地，緊緊地將他扼在懷中許久，最後才終於把他扼死。

「惡霸」普洛克魯斯特斯

據說，波塞頓還有一個兒子，叫做普洛克魯斯特斯。神話中關於普洛克魯斯特斯的傳說，可謂家喻戶曉。

普洛克魯斯特斯是個臭名昭著的攔路搶劫強盜，他守候在厄琉息斯通向雅典的路上謀財害命。旅客經過時，他就把他們身上的財物洗劫一空，還讓他們受酷刑，要他們躺在一張特製的鐵床上。如果旅客身高超過這張鐵床，他就把他們的腿截去，使他們的身體和鐵床的長短相等；如果旅客的身高不足這張床的長度，他就用繩子拉、用鑷子鉗，把他們的身子拉得和鐵床一樣長。然而，眾神不容普洛克魯斯特斯這種惡行，所以他們派了大英雄鐵修斯去懲罰他，終以其人之道還治其人之身。

* * *

由於雅典人選了雅典市作爲他們聖殿的所在地，使波塞頓大爲震怒，遂興風作浪把雅典城周圍淹沒，後來宙斯出面調停，雅典才逃過一劫。最後決定雅典的聖殿建立於阿克羅普利斯山頂上，而波塞頓的聖殿則設在蘇尼安岬上，剛好突伸到愛琴海裡。

波塞頓的藝術形象

在藝術作品中，波塞頓往往以一個強壯有力、虎臂熊腰的男子形象出現。他的姿勢和容貌儘管略顯憂鬱，但仍然表現了他的莊重和冷靜。他長著垂肩的長髮，不管他裸露或有穿戴，人們從他手上的三叉戟就可一眼認出他的形象。在各種海洋生物中，金槍魚、海豚、海馬是他的聖物。象徵海洋咆哮澎湃的駿馬和象徵不可制伏的大海之力量的公牛，是獻給波塞頓祭祀之陸地動物中的最高祭品。

4　冥王——黑地斯 Hades

黑地斯是宙斯、希拉和波塞頓之弟，主管陰間地府之事。黑地斯戴著一付隱身面具，成爲冥界之王，居住在永無天日的冥府中。

死靈之國位於地底深處，其下間隔如天地的深處，存在著冥界，泰坦族就被拘禁於此。死者亡國的大門位於大地的最西方，亦即大洋遙遠的盡頭。人們相信，險要的峽谷是通往大地深處的地方，皆有通達死者王國之路。

死者之靈首先進入作爲準備場所的亞斯波德洛斯草原，在那兒盛開著死者之花，並且湍流著數條冥界的河川。第一條河爲阿克倫，欲入冥界的死者必先渡過此河，負責渡船的卡倫以小舟擺渡，渡船

卡倫渡過阿克倫河
巴特尼葉爾　約1510年，馬德里／普拉多美術館

費是死者含著的一塊小銀幣。

第二條是「感嘆河」克丘特斯。再下一條河爲「忘川」勒特，死者飲勒特之水即忘卻世間的一切，尤其是關於喜悅的記憶。此外，冥界尚有「火燄河」丘里普勒格頓、憎恨河史丘庫斯……等河。

在進入冥界門的時候，亡者要把嘴裡含的一塊銀幣吐出來，才得以渡河。冥府門外有一隻長著三個頭的地獄犬凱貝羅斯看守著，防止任何死者返回陽間。這時幽魂要喝一口忘川水，從此便忘掉了紅塵往事，再進入冥府接受米諾斯、瓦道安塔斯和艾克斯等三位判官的審判。若曾做過好事的，便被送到伊利西安島上享受極樂世界的生活；但若是在陽間做過壞事的話，就會被打入地獄，由復仇之神施以嚴刑；其餘無功無過的亡者，都被囚禁在冥府的荒原中，過著遊蕩的孤魂野鬼生活。

在冥界，罪人與關閉在此的泰坦神族一起同受永恆的懲罰。坦達羅斯王必須在此受到永遠飢渴的處罰，他本於生前受到神的禮遇，能與神共同進餐，但，他卻洩露了神祇的祕密，且在神桌上盜取食物以贈友人。他日漸傲慢，甚至弒子待神，以此法測驗神的全知全能。神祇們知其殘酷無道後，即令其子復活，而坦達羅斯則必須在地獄中爲自己的暴虐償付代價。

坦達羅斯立於深達下顎的深水中，頭頂垂著美味的水果，但他卻無法享用；當他伸手之際，水果即躍於上方，渴極的嘴接近水時，水便即刻消失。不僅如此，他的頭頂上空還懸吊著一塊巨大的石頭，似乎隨時都可能落下，飢渴交迫加上對死亡不斷的恐懼，構成「坦達羅斯的苦惱」，此語延用至今。

傳說中的科林斯王西西弗斯，亦因狡猾之罪而受到懲罰。西西弗斯因欺騙了神衹，所以必須在冥界將一塊塊極重的大石推至山頂，然而，在每當快到山頂時，這塊巨石就會滾落下來，因此，西西弗斯就必須永無止境地勞動。直到今日，人們對於費時費事的工作仍稱爲「西西弗斯的工作」。

傳說拉庇泰民族之王伊克西翁因愛上天后希拉，被捆綁在冥界的一只環上，與環作永無休止的旋轉。後來的拉庇泰王佩里托斯也犯了同樣的錯誤，他於喪妻之後誘拐冥后波瑟楓妮，被拘捕後，承擔與坦達羅斯相似的懲罰，他坐在擺滿山珍海味的餐桌前，卻因復仇女神不斷妨礙而無法享用。

希臘王達納奧斯的女兒們達奈絲，因迫於父母的要求，與艾丘普特斯的兒子們結婚。由於事非己願，於新婚之夜，皆各弑其夫，她們因罪而於冥界接受懲罰，必須將水桶打滿水，但桶底有洞，永遠也不可能裝滿。因而時至今日，對於徒勞無功的工作仍稱爲「達奈絲的工作」。

在希臘與羅馬神話中，冥王黑地斯不像基督教的撒旦那麼邪惡，但他無疑是個嚴厲而無情的神，因此信徒在拜祭時往往不敢直視黑地斯。這位冥府之王只有一次短暫地離開他暗無天日的王國——劫娶他的王后。

黑地斯奪妻記

宙斯及其兄弟打敗泰坦族並把他們囚入監獄之後，又有一批新的敵人崛起反抗諸神。他們是丘波妖斯、基喀斯等巨人族。這些神有的有一百隻手臂、有的會噴火，後來都被打敗活埋在耶托納山下。

他們有時仍努力地掙扎，企圖逃逸，因此整座島嶼不時發生地震；而他們的呼吸穿過山頂，就成了人們所說的火山爆發。

這些妖怪墜落地面時，震動了大地，使冥王黑地斯嚇了一大跳。他擔心自己的王國將因此暴露於陽光下，於是他駕起由黑馬拉的戰車，對王國做一番巡視，以便了解損毀的程度。

當他仔細地巡視時，坐在山上與兒子丘比特玩耍的阿芙蘿黛緹看到了他。她叫兒子拿箭射向黑暗世界主宰者的胸膛，於是，愛神解下箭筒，挑出最銳利的一支箭，用膝蓋繃住了，安上箭弦，對準黑地斯的心窩射去。

在恩那山谷樹林深處有一片湖泊，濃濃的樹林擋住了灼熱的陽光，潮溼的地面則為百花所覆蓋，那是春神永久統治的地方。波瑟楓妮正在這裡和伙伴們玩耍，採摘百合花和紫羅蘭，

被擄的波瑟楓妮

往籃子和圍裙裡放。

正當她伸手去採花時，地上瞬間裂開一道黑漆漆的大縫，冥王黑地斯對她一見傾心，駕著黃金馬車狂奔而來，然後將驚惶的波瑟楓妮攔腰抱住，劫持上車往回走。波瑟楓妮被嚇得魂飛魄散，她高聲呼救，但是沒有人聽到她那悽厲的叫聲，她不斷地呼救，希望母親能聽見。

由於地面裂口射進的陽光耀眼，拉著車子的黑馬走得很慢，這時冥王用他的三叉戟對大地用力一擊，大地一震便給他開闢了一條新路，馬車沿著新路飛快地駛向深淵。波瑟楓妮在進入地獄前發出的呼救聲是那麼地強烈，以致在海底和山峰都能聽得見。她的母親迪密特嚇了一跳，她知道女兒出事後，心如刀絞。她飛也似的從家裡跑出來，在草原四處尋覓，但除了波瑟楓妮所遺留下的碎花朵之外，完全不見她的蹤影。於是迪密特不吃不喝、不眠不休，拿著火炬在大地和大海上尋找著被劫的女兒。然而，九天九夜過去了，女兒還是毫無消息。

當第十天來臨時，冬天的天空濛上一層灰霧，迪密特疲憊地停止狂奔，抬頭望見陽光突破雲層，射出道道金色光芒，她問到了波瑟楓妮的下落。

憂傷的母親聞訊之後悲戚不已，她憤怒且怨恨宙斯。自此以後，她再也不參加眾神的聚會，也不管一切世事。於是人間變得一片荒涼枯寂，大地再也長不出任何農作物，人類也不懂如何耕作與播種，人間到處都是饑饉與荒涼。

宙斯不得不設法打開僵局，他差使神漢密斯前往冥府，對黑地斯下了一道旨意：「讓波瑟楓妮回到迪密特的身邊。」冥王黑地斯聽了旨意後，並不表示任何意見，只是欣然接受了命令，讓漢密斯用當初搶波瑟楓妮的馬車，順利地把她載回地面。

不過事實卻沒有那麼單純，黑地斯在波瑟楓妮臨走前，塞給她一顆石榴吃，這是別有用心的。

漢密斯駕著馬車護送波瑟楓妮來到地面，母女相見，恍如隔世，兩人互相緊緊地擁抱在一起，但因波瑟楓妮已經吃了冥界的石榴，所以不能重返人間。

從那天起，波瑟楓妮依著播種和收割的季節，每年有三分之二的時間與母親在一起，其餘三分之一的時間則留在冥王身邊。

沒有比這樣更好的結果了，迪密特只好接受。因

波瑟楓妮歸來吧！　雷頓　1891年，里茲市立美術館

此，迪密特終於結束了人間的饑饉，回到眾天神的行列，而大地也恢復了生機。

冥王黑地斯是個忠誠的丈夫，但是有一次卻迷戀上仙女敏絲，波瑟楓妮發現之後，便使用法力將敏絲（Minthe）變成一株薄荷草（mint）。

黑地斯的藝術形象

在藝術作品中，冥王黑地斯往往坐在他的寶座上，他的妻子波瑟楓妮坐在身邊。黑地斯右手拿著指揮龐大亡靈大軍的神杖，頭上戴著由烏木、蕨類或水仙花製作的冠冕。有時他手上拿著一串鑰匙，這意味著對於他那陰森王國的亡靈來說，生命之門已經關閉。

由於這位伸張正義的冥王居住在地心，而各種植物是從地裡長出來的，各種穀物和果子又養活了人類。因此，為了表示從某種意義上冥王是財富的源泉，在一些藝術作品中，他手中往往拿著一支象徵豐收的羊角。人們通常先用黑紗綁著黑母羊或黑公羊，然後將牠宰殺，最後用火把牠燒成黑色作為獻給黑地斯的祭品。

5 戰神——阿利斯 Ares

阿利斯是宙斯與希拉的兒子，主司軍事與戰爭，生性殘忍而變幻莫測，喜歡製造駭人聽聞的事件。然還有一種傳說是，戰神阿利斯沒有父親。他的母親希拉因看見宙斯不必透過自己就誕生了雅典娜而感到嫉妒和氣憤，她也希望不要丈夫參與而生一個兒子。於是，她離開宮殿下凡大地，用手觸摸了一朵神奇的花，就這樣生下一個性格鷙烈的兒子。

阿利斯粗野莽撞，有勇無謀，是名百戰不厭的武士。他兇暴蠻橫，尚武好鬥，一聽到戰鼓聲就手足舞蹈，一聞到血腥味就心醉神迷。他穿上戰服時英姿勃勃，頭戴插翎的盔甲，臂上套著皮護袖，手持銅矛。他得天獨厚，威嚴、敏捷、久戰不倦，至今仍是智慧女神雅典娜的大敵和人類的禍災。

阿利斯

委拉斯蓋茲　約1640年，
馬德里／普拉多美術館

阿利斯通常是徒步與對手交戰，有時候也從一輛四馬戰車上揮戈，那四匹馬是北風和一位復仇女神的後裔，隨從他奔赴疆場的有他的兒子：恐怖戰慄和驚慌畏懼，還有他的姐妹紛爭女神厄莉絲、女兒毀城女神倪俄和一群嗜血成性的魔鬼。

阿利斯與阿芙蘿黛緹之戀

據說，美神阿芙蘿黛緹（羅馬名爲維納斯）是阿利斯最鍾愛的情婦。阿芙蘿黛緹不甘心嫁給相貌醜陋又跛足的火神黑法斯托斯，遂與阿利斯私通。有一天晚上，這對情人在宮殿裡睡得太沉了；太陽神阿波羅升到天上時，看見他們兩人並躺在床上，便去向黑法斯托斯告發此事。

阿利斯與維納斯偷情，被黑法斯托斯給嚇到
喬達諾　1636年，理姆斯美術館

黑法斯托斯氣呼呼地回到鍛爐旁，用青銅錘打出一張細如游絲而又堅固難摧的捕獵用羅網。他悄悄地把網繫在結婚大床的柱子和四周，然後佯裝回煉鐵工坊。他一走，阿芙蘿黛緹便急忙找阿利斯，阿利斯馬上趕來，兩人高高興興地同床共枕。可是天亮的時候，他們發現自己被網纏住，無法脫身。

這時，黑法斯托斯出其不意地回到家，並召喚全體神祇前來目睹他家的恥辱。他揚言，妻子的養父宙斯必須把當年價值連城的結婚聘禮退還給他，否則將不釋放阿芙蘿黛緹。

諸神紛紛趕來觀看阿利斯和阿芙蘿黛緹的窘態；只有女神們爲了避免尷尬都留在家裡。由於阿利斯的個性殘酷陰鬱，原本就不得眾神的喜愛，當眾神們看到他和阿芙蘿黛緹被關在一起時，都驚訝不已，放聲大笑。

後來在海神波塞頓的保證下，黑法斯托斯才將兩人從羅網裡釋放。於是，阿利斯獲得自由；阿芙蘿黛緹前去塞浦路斯島的海水中重新獲得貞潔；而負責聯絡兩人私通事宜的阿力克提翁，則被變成一隻公雞，永遠爲人們報告太陽的升起。

阿利斯沒有妻子，與美神阿芙蘿黛緹私通，生下三個兒女。其中一對雙胞胎弗伯斯（戰慄）和戴莫斯（畏懼）常常伴隨著他出征，是追隨父親的恐怖戰神，經常使戰場變成可怕的地獄；女兒哈爾摩妮亞，日後則成爲戰火綿延的底比斯王朝的開國女祖。

丘比特　青銅像　西元前3世紀至前2世紀

阿芙蘿黛緹另有一位有名的兒子，那就是小愛神丘比特，也有人認爲他是阿芙蘿黛緹與阿利斯的私生子。

*　*　*

勝敗乃兵家常事，阿利斯自然也會有敗北的時候。在攻打特洛伊城的戰鬥中，他就曾多次被打得丟盔卸甲。他向希拉告狀，反而被侮罵為逃兵，深為眾神所不齒。

希臘人雖然不太喜歡阿利斯，但羅馬人對阿利斯卻愛戴有加，在他們的心目中，阿利斯是身穿閃亮盔甲、相貌堂堂，銳不可當的無敵英雄，同時也是豐收之神。羅馬人為對阿利斯表示崇拜與信仰，特地在慶典月組織神官團，身帶武器的薩里（舞者）一面跳舞，一面在羅馬的大街上遊行。羅馬人更把阿利斯視為羅馬的守護神。

阿利斯的藝術形象

藝術家們將阿利斯描繪成全副武裝、滿臉鬍子的粗壯勇士，肌肉發達，虎臂雄腰。他的徽記是長矛、短劍、盾牌、指揮棒，頭盔上飾有蹲著獅子或帶翅膀的鷹頭獅身怪物。啄食屍體的禿鷹、惡狼、好鬥的公雞和惡犬都是阿利斯的聖物。

維納斯和戰神　波提旦利　約1483年，倫敦國家畫廊

6 火神——黑法斯托斯 Hephaistos

愛神、火神和戰神　丁多列托　約1553年，慕尼黑

黑法斯托斯是宙斯與希拉所生的兒子，由於他長相醜陋，所以遭到母親希拉的嫌棄，希拉把新生兒黑法斯托斯從奧林帕斯山上推下凡間。黑法斯托斯幸運地沒掉落地上，而是落在海洋裡，被女海神特蒂絲救起，但因這一次意外，他也摔斷了一條腿。往後九年，他被特蒂絲收養，在這段時間裡，一個侏儒教會他冶煉鋼鐵、銅和貴重金屬。他勤習手藝，技術漸漸到了爐火純青的地步。

爲了要向惡意遺棄他的母親報仇，黑法斯托斯製作了一個精雕細刻的金寶座，叫人送去給他的母親。天后希拉非常高興地接過這富麗堂皇的禮物，但剛一坐上去，就有各式各樣看不見的鐵索鐐銬把她牢牢地縛在上面，令她動彈不得。

眾神趕來相助，都無濟於事，這時戰神阿利斯想憑武力把黑法斯托斯拖到天府，逼他解除詭謀。可是火神身上發出的烈燄烤得這位魯莽的武士抱頭逃竄。眾神爲了解救天后，便將黑法斯托斯邀返奧林帕斯山，位居十二天神之列；在慶祝歡宴之間，酒神戴奧尼索斯趁火神酒酣耳熱之際，說服他打開皇座的鎖，希拉才得以逃脫。

不過，黑法斯托斯並不是一直對希拉懷恨在心的，他在很多場合爲希拉效過力，他曾稟承希拉的旨意，和河神斯卡曼德羅斯大戰一場。荷馬描寫這場戰鬥的場面時說：「榆柳焚燒起來，平原變成焦土，河流沸騰翻滾；海鰻魚蝦統統被黑法斯托斯攪得不得安寧，斯卡曼德羅斯終於痛苦難熬得俯首求饒。」

黑法斯托斯精通金工，故被立爲煉鐵神。他既是天上的火神，又是地上的火神。據說，地上火山口或地面裂口噴出的火就是從他的地下工坊冒出來的。人們認

火神的打鐵坊　丁多列托　1577年，義大利

爲，地震和火山爆發正是黑法斯托斯龐大的地下工坊的噪音所致。

黑法斯托斯在西西里島上的艾特娜火山裡建造了一所鐵工坊，專爲眾天神打造兵器、戰車和各種金工用具。他的功績很多，曾爲克里特島王米諾斯用青銅鑄造巨人塔洛斯來保衛克里特島；他參與了創造人的工作，尤其在精心創造潘朵拉中出力。他爲宙斯鍛了一把神杖，又打造雷霆，得到宙斯的喜悅，一高興之下便把美神阿芙蘿黛緹許配給他，但阿芙蘿黛緹不甘心嫁給這位醜陋的丈夫，遂暗地與其他美男子私通，引出無數的紛爭。但也另有一說，火神的妻子是阿格萊亞，是美惠三女神中最年輕的那位。

黑法斯托斯的藝術形象

在藝術作品中，冶金藝術的始祖黑法斯托斯往往以鐵匠的形象出現，手臂粗壯發達，頭髮蓬亂，鬍子蓬鬆，顯得既善良純樸又聰明機靈。他頭上戴著一頂又圓又尖的皮帽子，身上穿著無袖的短小工作服，右手握著鐵錘，左手拿著鉗子。他業績輝煌，性情溫和。人類愛戴他，尊他為良好習俗的創立者、工匠的保護神。他跟雅典娜在都市生活中佔有重要的地位。他們倆是手工藝的贊助者，而手工藝和農業同為文明的支柱。

7 使神——漢密斯 Hermes

天帝宙斯想創造出一位靈黠的天神，負責傳達天帝的旨意與命令。於是他故意躡手躡腳，以小偷的模樣往阿卡迪亞地區基內連山的山洞奔去，瞞天過海地讓美麗的女神美雅懷孕。

達成目的後，宙斯便揚長而去。經過十個月，美雅終於生下漢密斯。正如宙斯所期待的，漢密斯天生是個計謀出眾的智多星，為了證明自己的確才華過人，漢密斯在剛出生時就馬上展露天賦，博得宙斯的歡欣及眾神的訝異。

漢密斯與阿波羅的爭吵

就在剛出生的那一天，漢密斯爬出搖籃，輕巧地從母親美雅女神的身旁閃過，偷偷溜到外面去；他看見地上有隻慢吞吞爬著的烏龜，心中立即躍出一個念頭，打定主意要做件有趣的新鮮事！

漢密斯、維納斯和丘比特
柯列喬　1524～1525年，倫敦國家畫廊

阿波羅與漢密斯
洛漢　1645年，羅馬

漢密斯捉住烏龜，迅速地返回山洞中，把龜肉從硬殼中挖出來，安裝了七條羊腸在龜殼上，做成七弦豎琴。這件樂器完成後，天才的漢密斯立即用它演奏出動人的曲調，而且出口成章，唱出許多優美的詩篇來配合琴韻，娓娓述說宙斯和美雅的愛情。這位小使神唱著唱著，突然又想到別的事，於是，他把豎琴放到搖籃裡，再一次走出洞外，來到北方奧林帕斯山腳的比也利亞。

當漢密斯到達時，正是夕陽餘暉漸淡，黑夜女神輕撒出幽暗的天網。阿波羅的牛群正在牛棚邊的草地上吃草，在這一大群牲口中，漢密斯迅速挑選了五十頭母牛，並把牠們趕回家去。爲了避免追蹤，他先用柳枝包住牛蹄，然後趕著牛群倒退著走，進了皮洛斯的一處山洞。

他把月桂樹相互摩擦，生起一堆火，焚化兩頭小母牛作爲獻給十二天神的祭品。根據古希臘人的看法，這種利用摩擦生熱來生火的技術，正是漢密斯發明的；從此，人類學會在祭壇點火焚化祭品。

漢密斯做完驚天大事以後便回家睡覺，儼如一個純潔無邪的新生嬰兒！他母親警告他，阿波羅會逮住他並好好懲罰他的。但天性喜歡作弄人的漢密斯並不擔心，反而想著更巧妙的手法。

阿波羅在晨曦中發現自己的牛群大量減少，因他是預言之神，在明白一切緣由後，立即追查到了這個還在襁褓中的嬰兒。阿波羅疾言厲色地想討回他的牛群，但漢密斯在搖籃裡天眞無邪地說他既沒有偷過牛，也不知道牛長得什麼樣子，因爲在阿波羅來找他以前，他從未聽過「牛」這個名詞。阿波羅被漢密斯的狡猾和冷嘲熱諷給氣壞了，他一把捉住這個小東西，將他帶到奧林帕斯山宙斯的寶座前，請眾神之父評理。

當宙斯看到漢密斯與阿波羅相隨而來時，心中立即明白，漢密斯正是他與美雅的兒子；瞧他一副聰慧早熟的狡猾樣，宙斯很爲自己的計畫成功而喜悅，對眾神說：「你們看哪！阿波羅抓的那個優秀天才，雖然他才剛出世，但從現在起，他就加入眾神的行列，履行他尊貴的責任，爲眾神服務！」

在偉大的天帝宙斯面前，阿波羅痛述自己的失竊經過，斥責漢密斯。然而漢密斯卻要賴說阿波羅是個儒夫，只會欺侮手無寸鐵、正在睡覺、從來沒想過「偷牛」爲何的新生小嬰兒。

宙斯見這孩子振振有詞地爲自己辯解，同時又擠眨著眼睛，不由得放聲大笑說：「行了，漢密斯，我知道你的才幹了。快帶阿波羅去牛舍吧！」

受到讚美的漢密斯高高興興地帶阿波羅前往牛舍，兩人終於和解。爲了平息阿波羅的怒氣，漢密斯把新做的七弦豎琴送給阿波羅；阿波羅回贈這位神童一條金光閃閃的短鞭，並且任命他爲牛群的放牧人。從此，阿波羅便兼司音樂，而漢密斯則掌管了畜牧。在眾神當中，兩人是出名的好朋友。

不僅如此，漢密斯發誓永遠不耍詭計向阿波羅行偷盜之術。阿波羅爲了表示感謝，授予漢密斯一根司財富、幸福和夢想的魔杖（盤蛇杖）；然而條件是，他只能用手勢和符號來預言未來，不能像阿波羅那樣用言語和歌曲來表達。

另外，由於他剛出生就長途跋涉去偷牛，又與阿波羅互相交換東西，所以他也身兼旅行者的保護神以及商人的護衛神。而且，人死後的地獄之行也必須由他帶領，所以他又是個使神。

達佛尼斯噴泉

漢密斯的子女眾多，其中有一個達佛尼斯，他是個年輕的牧羊人，為山林女神所生，出生不久就被拋棄在一片月桂樹林裡。幾個西西里牧人發現後把他撿回撫育，他長大成人後也成了牧人，而且是個美男子，擅長於吹奏排簫，很多山林女神都追求過他。其中有一個叫呂克的仙女終於征服了他，呂克要達佛尼斯向她許諾除了她以外不能愛任何女人，否則就讓他失明。

然而，有一天，達佛尼斯到遠地打獵，來到一座宮殿前，公主親自出門迎接這位著名獵手，並且殷勤的款待，但是達佛尼斯想起呂克，竭力控制了自己。一天，公主把媚藥放到酒裡讓他喝，使他很快就失去招架之力。呂克得悉後，立刻履行她的諾言，讓達佛尼斯雙眼失明。

達佛尼斯失去光明後，也失去了快樂。就在一天晚上，他沒帶嚮導，一個人在外面走路，不幸從山上墜下山谷身亡。山林女神們傷心地掩埋了他的屍體。漢密斯為了紀念其子，便讓達佛尼斯墜地的地方成為一眼噴泉。

牧神潘恩

在漢密斯的兒子中，最富傳奇色彩的是牧神潘恩。他的母親是基內連山附近國王的女兒，叫桃洛布。潘恩自出生時就長有山羊的角與腳，又有很長的鬍鬚，桃洛布看了之後十分訝異，深以爲忤。

但漢密斯卻是個慈祥的父親，非常喜歡這個孩子，把他用兔毛皮裹著，帶到奧林帕斯山，向眾神炫耀說：「這就是我兒子！」然而，眾神看到潘恩那奇怪的滑稽樣，個個爆笑如雷，認爲漢密斯敝帚自珍。由於所有的神都嘲笑潘恩，所以在古希臘語中，牧羊神潘恩就代表「所有」的意思。

潘恩經常和山林女神們生活在一起，他曾愛過好幾個女神，最有名的有彼蒂斯和緒任克絲。

牧神潘恩和北風神波瑞士同時喜歡上彼蒂斯，彼蒂斯最後選擇了牧神潘恩，惹得波瑞士非常嫉妒，他撲向彼蒂斯，把她打得皮開肉綻，接著又把她推下懸崖。大地母親憐憫這位遭逢不幸的仙女，便把她的屍體變成一棵松樹。據說，打那天起，這位女神就把自己對情人的感情託附在松樹上。潘恩的冠冕由松葉做成，當北風呼嘯時，松樹就會發出呻吟的聲音。

緒任克絲是終身不嫁的山林女神。一天，當她從呂塞山狩獵歸來，牧神潘恩遠遠望見了她，對她一見傾心。但緒任克絲對潘恩卻無動於衷，連忙轉入羊腸小徑以躲避潘恩的窮追不捨。後來，她來到了拉頓河畔，被河水擋住了去路，眼看就要被潘恩抓住了。於是，她請求水神姐妹搭救她，將她變成蘆葦。

潘恩無比失望，望著蘆葦嘆息。微風吹動的蘆葦嘶嘶作響，這是對潘恩的回答。爲了紀念他所鍾愛的仙女的聲音，潘恩割了幾根長短不一的蘆葦，把它排列成鳥翼形，然後用蠟黏牢固定，他就以緒任克絲的名字命名自己發明的蘆笛。

午夜，在萬物沉睡於一片死寂之中，有時會突然發出一陣意外的聲響，令人心底襲來無端的恐懼，人們認爲這是潘恩的所爲，此即「潘恩的驚愕」。

漢密斯的藝術形象

使神漢密斯在藝術作品中被描繪成英俊的青年人，他頭戴飛行帽，腳穿一雙有翼的靴，手握一根纏有兩條金蛇的黃金杖。漢密斯的蛇杖可使信差在戰爭期間安全通行無阻，因此是和平的象徵，亦是使神職務的標誌。

漢密斯也是睡神，能用金杖控制人們眼睛的睜與闔，並能夠穿梭陰陽界，負責將死者的靈魂引導至冥界。愛神木、橄欖樹和罌粟等植物則是代表他的特性。

8 美神——阿芙蘿黛緹 Aphrodite

美神阿芙蘿黛緹較爲人熟知的是她的羅馬名字維納斯。她是所有女神中最美的一個，也是被藝術家描寫鏤刻得最多的一位。羅馬人把維納斯奉之爲「愛神」，並稱她爲民族之母，因爲他們堅信：羅馬城是她的嫡裔建立的。

阿芙蘿黛緹的出生有各種不同的說法，在荷馬的史詩中說她是宙斯與凡間精靈戴奧妮所生的私生女。但據古希臘傳說，則說她是誕生於海洋泡沫中。

據說，當泰坦族的克羅諾斯把他父親閹割後，隨手將切下來的陽具丟入海洋，由於它是神體的一部分，所以不會腐爛，仍是具有生命力地在海上漂浮著，並變成許多白色的泡沫。這些泡沫孕育出曠世美女阿芙蘿黛緹。

就這樣，一堆泡沫隨波浪漂蕩，西風用力將她吹往東方，最後到達了塞浦路斯島的海岸。在那兒，她的肉體從泡沫中出生；當她那玫瑰色的腳踏上陸地時，地上立即長出如茵綠草與馨香的花朵。這時，溫柔美麗的四季女神荷萊，早已等著接待這位豔麗的女主人，以鮮嫩香花編織的衣服爲阿芙蘿黛緹增添色彩；再戴上金黃的頭冠，掛上黃金製的花朵耳環，並在她白皙的頸項配上璀璨的金項鍊。

於是，宇宙中的絕世美女，此刻已打扮完成。

接著，親切的荷萊用一對鴿子套了一輛車，讓慾望之神希美洛斯護送著阿芙蘿黛緹前往奧林帕斯山天庭。眾神們看到美貌非凡的阿芙蘿黛緹，紛紛拜倒在她的石榴裙下，讚嘆不已；再加上愛神伊羅斯和慾望之神希美洛斯的催化作用，眾神們心中燃起了熾熱的情感，都想把愛與美的女神佔爲己有，因此在眾神之間引發了不少紛爭。

阿芙蘿黛緹爲了贏得最美女神的頭銜，曾與天后希拉和智慧女神雅典娜爭奪金蘋果，更不惜賄賂特洛伊王子帕里斯，許以人間最美的女子海倫，因而掀起了「特洛伊戰爭」。

阿芙蘿黛緹之戀

阿芙蘿黛緹的愛情力量非常廣大，連天神宙斯也受到誘惑。於是，宙斯反過來讓阿芙蘿黛緹愛上無法永生

維納斯的誕生　波提且利　1485年，弗羅倫斯／烏菲茲美術館

的人類男子。

在特洛伊的伊德山放牛吃草的安基塞斯，長得如同天神般的俊美，阿芙蘿黛緹一眼看到他，立刻陷入熱戀。她在神殿打扮整齊後，來到伊德山。這時，狼、獅子、熊、豹等猛獸也感受到女神戀愛的心情，雙雙對對地倘佯在叢林中。女神裝作人間女郎，用各種甜言蜜語撩起安基塞斯的戀情。

安基塞斯也對美麗的阿芙蘿黛緹一見鍾情。「像女神一樣的女郎啊！如果能和妳同床共枕，即使我被阿波羅的銀弓發出的箭射中而進入冥界，也了無遺憾。」說著，安基塞斯卸下女神身上閃亮的裝飾，解下她的腰帶。由於宙斯的意志，安基塞斯不知情地擁抱了赤裸的女神。

和女神共眠的人類會受到懲罰。分手之際，阿芙蘿黛緹露出眞面目，嚴密囑咐安基塞斯不得告訴任何人有關他們的戀情。可是幾天之後，安基塞斯喝醉了，便拿這件事在朋友面前吹噓。據說，宙斯的雷電立刻打中他，使他失去了一條腿，他的雙眼由於看過女神的裸體，所以也被蜜峰螫瞎了。

阿芙蘿黛緹懷了安基塞斯的兒子愛涅亞斯。日後愛涅亞斯成爲特洛伊之王，特洛伊滅亡後渡海到義大利，成爲羅馬皇室的始祖。

隨風生滅的花

阿芙蘿黛緹的魅力不僅征服人心和神心，她的影響也遍及整個大自然。在茫茫大海上，她以光的形式出現，驚濤駭浪見到她會立即平靜，暴風見到她也立即停息。她使大地處處充滿生機，繁花似錦，在明朗的春天，阿芙蘿黛緹令花園和樹林生氣勃勃，這時人們都載歌載舞歡迎阿芙蘿黛緹的到來。

人們注意到春天時間不長，花兒開放不久便會凋謝。爲了解釋花兒短促的存在，古希臘人有一個傳說：他們把阿芙蘿黛緹看成是植物之母，而把她的兒子阿多尼斯看作歡樂而短促的春之化身。他是在春回大地、草木欣欣向榮的時候從一株樹幹爆裂出來的。阿多尼斯成長迅速，然而他的壽命就如玫瑰花一樣短暫，花兒凋謝就意味著他生命的終結。當夏日的驕陽把植物曬得垂下枝葉時，阿多尼斯就要到冥界去。

據說，有一天，阿多尼斯去追逐一頭野豬，突然，這頭野豬轉過身來，用牠的獠牙刺入他的腰部，他重傷倒地，奄奄一息。聽到愛

維納斯與阿多尼斯　提香　1553～1554年，紐約大都會美術館

子的呼救聲，阿芙蘿黛緹馬上跑到出事地點，因爲走得太匆忙，她忘了穿鞋子，接著又不小心踩在一株玫瑰花上，被玫瑰刺傷了腳，鮮血往外流。本來玫瑰花都是白色的，自此，她的血把玫瑰花染成了紅色。當阿芙蘿黛緹來到兒子身邊時，阿多尼斯的屍體已僵硬。她傷心得眼淚如斷了線的珠子一顆顆往下掉，她那掉在土裡的淚珠後來便長出了銀蓮花。

另有一說，阿多尼斯是個美少年，阿芙蘿黛緹深深迷戀他，因而引起她的情人戰神阿利斯的嫉妒，就化身爲野豬，讓阿多尼斯慘死，以洩心頭之恨。據說阿多尼斯死後變爲一朵殷紅如石榴的花兒，花期不長，經風一吹花苞就吐蕊，再一陣風，花瓣就飄零，所以人們稱它爲「風之花」，因爲風能催它生發，又能催它凋謝。風之花亦是阿芙蘿黛緹的所愛。

雕刻家皮葛馬連與美女雕像

皮葛馬連是位雕刻家，他認爲世間的女人一無是處，對她們相當反感，決心終生不娶。一天，皮葛馬連挑了一塊最大、最完美的象牙精心雕刻了一尊女人像。人像婀娜多姿，令世上所有的女人都望塵莫及。她栩栩如生，儼似屛息佇立的血肉之軀。

皮葛馬連對自己的作品珍愛不已，久而久之竟對這個仿人雕像產生了愛情，他不時摸摸雕像，彷彿要弄明白它究竟是活人還是沒有生命的東西。

這位倨傲的青年總是不願相信這只是座象牙雕像，他撫愛它，送給它各種少女喜愛的禮物，甚至給它穿上柔軟的衣袍，將珍珠項鍊掛在它的頸子上。他無時無刻不在讚賞、愛慕著這尊雕像，他將它取名為「葛拉蒂」，意思就是沉睡中的愛人。

這個時候，塞浦路斯島正在舉行阿芙蘿黛緹的慶典，人們貢獻祭品，在聖壇前焚香供奉，空氣中香煙繚繞。皮葛馬連當然也去了，他只求女神讓他找到一位跟雕像相似的少女；但阿芙蘿黛緹知道他眞正的願望，爲表示他的請求已獲批准，他面前的聖火跳了三下，熊熊燃燒起來。

這位女神對皮葛馬連所雕刻的塑像甚是喜愛，它看起來很像她自己，這一點令她感到高興。因此，她摸著這冷冷的象牙，賦予了它生命。她用手指貼在那波浪似的頭髮上，於是，頭髮變得柔軟且富有光澤，雕像的面頰也漸漸呈現出淡淡的粉紅，眼睛轉爲碧藍，嘴唇如珊瑚般光滑紅潤。

當皮葛馬連回到家裡的時候，雕像不再立於平時放

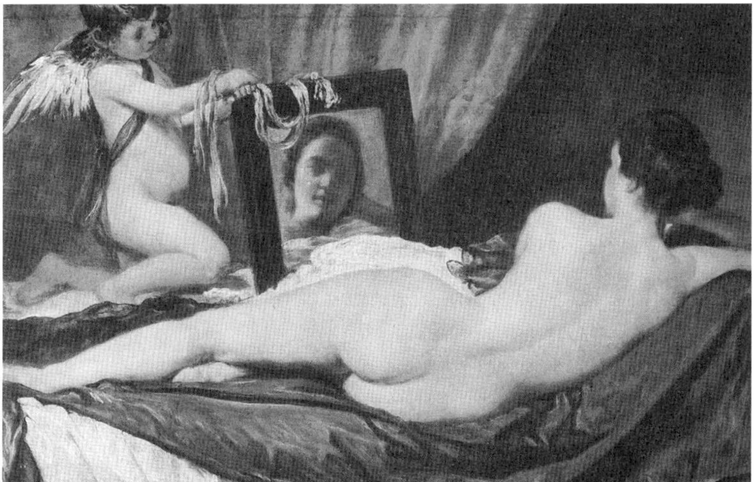

維納斯對鏡梳妝 委拉斯蓋茲 1650年，倫敦國家畫廊

置的屋角，一位美麗的金髮少女，皮膚有如象牙泛射出朝日的紅輝，向他走來。

皮葛馬連驚訝地對著她發愣。對於女神的幫忙，懷著說不出的感激和喜悅！他伸手摟住心上人，看見她望著自己的眼睛微笑，羞得兩頰發紅。

阿芙蘿黛緹祝福了這段由她促成的姻緣，婚後他們生了帕福斯，日後，專門供奉阿芙蘿黛緹的這座城也隨著取了這個名字。

維納斯的寓意 布隆及諾 1540～1545年，倫敦國家畫廊

* * *

阿芙蘿黛緹是愛與美的女神，她是司掌愛情、美麗與歡笑的神祇。由於美麗，她以自己去誘惑一切，包括神和人。她是愛笑的，她甜

蜜或嘲弄地笑著那些被她的詭計所征服的人；她有動人的身材，令眾神顛倒；她聰明絕頂，甚至把智慧者的才智竊走。但她卻被宙斯許配給醜陋的火神黑法斯托斯，由於不甘心與這位瘸腿的鐵匠終身廝守，阿芙蘿黛緹便暗地裡與其他美貌的男神私通，生下許多子女；其中最有名的就是小愛神丘比特。

阿芙蘿黛緹的藝術形象

藝術作品中，阿芙蘿黛緹有冰清玉潔的肌膚、窈窕動人的身段和秀麗柔和的面貌，黃金發亮的長髮被微風吹得輕輕飛舞。

在她的身邊簇擁著手拿鏡子的時光女神、能使哲人神魂顛倒的雄辯女神、美好願望女神、誘人的慾望女神、光榮女神和幸福女神。阿芙蘿黛緹乘坐由鴿子或天鵝套著的車子。植物界裡的愛神木、罌粟、蘋果、石榴和玫瑰，動物界裡的麻雀、天鵝，尤其是宙斯宮殿裡飼養的成雙成對的鴿子，都是阿芙蘿黛緹的聖物和象徵。

9 太陽神——阿波羅 Apollo

希臘人認為，阿波羅是掌管光明的太陽神。他的父親宙斯是光明之父，他的母親莉托是黑暗女神，是黎明曙光女神奧羅拉之女。阿波羅與月神阿緹密斯是雙胞兄妹。

太陽神阿波羅與月亮女神阿緹密斯是兩位偉大的天神；眾神之后希拉知道這兩位偉大的天神即將被其他女子所生時，怒火狂燒，於是她下了旨意，禁止地面上任何一塊地方讓莉托分娩。眼看生產的時刻已迫在眉睫，卻又找不到任何一塊地方生產，莉托感到束手無策又悲傷。最後，她在無助中想起歐洛堤亞小島，那是莉托的妹妹阿絲特莉亞變的。

阿絲特莉亞原本是位仙界絕色，俏麗優雅，體態娉婷，宙斯曾經苦苦追求，但她卻深懼宙斯的聲名狼藉，拒絕了他的求歡，並把自己變成一隻鶉，跳到海裡去。宙斯惱羞成怒，因此把阿絲特莉亞變成一座小島，稱為歐洛堤亞（意為鶉之岩石），隨著海水到處漂泊，永不得停留。

由於歐洛堤亞不是塊固定的土地，因此不在希拉的禁令內，而且善妒的希拉對於這位拒絕宙斯求愛的少女也頗有好感。如果歐洛堤亞成為莉托的生產地，也不會被希拉懲罰。於是莉托向她妹妹求救說：「請妳讓我在妳這兒把小孩生下吧！妳會得到好處，我答應讓妳在希臘世界中固定下來，而且歐洛堤亞將成為太陽神阿波羅出生的聖地。在神廟建成之後，世界各地的信徒都會跑到這裡來膜拜，他們的到來會攜來大量且豐富的祭品，使妳這個終年貧瘠的小島變得富饒。」

這時，吹過小島上空的微風發出聲音回答道：「我所敬愛的莉托呀，我接受妳的兒子，讓他留在我這塊土地上。」

在這座小島上，有個叫做京多斯的小山丘，只有一棵棕櫚樹。於是莉托就抓住它準備生產，但是經過九天九夜的痛苦折磨之後，卻仍然無法生產下來。

——可想而知，除了希拉之外，不會有人使這種詭計。她老早就計劃妥當，把生產女神亞力莉亞召到她的宮中；她本來就是希拉的女兒，因此順理成章，不會引起任何懷疑。但是這樣一來，亞力莉亞就無法執行她的任務去幫助莉托生產。

不過諸天神們看到莉托的痛苦後也起了惻隱之心，於是請彩虹女神伊麗絲前去召喚亞力莉亞。伊麗絲趁希拉不在時，跑去探望亞力莉亞，說明莉托的苦楚，希望她能助她一臂之力，並許以黃金項鍊表示感謝。伊麗絲偷偷地把亞力莉亞帶出天庭，來到歐洛堤亞小島。島上的土地笑逐顏開，大海和高山都變成了紫紅色，接著又變成金黃色，阿波羅降生了，他發出閃閃金光，是明亮的太陽神，他使整個貧瘠的歐洛堤亞島變成了黃金之島。另外他還替母親還了願，把歐洛堤亞浮島固定在古希臘世界的中心，也就是愛琴海的中央，日後被稱為堤洛島或光明島，是聞名的聖島。

堤洛島的周圍有許多小島，統稱為吉克拉迪斯群島（意為環繞的群島），這些小島視堤洛島為王，圍繞在旁，加以保護。

除了是光明之神外，阿波羅也主司傳達神諭、音樂以及醫藥。他是希臘與羅馬宗教裡最重要的一位神祇，同時也被視爲西方男性美的最高象徵。有關他的故事甚多。

預告人類未來的光明之神與月之女神

阿波羅一生下來，宙斯就給他一輛黃金天鵝的拉車，命令他飛到特爾斐去，成爲神諭的發言人。特爾斐位於帕爾那索斯山腰的南邊，自古即是聖地，古希臘人認爲那裡是大地母神蓋亞的肚臍，同時深信特爾斐是全世界的中心點。

不過，阿波羅並不聽從宙斯的指示，反而駕著車前往遙遠的北方；來到休匹亞波力歐人之國。休匹亞波力歐人居住在北風的對面，古希臘人認爲這裡是地球的極北，是北風吹不到的地方；居民們深受太陽神阿波羅的喜愛，生活快樂平安，永遠陽光普照，明亮又溫暖，四季如春，無冬天無夜晚，且人們長命百歲。

在休匹亞波力歐住了一年後，阿波羅才駕車前去特爾斐，履行宙斯派的職務。

音樂之神阿波羅　大理石雕像，羅馬／卡畢多立尼博物館

在阿波羅之前，特爾斐是大地母神蓋亞主掌的神廟；而蓋亞的兒子巨蟒派桑擁有傳告神諭之職。當有人來向派桑請求神諭之時，蓋亞便從石頭的裂縫中授予神告，阿波羅殺了巨蟒派桑之後，取其位而代之，成爲代傳神諭的神。

日後，人類經由阿波羅傳達宙斯的意旨，知道了自己的未來。因此古希臘人不論是個人因素或是爲了國家，舉凡大大小小的事情都必須請教阿波羅的神諭。通常，神的旨意都是由女巫比地亞（侍奉神的女人）的口中說出。她會在神廟的三足鼎內吸收從地面上冒出來的氣體，最後從口中吐出神諭。

幾年後，阿波羅長大了。宙斯望著這漂亮的孩子，內心非常得意，就決定給他一輛繚燒著火燄的車子。

很久以前，火神黑法斯托斯做好了一輛日車，並且把這車子投入他那神奇熔爐的火中燒煉。自此以後，車上便一直冒著火燄，散發著不熄的光芒。海匹雷恩是第一位駕駛這輛車的神，接著是他的兒子西略斯。西略斯駕了很多年，現在，他感到疲倦，打算退休。

於是，宙斯便派人把阿波羅找來，將這輛金光燦爛的車子指給他看。宙斯說：「你不該再用白天鵝拉你的車子了！由你掌管太陽，駕駛這輛由四匹馬拖曳的日車吧！」

阿波羅跳進車子，車上美輪美奐，令他既驚且喜。西略斯指點他必須走的路線，他目睹太陽升上天空，正向西邊行進。西略斯於是高興地將日車交給了阿波羅。當天晚上，阿波羅把馬匹牽回馬廄，把車子藏在紫色雲層的背面，然後急忙回到母親及妹妹阿緹密斯的身邊，告訴他們宙斯送給他的禮物，以及跨越天空飛行的經過。

阿緹密斯聽到阿波羅獲得了這樣的榮耀，內心爲他感到驕傲，但也有點兒嫉妒，不禁抱怨宙斯的偏心。第二天清晨，阿波羅早早起床，在他駕著日車，開始他的每日行程之前，要先去見宙斯。阿緹密斯也起身，與他一同到奧林帕斯山，請求父親讓她以銀色的光輝照亮天空。

宙斯聽說阿波羅漂亮的孿生妹妹希望在夜晚時照亮天空，即把銀色的月亮交給她掌管。

從那時起，每天黃昏時分，當阿波羅走完了他的旅程，把他那巍峨壯麗的車子在夕雲的後面藏妥之後，阿緹密斯就駕著她那乳白色的駿馬，越過寬闊的天路，在她哥哥睡覺的時候，以她那柔和的銀輝照耀著地面、海洋與天空。

愛神之箭

一天，阿波羅見到小愛神丘比特正在擺弄弓箭。那時阿波羅剛斬殺了巨蟒派桑，得意非凡，就對那孩子說道：「淘氣鬼，打仗用的武

阿波羅與日車　雷尼　1612～1614年，羅馬

器哪裡是小孩子玩的？把它們交給有資格的人使用吧！看到我的成就了嗎？我就是靠弓箭除掉了盤踞數里的巨蟒。丘比特，你還是玩火炬、點燃情火吧！你愛在哪兒點火都沒有關係，可是別再擺弄該由我使用的武器。」

丘比特反駁道：「你的弓箭可以射中萬物，但是我的卻能射中你！」說著他飛到帕爾那索斯山的一塊岩石上，從箭袋裡取出了兩支造法不同的箭，一支有激發愛情的功能，另一支卻會使人拒絕愛情。生愛的是尖頭金箭，拒愛的是鈍頭鉛箭。他把鉛頭箭射向河神珀紐斯的女兒——水澤仙女達芙妮，把金頭箭射向阿波羅，兩箭同時穿心而過。

從此刻起，阿波羅對達芙妮產生了強烈的愛情，而這位美麗的少女卻對愛情深感厭惡，她只愛在山林中打獵逐獸，討厭結婚，覺得結婚就是犯罪。

阿波羅愛著達芙妮，渴望與她結合。他能給世人神諭，但對自己的前途命運卻說不出將會如何。他把她明亮的雙眼比作天上的星星，他讚美她是世上最美的；然而，對於阿波羅的求愛，達芙妮無動於衷，甚至一看到他，拔腿就跑，不論他怎麼請求也不肯放慢腳步。

「達芙妮！」阿波羅說，「我不會傷害妳，不要像羔羊見了惡狼、馴鴿見了老鷹似的躲著我。我不是小丑，不是鄉野村民，我射箭百發百中，但不幸的是，自己卻被一支愛情的箭刺穿心房！我司掌醫藥，諳知百草的療效。可嘆的是我的病痛卻找不到香膏來治癒。」他的懇求還沒有說完，達芙妮已跑遠了。就連她奔跑的姿態也那麼令人心醉，疾風吹起她的長袍，鬆散的髮絲飄逸在腦後。

他追趕了起來，那情景就像獵狗追逐野兔，阿波羅和達芙妮就這麼一前一後地跑著。但他插上的是愛情之翼，她踏著的卻是恐懼之輪。追的速度比逃的還快，眼看就要趕上。

達芙妮跑得雙腿發軟、力不從心了，於是她乞求河神：「救救我，父親，讓大地張開口把我吞掉，要不然改變我的形體吧，免得再惹來這種危險。」話剛說完，她的四肢發僵，上半身長出一層樹皮，頭髮漸漸變成綠葉，雙臂變成了枝葉，兩腳釘在地上就像扎在地裡的樹根，面孔變成了樹冠，完全失去了原來的人形，但優美的儀態猶存。

阿波羅愕然不知所措，他用手觸摸樹幹，感到隱藏在新樹皮下的肌膚還在瑟瑟發抖。他把所有的

阿波羅與達芙妮 提也波洛 1743～1744年，巴黎羅浮宮

枝幹摟在懷裡，這處那處輕吻著，枝條則躲閃著他的嘴唇。

「既然我不能娶妳爲妻，」他說，「那莫就讓妳做我的聖樹。我將把妳戴在頭上作王冠，用妳裝飾箭袋和豎琴。等到偉大的羅馬征服軍凱旋回到首都，我就用妳編成花冠給他們加冕。我的青春常在，妳也將四季長青，綠葉永不凋零。」

達芙妮現在已是一棵月桂樹了，它垂下頭，表示謝意。

阿波羅與馬爾修亞斯

一天，智慧女神雅典娜用鹿骨做了一支雙管長笛，在眾神宴會上吹奏。她起初弄不明白爲什麼天后希拉和美神阿芙蘿黛緹都用手捂著嘴暗暗偷笑。於是，她獨自一人走進弗里吉亞的一座森林，在河邊吹奏笛子，邊吹邊看著自己在水面上的倒影。她馬上發現她吹笛子時臉色發青，雙頰腫脹，顯得滑稽可笑。她一氣之下便扔掉笛子，並且詛咒把笛子撿起來的人。

林神馬爾修亞斯經過那裡，成爲這咒語的犧牲者。他無意中撿起笛子，剛放到唇邊，笛子由於還在雅典娜音樂的影響下便自動演奏起來。它追隨馬爾修亞斯走遍弗里吉亞，用笛聲打動了無數的鄉野村民，他們說阿波羅未必能用七弦琴演奏出比這更爲動聽的音樂。

馬爾修亞斯得意洋洋，自以爲是偉大的音樂家，於是竟然向阿波羅挑戰樂技。阿波羅同意與他比賽，條件是輸的一方必須任由勝利者擺布，評審則由繆思擔任。馬爾修亞斯毫不遲疑地點頭答應。

阿波羅優雅地彈奏起七弦琴，使人如沐春風；而馬爾修亞斯則吹起笛子，聲調宛轉動人，起伏有致，如星月交輝，又如高山流水。雙方你來我往，各有千秋，繆思們對兩種樂器都十分欣賞。

突然，阿波羅把七弦琴倒過來拿，而且也要求馬爾修亞斯把笛子倒過來吹。以七弦琴的結構，無論是正的或是倒的都沒有分別，但這卻難倒了拿笛子的馬爾修亞斯，使他輸了這場比賽。於是阿波羅把他吊在松樹上，不顧他的尖叫與狂喊，剝了他的皮，雅典娜的詛咒終於成眞了。

在場目睹這情形的人們莫不同情他，紛紛掉下眼淚來。結果這些淚水匯集成弗里吉亞一條清澈的河水，就叫馬爾修亞斯河。

阿波羅與馬爾修亞斯 佩魯及諾 1490年代，巴黎羅浮宮

風信子

阿波羅十分喜愛一個名叫許亞堅托斯的少年。這個少年運動嬉戲時，配著銀弓的阿波羅總會去陪伴。去捕魚，他拿著網；去狩獵，他牽著狗；去爬山，他不離左右。阿波羅整日忙著這些事，竟顧不上彈奏七弦琴和拉弓箭了。

有一天，他們玩套圈遊戲。阿波羅使出了力氣和技術把鐵餅高高地拋到空中，扔得又高又遠。許亞堅托斯玩興正濃，迫不急待地也要一顯身手。他朝還在飛的鐵餅奔去，伸手去抓，但是這塊鐵餅著地後又反彈起來，恰恰擊中許亞堅托斯的前額，他暈倒在地。

阿波羅的面容頓時失去了血色，他托起許亞堅托斯的身軀，想盡辦法止血，但都沒有奏效。沒能留住飛逝的生命，就像花園中一株被掐斷了莖的百合，枝頭下垂，奄奄一息的許亞堅托斯的脖子也彷彿失去了支撐力，腦袋沉重地垂在肩膀上。

「許亞堅托斯，君去矣！」阿波羅哀嘆道，「是我奪去了你年輕的生命，但願我能替你一死！但是此願既不能遂，我將奏曲頌你、長歌述你。你將化爲一株鮮花，花瓣上載刻著我的悔恨。」就在他這般述說著的時候，剛剛流在地上染紅草木的鮮血消失了，從地裡開出一朵花，色澤比紅紫還要豔麗，形狀與百合一般，所不同的是這朵花呈妣紫色，而百合花是銀白色的。

阿波羅接著又賜給它更大的容耀，在花瓣上劃出「AI！AI！」的紋路，用以表示他的哀思。這種花——風信子（hyacinth），就以「許亞堅托斯」（Hyacinthus）爲名，每逢春回大地的時節，它就盛開怒放，以紀念這位少年的遭遇。

據說，西風仄費洛斯也很喜歡許亞堅托斯，惟許亞堅托斯與阿波羅較諸與他來往得親密，他因而產生了妒意。就是他把鐵餅吹偏了方向，使它擊到許亞堅托斯頭上的。

費頓與日車

費頓是阿波羅與水澤仙女克麗墨娜所生的兒子。有一天，宙斯和伊娥的兒子狄奧斯克利嘲笑他，說他不是神祇之子。費頓氣得漲紅著臉，跑回家向母親克麗墨娜訴說自己所受到的侮辱。

克麗墨娜笑著把兒子拉到身邊，就像她以前常常對他說的一樣，再把阿波羅的偉大榮耀告訴孩子，並遣他去見父親，親自問清楚她說的是不是眞話。

費頓興沖沖地朝太陽升起的地方走去，當他走進太陽宮裡，看見阿波羅穿著淡紫色的衣袍，華麗奪目，坐在寬大正廳的金色寶座上。一道奇異的白光環繞著他。太陽神的左邊站著「春季」與「夏季」，春季的頭上戴著花冠，夏季的頭髮上插著罌粟花；右邊站著「秋季」與「冬季」，秋季戴著葡萄藤纏繞的花環，年老的冬季則彎著腰，馱著冰雪。

阿波羅往下看，當這孩子走得較近時，阿波羅見到了他，他的手正擋住雙眼。阿波羅立刻就知道這是他的兒子費頓，阿波羅把頭頂的光芒藏起來，那樣才不會照花費頓的眼睛。

費頓叫道：「啊，爸爸！偉大的太陽神。如果您真是我的父親，請給我證據，讓人們知道我確是您的兒子。」

阿波羅伸手把費頓拉近身邊，他看看費頓，見他長得這般英挺、這般年輕勇敢，太陽神因他而感到驕傲。他說：「孩子！你要證明？要什麼問我好了，我將賜給你。」

費頓毫不遲疑地提出要駕駛一整天日車。阿波羅懊悔自己許給費頓的諾言太早，要求他選另外的東西。父親提醒這孩子說他還沒長大，而且他只是個凡人。阿波羅告訴他，每天車子在上下起落時的道路行進時，四周那些可怖的危險。

阿波羅說道：「除了我以外，誰也不能駕駛噴火白晝之車，就連宙斯也駕馭不了。這條路開始的一段非常陡峭，中間的一段路在天的高處，從那裡往下看，就連我也膽顫心驚呢！路程的最後一段急轉直下，必須格外小心謹慎才行。更可怕的是天不停地旋轉。處在天旋地轉中，你能不迷失方向嗎？這條路還要穿過惡魔成群的地方。駕馭這些馬匹可不容易，牠們口鼻裡噴吐出的全是烈火！你還是打消這個念頭吧，那只會讓你送命的。」

可是費頓不聽勸告，仍然堅持自己的要求。阿波羅不得已只好領著他到停放日車的地方。這車子是金子鑄成的，帶有一個鑲寶石的座位，車子四周繚繞著熊熊的火光，魯莽的小伙子看得目瞪口呆；這時黎明之神敞開了通往東方的紫紅大門，群星漸漸稀疏。那作父親的見到大地已露微曦，就命令時辰女神去套馬。

阿波羅用一種油膏塗在兒子的臉上，使他禁得住灼熱的火燄，又將日光的金冠戴在兒子的頭上，然後沉重地嘆口氣，告誡他不要用鞭子，握緊韁繩；不要走五個圓圈中間的那條直線，要向左拐；到了中間地區要走在圈子裡，既不要偏北，又不要偏南；最後一點是順著留下的車轍走，不要離天太近，也不要離地太近。

說話之間，手腳靈活的小伙子縱身躍上日車，趾高氣揚地抓著韁繩，將車子駛入晨空的紫路上。然而沒過多久，馬兒察覺出來拉載的重量比往常輕得多，牠們向前奔馳，偏離了故道。大、小熊星座被灼傷了，天蠍座被烤得全身發燙，牡羊座則倉皇逃命。

費頓低頭向地球張望時，只見腳下茫茫一片，他變得六神無主。當他抬頭往天上看時，只見到處都是惡魔的形體；這孩子嚇得魂不附體，扔掉了韁繩。脫韁的馬匹向天空中星際間的陌生地區奔去，日車在車馬不到的地方顛簸著，一會兒往天上跑，一會兒朝地下衝，月神看到兄弟的車竟走在自己的車道下面，不知發生了什麼事情。雲彩冒煙了，密林覆蓋的山巒起火了，世界燃燒起來了。

據說衣索比亞人也是在這個時候變成黑人的；利比亞烤乾了，成了今日我們見到的荒漠。泉澤女神們披頭散髮，爲失去水鄉家園而哀傷。躲在堤岸下的河流也遭了殃；尼羅河逃向荒漠，一頭鑽進沙漠。土地龜裂，亮光從裂縫裡鑽進冥界，嚇壞了冥王和冥后。海神波塞頓不得不帶著妻子和兒女們躲到最深的洞穴裡。老海神尼遼斯升到海面，想探出頭來看個究竟，他試了三次，三次都被炎熱灼得縮回水裡。大地女神用手掌保護住臉孔，抬頭向天上的宙斯祈禱。擎著天宮的兩極冒出煙來，萬一它們燒斷了，天庭的一切就會摔下來。

於是，宙斯召集眾神親眼目睹眼前的危急。如果再不立即採取措施的話，頃刻間天地就要毀滅了。他一聲雷鳴，用右手朝太陽車的馭手射出一道霹靂。費頓翻下車來，頭朝下跌落，一路上燃燒著的頭髮發出光亮，就像劃過天空的流星。大河埃里達奈斯接受了他。他的赫利阿得斯姐妹們對他的不幸遭遇萬分悲痛，都變成了河堤兩岸的白楊樹，她們流下的顆顆淚珠落到河裡則變成了琥珀。

「醫神」阿斯克力比奧斯

阿波羅身兼箭神，只要他一生氣，就向遠方射箭發洩，被射中的都必死無疑。如果得罪他的人數眾多，爲了懲罰起見，射出的箭就會帶有可怕的瘟疫，迅速地傳播至各地。

當然，阿波羅並不是只會給人類帶來死亡的恐慌，他同時也是能治好重病的萬能醫生，可說是人類疾病的救世主。他有個叫阿斯克力比奧斯的兒子，是人類的英雄，死後被當作醫神來膜拜。

阿斯克力比奧斯的母親克洛妮絲是拉庇泰國國王的女兒，生得豔冠群芳。阿波羅一見到她，立即拜倒在她的石榴裙下。

後來她懷了阿斯克力比奧斯時，有個叫伊斯丘斯的少年對她緊追不捨，十分愛慕。於是阿波羅就派了一隻烏鴉去監視她，結果烏鴉在阿波羅面前嚼弄舌根，說克洛妮絲與伊斯丘斯通姦。阿波羅聽後大爲憤怒，不假思索地就對拉庇泰國射出死亡之箭，結束了克洛妮絲的生命。

事後，阿波羅對自己的魯莽感到十分後悔，「都是烏鴉闖的禍，否則我也不會殺死心愛的克洛妮絲。」於是他咒罵那隻烏鴉，將牠由如雪般人見人愛的白鳥，變成了黑漆漆令人討厭的鳥。

就在克洛妮絲的屍體被放在柴薪上要被點火燃燒的前一剎那，阿波羅發現她肚中的胎兒還有生命跡象。阿波羅迅速取出胎兒，於是阿斯克力比奧斯誕生了。阿波羅帶他來到特沙莉亞的貝利恩山中，那裡有個山洞，裡面住著「馬人」凱龍。

馬人是上半身爲人、下半身爲馬的怪物。雖然凱龍也是這種形體，但他是個神；儘管馬人族非常粗魯，但凱龍卻是個和善的老人，同時也是世上數一數二的賢者。阿波羅把兒子託給他照顧，而凱龍也深知阿斯克力比奧斯將繼承父志成爲醫生，便細心教導他相關的知識和技巧。

長大後，阿斯克力比奧斯果眞成了名醫，不僅能治癒重病，還能使人復活。眾神之王宙斯認爲死人竟能復活，這樣下去豈不天下大亂？於是發出一道霹靂擊斃了阿斯克力比奧斯。

兒子的遇害令阿波羅怒不可遏，他向製造雷電的無辜工匠尋釁報復，用箭射死了他們。

宙斯對阿波羅的報復行爲大爲震怒，他把阿波羅貶到下界替凡人勞苦了一年。後來宙斯把阿斯克力比奧斯召到天庭，提升爲「醫神」，加入眾神的行列，爲解救人類的疾苦而努力。

阿波羅為凡人放牧

愛子無故被殺，阿波羅射箭殺死無辜的雷霆製造工匠，惹惱了宙斯，遂懲罰阿波羅到凡間牧牛一年，服侍費萊國國王阿德墨托斯。

阿德墨托斯想娶皮利亞斯的女兒阿爾克絲緹斯爲妻，可是她還有別的求婚者。皮利亞斯提出誰能駕著一輛由雄獅和野豬拉套的車子來求婚，誰就可以贏得他的女兒。這件難辦的事情，阿德墨托斯靠阿波羅的幫助完成了，他如願以償地和阿爾克絲緹斯結成良緣。

但是，好景不常，阿德墨托斯不久便患了病，眼看就要命赴黃泉。阿波羅說服命運三女神免他一死，條件是要有人替他死。阿德墨托斯聽說可以免去一死的消息，只顧高興，完全沒有考慮將要付出的代價是如何的大。

他想起寵臣隨從們平日表現忠心的話語，認爲在他們中間不難找到一個替身。但是出乎意料地，那些願爲國王戰死疆場的勇士們竟然不肯替他死在病榻上。人們問道：「爲什麼他的父親或母親不作他的替死鬼？他們已是風燭殘年了。兒子的生命既然是他們給予的，還有誰比他們更深切體會拯救兒子免於早夭的必要性呢？」他的父母雖然想到要失掉兒子時悲痛萬分，但面對「替死」的號召還是畏縮不前。

這時，愛夫心切的阿爾克絲緹斯挺身而出，願作替身。阿德墨托斯雖然珍惜生命，但要用愛妻的生命去換取，他絕對不同意。只是做出的承諾，已不容他反悔。命運女神提出的條件有人承擔了，這筆天命交易也就拍板定案。阿德墨托斯一天天地好起來，阿爾克絲緹斯卻臥床不起，而且病情急轉直下，很快就奄奄一息了。

恰巧這個時候海克力斯來到阿德墨托斯的宮殿，見到宮廷上下人人都沉浸在哀痛之中，因為忠貞的妻子、敬愛的女主人將不久於人世。海克力斯深受感動，決心把阿爾克絲緹斯從死亡中拯救出來。他進到後宮，埋伏在垂死的王后的寢宮門外。死神來勾攝靈魂的時候，他揪住死神不放，迫使他放棄受害者。於是，阿爾克絲緹斯恢復了健康，重新回到丈夫的身邊。

阿波羅的藝術形象

阿波羅的藝術造型，經常以雄健之姿挺立，是光的來源，世間一切事物皆因得到光才能顯現形相。他職司音樂、運動、啓示寓言、醫藥，是希臘神話中最榮耀的神祇，也是宙斯最疼愛的兒子。具備健康精神代表典型，也是男性美典型。

阿波羅的標誌是七弦琴、弓箭、箭袋。人們通常用天鵝、禿鷲、鷹、狼、牝鹿和知了給他祝聖，用棕櫚樹、橄欖樹、睡蓮，尤其是月桂樹的樹葉給他編織冠冕。

10 月神——阿緹密斯 Artemis

月亮女神阿緹密斯是宙斯與莉托之女、太陽神阿波羅的雙胞胎妹妹。現在最爲人熟知的是她的羅馬名字戴安娜。阿緹密斯和阿波羅一樣有本事讓凡人暴死或得瘟疫，同時也有能力醫治他們。她是幼小兒童和一切哺乳動物的保護神，但她也酷愛狩獵，尤其喜愛打牡鹿。

她三歲的時候，有一天，坐在父親宙斯的腿上，宙斯問她想要甚麼樣的禮物，阿緹密斯立刻回答：「請給我永恆的童貞；跟我的兄弟阿波羅一樣的弓箭；司光明的職責；一件桔黃色鑲紅邊的、打獵時穿的束腰外衣；還要六十個年齡一般大的山林仙女作我的侍從；二十個水澤仙女在我不狩獵的時候替我保管皮靴、餵養獵犬，還要世上所有的山巒。最後，隨你高興給我一座城市，一座就夠了，因爲我打算大部分的時間都住在山上。因爲我母親生我養我的時候都毫無痛苦，因此命運三女神讓我作分娩婦女的保護

阿緹密斯

楓丹白露畫派　1550～1560年，巴黎羅浮宮

神。」

她伸手去摸宙斯的鬍子，宙斯笑咪咪地，不無驕傲地說：「有妳這樣的兒女，我不必懼怕希拉的妒火了！這一切妳都可以得到，我還要再給妳更多東西。不是一座，而是三十座城池，還要分管大陸和群島的各種事務。我任命妳爲大陸和群島上的道路與港口的保護神。」

阿緹密斯謝過宙斯，從他腿上一躍而下，先去克里特島，又到大洋河，挑選了無數九歲仙女作她的侍從，她們的母親都歡天喜地的送她們上路。

阿緹密斯又接受火神黑法斯托斯的邀請，去利帕拉島訪問獨眼巨人，發現他們在爲波塞頓鍛製馬槽。黑法斯托斯指示布戎爾斯，要給阿緹密斯製作任何她想要的東西。他把她抱起來放在腿上，但她不喜歡布戎爾斯過於親熱的動作，就把他胸前的汗毛揪掉一撮，使他直到死前胸前仍禿著一塊，讓人誤以爲他長過癩疥。

水澤女神們對獨眼巨人可怖的面容和鐵匠工坊震耳欲聾的嘈雜聲都深爲害怕。但是阿緹密斯膽子很大，叫獨眼巨人們先將波塞頓的馬槽暫時擱下，先給她做一把銀弓和一袋箭，報酬是他們可以吃到她射倒的第一頭獵物。她拿著打好的弓箭去阿卡迪亞，山林之神潘恩正在那裡剁山貓餵母狗和小狗。潘恩送給她三頭垂耳狗、兩頭雜色狗和一頭花斑狗，牠們聯合起來能把活獅子拖回窩裡去。他還送她七條迅若疾風的斯巴達狗。

阿緹密斯活捉了兩對帶角的紅色雌鹿，她用金鞍把牠們套上一輛金色的車子，趕著牠們向北越過色雷斯的哈厄木斯山。她在奧林帕斯山砍削出她的第一把松枝火炬，利用閃電擊過的樹的焦炭把火炬點燃了。她四次試用了銀弓，頭兩個目標都是樹木，第三次射了一頭野獸，第四次對準了一座城市裡不正義的人。

接著，她回到希臘，阿姆尼蘇神女爲雌鹿卸套，替牠們按摩，用希拉牧場上的三葉草來餵養牠們，使牠們長得又肥又壯，並且讓牠們在金光閃閃的槽子裡飲水。

希臘人視阿緹密斯爲自然之神。這位美麗的女神，同樣也有許多動人的故事。

妮奧蓓王后的悲劇

阿緹密斯的弓不但能射獵，而且跟阿波羅一樣，能用來懲罰人類；然而奇怪的是，她卻只射女人，尤其是生產中的女人。

在那些不幸者當中，最著名的是妮奧蓓。她是底比斯國王安菲昂的王后，生育能力非常強，而且經常以此爲傲。

在一次爲莉托和她的子女阿波羅、阿緹密斯舉行的慶祝會上，妮奧蓓出現在群眾當中，以一種傲慢的眼光打量著人群，「多蠢！」她驕傲地說道，「你們爲什麼對莉托如此崇拜而對我卻不屑一顧？我有七兒七女，但她只生了兩個，我才是偉大的母親，我感到自己強大得就連命運女神也對我無能爲力。取消這些儀式吧，莉托是比不上我的！」人們聞言都摘掉額上的花環離去，這場神聖的禮拜就這樣被攪亂了。

莉托非常生氣，命令阿波羅和阿緹密斯前去懲罰妮奧蓓，他們駕著雲朵，劃破天空，落到底比斯城的塔上。阿波羅用箭射死了妮奧蓓那些正在打獵的兒子們，而阿緹密斯則用箭射死那些在家中嬉戲的女兒們。

妮奧蓓哀慟地坐在死去的兒子、女兒中間。當她眼底的淚流盡時，微風已不能撩起她的頭髮，她的雙頰失去血色，瞪大眼睛凝視著前方，一動也不動。爲了結束她的悲傷，宙斯把她變成了一座石像，接著，她被一陣旋風帶回她出生的山巒上。至今她仍是一座石像，一塊巨大的岩石，從中斷斷續續地流出一條小溪，那就是她永無休止的悲傷的見證。

月神與牧人之戀

安迪梅恩是個俊美的凡間牧羊人。每天，他放羊在波光粼粼的溪流邊的草坡上。有時，他覺得寂寞孤單，日子好難打發；於是，他在自己的遐思中尋求慰藉。幻想的精靈，成群結隊地來與他作伴。歡樂的、美麗的、傷感的——這種種思緒匯集成安迪梅恩的詩篇，他把它們譜成歌曲。這些詩與歌，像是一群朋友，在山上陪伴著他，使他不寂寞。

有一晚，阿緹密斯乘著月亮的光華，從萊特茅斯山的上空經過，她聽到了安迪梅恩的歌聲。她深深地愛上了這個歌聲，但卻沒有看到唱歌的人。最後，她瞧見安迪梅恩坐在溪流旁邊，附近是他的羊群，銀色的月光照在他的身上，閃映著他腳下的溪水。

阿緹密斯首次嚐到了初戀的滋味。她停留在萊特茅斯山的上空，不再繼續穿越天際、奔向海洋的路程。夜半，她停下來注視著安迪梅恩，聽他唱歌。天空的美色與環抱著安迪梅恩的銀色月光，令他充滿了喜悅，他從來沒有這樣快樂歌唱過。

阿緹密斯從來不曾對神或凡人傾心相愛過，現在，她卻盼望能與安迪梅恩廝守在一起，對他憐惜愛戀，並希望能給他帶來幸福，使他免除苦痛與悲傷。

下半夜，安迪梅恩睡著了，阿緹密斯繼續前進，越過天空，照亮黑暗的海洋。黎明時分，阿緹密斯拉上紫色的雲幕，將月兒遮蓋，急忙趕回地面，爬上滿佈朝露的萊特茅斯山的山坡，再次傾聽安迪梅恩的歌聲。她令山澤間的女神也來聽他唱歌，並且看守他的羊。

白天，安迪梅恩有時會感到詫異，爲何羊兒總是離他這般近，靜靜地吃草，也不曾迷失。他不知道，也看不見女神們爲他看管羊群，這樣，他才能自由自在的唱歌。他也沒有看到阿緹密斯待在他身邊。他只是感到一種奇特而舒適的溫慰，與一種極其熱切而足以令他心碎的喜悅。

當他唱歌時，阿緹密斯凝視著他。她想到：安迪梅恩的美貌、青春以及充滿歌聲的年華，是何其短暫；她想到：所有那些曾經發生在其他凡人身上的不幸事件，諸如痛苦、衰老和死亡，也將會降臨在安迪梅恩身上。於是，她起身離開安迪梅恩，到奧林帕斯山去，向她的父親宙斯求情。阿緹密斯懇求父親賜給安迪梅恩永恆的青春。但是，宙斯提醒她，除非長眠不醒，沒有凡人能長生不老。

因此，阿緹密斯心煩意亂。她知道，如果安迪梅恩永遠睡著，他們就不能相偕漫遊山間，不能一起去打獵，不能一塊兒歡笑，也不能一塊兒嬉戲。但是，她把爲自己著想的念頭都拋開，而替安迪梅恩請求賜予長眠與永駐的青春。宙斯答應了她的請求。

阿緹密斯回到萊特茅斯山，伏在安迪梅恩身上，在他四周劃上安睡符咒。安迪梅恩的羊兒，聽到了牧神潘恩在遠處森林中吹弄笛子的柔和回聲，牠們迷茫地走進森林，加入了潘恩的羊群。安迪梅恩靜靜地睡著了，他夢見自己遊走過天神們的庭園，或者，在涼爽晦暗的海底叢林中，漫步過白色貝殼與珊瑚的小徑。他瞧見嬌小的海中女神，從紫色的海葵樹後窺看。他發現女神們的宮闕，而在女神的盛宴中與她們同座。

當安迪梅恩躺著睡覺的時候，他夢見所有這些事物，使他免除世俗的痛苦與憂傷，永遠年輕、漂亮。

阿緹密斯懲罰侵犯者

阿緹密斯是童貞女神，一生保持貞潔，不容別人親近。下面的故事講的是她如何維護其貞潔。

時值正午，赤日當頭，青年阿克泰恩在喀泰戎山狩獵。他也是凱龍教導出來的英雄之一，以狩獵技術聞名。阿克泰恩方才離開了伙伴而獨自信步漫遊。

這座松柏環繞的山谷是阿緹密斯的聖地。山谷盡頭有個岩洞，雖然沒有經過人工雕琢，但大自然似乎模仿了建築藝術，用岩石在拱形洞頂精巧地排列著，彷彿是能工巧匠蓋出的拱門。一股清泉從洞的一側湧出，聚成一葉池塘，塘邊碧草如茵。阿緹密斯狩獵歸來時，經常到這裡休息散心，她常在晶瑩的泉水中沐浴梳妝。

就是在這天，正當女神痛快淋漓地沐浴梳妝之際，阿克泰恩在命運的差遣下闖到了這地方來。他剛在洞口露面，眾水澤仙女看到一個男人闖進，就尖叫著撲向女神，想用她們的身子把女神遮住。但是阿緹密斯身材高大，比她們高一個頭。她被這突來的襲擊弄得面紅耳赤，就像旭日塗染的雲朵。可是武器不在身上，她就撩起池水朝闖入者臉上潑去，大叫：「你這粗魯無禮的傢伙，不要以爲你可以跟別人吹噓說你看到了阿緹密斯的裸體！」

頓時，阿克泰恩的頭上長出一對鹿角，脖子拉長、耳端變尖、雙手變成蹄子、雙臂成了長腿，全身長出一

阿克泰恩偷窺阿緹密斯沐浴　阿巴尼　1550年，巴黎羅浮宮

層梅花斑點的毛皮。英雄的銳氣頓時消失，他驚恐莫名，掉頭便跑。

這時，阿克泰恩帶來的獵犬看到這隻狂奔的鹿，立即向他撲來，其他獵犬也一擁而上，把貪婪的牙齒插進主人的肌肉裡，將他撕成碎片。直到阿克泰恩被狗群撕成了碎塊，阿緹密斯的怒氣才消了下去。

獵戶星座

俄里翁是海神波塞頓的兒子，他是個英俊的巨人，膂力過人的獵手。他的父親賦予他破浪前進的本領，也有人說他能在水面上行走。

俄里翁愛上了喀俄斯國王俄諾庇翁的女兒墨洛珀，並向她求婚。他射殺了島上所有的野獸，把牠們全獻給了自己的意中人。可是俄諾庇翁總是拖延著不答應這門親事，俄里翁就用武力霸佔這位少女。她的父親對這種行徑大爲震怒，於是用酒灌醉俄里翁並弄瞎他的雙眼，然後把他丟在海灘上。

盲英雄順著打鐵聲來到艾特娜山，摸到了火神黑法斯托斯的鍛爐前。黑法斯托斯十分同情他的遭遇，派了嚮導帶他去找太陽神。俄里翁坐在嚮導的肩上，朝著東方走去，找到了太陽神，陽光使他恢復了視覺，阿波羅並將他介紹給妹妹。

自此以後，他就做了阿緹密斯的一名獵手。阿緹密斯強烈愛慕著俄里翁，甚至有嫁給他的念頭。她的兄弟阿波羅對此頗不以爲然，經常訓斥她，但她總是不加理睬。

有一天，阿波羅見到俄里翁在水中行走，水面上只露出頭頂。他就指著這個黑點跟阿緹密斯打賭說，她一定無法射中飄在水面上的這個東西。女神箭手立即彎弓搭箭，「咻」的一聲，利箭便往那遠處的黑點飛去。她萬萬沒有想到，她射中的那個黑點正是她的心上人。

對於俄里翁的死，阿緹密斯痛不欲生。宙斯被她對俄里翁的深情所打動，同意讓俄里翁變成獵戶星宿。俄里翁在天上過著美好的生活，狩獵仍是他的愛好。當夜晚天空無雲、海上風平浪靜時，人們經常聽到他的獵犬在天上吠，阿緹密斯則舉著火炬緊跟其後，他們經過的時候，其他星宿都得趕快讓路。

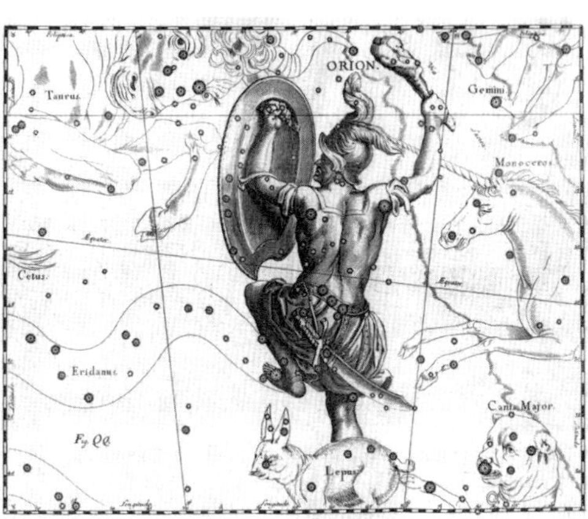

獵戶座俄里翁 天文學家赫維留1690年繪

阿緹密斯的藝術形象

希臘神話裡，阿緹密斯所表現的是極端個性的神祇，愛與恨、孝與恭，非常強烈對比。她長得非常漂亮，由於是獵神，故在藝術家的筆下，常是手拿彎弓，身穿獵裝，英姿勃勃。鹿、獵狗、公雞、大熊、野豬和狼對她來說是神聖的動物。她最喜歡的樹木是月桂樹、愛神木、松柏、雪松和橄欖樹。

11 智慧女神——雅典娜 Athena

雅典娜是宙斯與思慮女神密蒂斯的女兒。密蒂斯是智慧的化身，是人類與眾神中最聰慧的女性。雅典娜的出生有一個很傳奇的說法：宙斯娶了密蒂斯之後，聽信其父克羅諾斯的咒言，說將來密蒂斯所產下的子嗣，會篡奪宙斯的王位。為了以防萬一，宙斯在密蒂斯生產以前就把她吞到肚子裡去。這樣，宙斯也就擁有了智慧之泉，因為智慧女神密蒂斯將永遠活在他的肚子裡，幫他判斷是非與善惡。

可是，密蒂斯所懷的女孩卻在宙斯體內繼續活著，使得宙斯老是感到陣陣頭痛；最後終於痛得受不了，宙斯便叫黑法斯托斯用金斧把他的頭剖開。當宙斯的頭一裂開，就從裡面跳出一名少女，她頭戴光芒四射的金盔，身披嶄新的甲冑，手執閃發亮的長矛。她就是深受宙斯寵愛與信任的雅典娜。

雅典娜繼承了母親的特質，所以天賦異稟，較其他諸神聰

雅典娜從宙斯頭上蹦出
希臘瓶畫　西元前550～前525年，巴黎羅浮宮

敏許多。而且，她又是從眾神之王宙斯的頭部生出來的，當然更有資格成爲智慧女神。

她也是幫助勇士立功、奮戰的戰爭女神，所以才會一出生就全身穿著黃金盔甲。由於擁有超乎神、人的智慧，雅典娜創造出許多技術，成爲手工藝者的保護神，主司手工藝，其中當然包括了婦女們的紡織技術。

凡人與智慧女神的競賽

從前發生過一場競賽，一個凡人竟敢與智慧女神雅典娜比試。

這個凡人叫阿拉庫妮，她有一手非凡的編織和刺繡本領，每當這位少女紡織時，就連林中和噴泉中的仙女們也都擁來觀看。她織出來的布帛總是非常漂亮而且精緻靈巧，幾乎不像是凡人所織。於是，人們就開始傳言：「也許阿拉庫妮是受了雅典娜的教導。」

阿拉庫妮知道這件事之後，覺得自尊心受到了屈辱，忿忿不平地說：「我從沒有與雅典娜學過任何技巧，叫她來跟我比賽吧！我不會輸的。」

當然，雅典娜絕對無法忍受這種無禮的指控，但因爲她同時也是慈愛的女神，所以不想懲罰這個女孩，只想讓她知道自己的錯誤就好。於是，雅典娜變成了一個老太婆，來到正在紡織的阿拉庫妮身邊，告訴她必須謙虛，不能太過驕傲自信，更不能褻瀆諸神，要常常向雅典娜禱告，祈求她的原諒。

阿拉庫妮停下紡織，怒視著老婆婆，大聲叫道：「收起妳的忠告吧！我才不怕那位女神，如果她敢的話，就讓她顯示一下她的本領吧！」

雅典娜隨即卸下僞裝，恢復女神莊嚴的模樣。豈料，阿拉庫妮不但不崇敬膜拜，還堅持與雅典娜比賽。一種對自己技藝的盲目自信，驅使她選擇了自己的命運。

她們開始了比賽，兩人的巧手飛速地揮動著。雅典娜在她的織物上織出了她與海神競賽的場面。畫面上有十二位天神出場，宙斯威風凜凜地坐在當中，海神波塞頓手執三叉戟，好似剛剛撞擊過地球，一匹馬正從地面上躍出來。雅典娜把自己描繪成頭戴頭盔，用盾牌護住自己的胸部，這是圖案的中心圈。圖案的四角是神祇們由於一些狂妄自大的凡人竟敢與他們競爭而生氣的情景；這是用來警告她的對手，勸她及時放棄這場比賽。

阿拉庫妮則故意地在自己的圖案中，織出了顯示神祇們的缺點和錯誤的主題：一個場面是描述麗達輕撫著一隻天鵝，那天鵝實際就是宙斯的化身；另一幅描述了達妮被她父親關在一座銅塔裡，而宙斯變成一陣黃金雨澆進了銅塔；再一幅是描寫歐蘿芭如何被化身爲公牛的宙斯所誘拐。阿拉庫妮用類似的主題塡滿了她的畫布，確乎精彩極了，但明顯地表現出她的傲慢和對神的不敬。

雅典娜不得不佩服阿拉庫妮的手藝，但是基於眾神被辱的名義，她必須懲戒這個自負的少女。於是，她撕破了阿拉庫妮織好的布帛，用紡織杼輕輕敲打她的頭。這對一個驕傲自負的人來說，簡直就是無法承受的恥辱，阿拉庫妮感到灰心沮喪、悲痛絕望，想上吊自殺。

雅典娜看到她懸掛在繩子上，動了惻隱之心。「活下去吧，」她說道，「有罪的女人。爲了使妳永遠記住這個教訓，妳和妳的子孫後代將永遠吊著。」

此後，阿拉庫妮便總是吊在自己織的蜘蛛網上，永不間斷地織下去。

爭奪雅典城

古希臘文化的中心——雅典，就是以雅典娜來命名的，同時她也是阿提卡的守護神，還曾爲此與海神波塞頓爭執不休，最後終於得到所有權。雅典是阿提卡地區的首都，曾經繁榮鼎盛一時。

當諸天神在劃分領域時，雅典娜與海神波塞頓爲了都想要領轄阿提卡而發生爭吵，最後決定以比賽來劃分屬權。諸神判決，誰能拿出一樣對人類最有利的禮物，這座城市就歸誰所有。

於是，波塞頓把他的三叉戟往岩石上一擊，一匹駿馬便呼嘯而出，這是世界上的第一匹馬。而雅典娜則用她那金色的長矛往地上一戳，地上立即出現一株長著銀色葉子的橄欖樹——橄欖不僅是營養豐富的食物，還可以作爲燈油的材料，自此阿提卡便因栽培橄欖樹而富國。

眾神經過裁判，認爲橄欖樹對人類的生活有較大的貢獻，最後的勝利便歸於雅典娜，因此雅典城的人民從此便奉雅典娜爲他們的女神。

被懲罰變成蜘蛛的阿拉庫妮　杜雷繪

雅典娜雖然也像阿緹密斯一樣守身如玉，永不結婚，但卻不躲避男人的傾慕，也以自己身為雅典之神為榮。她一直保衛雅典城，雖然波斯人在西元前四八〇年至前四七九年侵略希臘，雅典城也跟著淪陷，但雅典人很快便加強他們的海軍力量，建立了自己的強大帝國。

雅典娜的盔甲　青銅雕塑　希臘時期

正義女神

希臘人認為雅典娜是戰無不勝的，她英勇無畏，天下無敵。然而，她卻痛恨一切殘暴的行為。一天，堤丟斯在戰爭中身受重傷倒地，雅典娜希望能救活他，於是便向宙斯求助。她從天帝那裡得到一片藥，這片藥能治好這名勇士的傷，並讓他永生不死。她拿到這片藥後立即來到戰場。可是，她看見堤丟斯正在進行慘無人道的報復。有人給他提來敵人的頭顱，而他居然像個野蠻人似的砸爛那頭顱，汲取腦漿。

教人行善的雅典娜對堤丟斯的暴行非常憎惡，於是，她改變原來的決定，頭也不回地離去。

雅典娜同時也被視為一位主持正義的女神，她曾幫助過許多英雄好漢，其中最有名的有奧德修斯。他在特洛伊戰爭之後，經過十年的海上飄流，回到祖國伊薩卡城，卻不知王廷已被奸臣控制，幸得雅典娜的通告，才得以剷除奸豪，重執王位。

雅典娜不僅能使人民在戰爭中獲得勝利，並讓勝利了的人民安居樂業，她也是造船術的發明者。人類世界在智慧女神的指導下建造了第一艘船「阿爾戈號」；她還爲木工發明了三角尺和直尺，爲農夫發明犁耙和四輪牛車。

雅典娜和半人馬怪獸

波提且利　1482～1483年，
弗羅倫斯／烏菲茲美術館

雅典娜的藝術形象

雅典娜是希臘女神中三位處女神之一，巴特農（處女的）神殿就是為她而蓋。

在雅典娜女神節那天，人們便在雅典城舉行聲勢浩大的遊行，進行詩歌比賽，演出戲劇。這個節日把各地的希臘人都吸引到雅典來，使節日增添了喜慶的氣氛，人們把到雅典來參加紀念活動的希臘人稱為泛雅典娜。

眼睛在夜裡發亮的貓頭鷹，還有公雞和毒蛇，對於眼眸雪亮的女神雅典娜來說都是神聖的動物。

12 農產女神——迪密特 Demeter

迪密特是克羅諾斯和瑞亞的女兒，是一位五穀女神。繼最早的蓋亞、第二代的瑞亞之後，迪密特成爲第三代的大地母神，專司萬物生長和五穀豐收。

她本來是性情最溫柔的女神，卻爲了孩子被冥王黑地斯擄走而大發脾氣。

迪密特到處尋找女兒，走遍了天涯海角，最後又回到了出發地西西里。她站在河邊，當時黑地斯就是在這裡開通道，劫走她的女兒波瑟楓妮返回冥界的。水澤仙女本來可以把她所見到的一切告訴女神，但是她懼怕黑地斯，沒敢說出；她只得冒著風險揀起波瑟楓妮被劫時丟下的腰帶，藉浪花把它送到母親的腳邊。迪密特看到腰帶，對她女兒的丟失已不再懷疑了，不過她尚未弄清楚女兒消失的原

農產女神迪密特

華鐸　1712年，華盛頓國家畫廊

因，她把罪過歸咎於無辜的大地。

「沒有良心的土地啊！」她說道，「我一直使你肥沃，用草木和滋補的五穀給你作衣裳。現在你再也別想得到我的恩惠了。」於是，牲畜都死了，犁在畦裡斷裂，種子不再發芽，日照太長，雨水過多，鳥類也把種子偷吃光了，土地裡只有長薊和荊棘。

看到這一切，泉神阿瑞圖薩爲大地求情。「女神，」她說道，「不要責怪大地。我在穿過大地的下半部時看到妳的波瑟楓妮。她很傷心，但不再有驚慌的神色。她一副王后的儀容——她已成爲黑地斯的王后，冥界國君的新娘。」

迪密特聽到這些，目瞪口呆地站了一會兒。然後她調轉戰車向天庭駛去，匆忙來到宙斯的寶座前，要求宙斯把她的女兒找回來。宙斯答應了，但有一個條件，即波瑟楓妮在冥界逗留期間不得吃任何食物，可是狡猾的冥王黑地斯卻遞過石榴，讓波瑟楓妮吸吮了幾粒果實的甜汁。

不過後來雙方做了妥協，波瑟楓妮每年可以有三分之二的時間跟她母親一起，三分之一的時間跟她的丈夫黑地斯過日子。迪密特由於這種安排平靜下來，恢復了她對大地的恩寵。

迪密特教人耕地

當迪密特在尋找她女兒的時候，到了疲憊不堪、懊喪之極的當兒，她坐到一塊石頭上去，不顧風吹雨打、日曬月沐，一坐就是九天九夜。

那塊地方就是現在厄琉息斯城的所在地。當時是一個叫克琉斯的老人的家鄉，他正在田野裡採集橡實和黑莓。他的小女兒也正在趕著兩頭山羊回家，當她走過那位裝扮成老太婆的女神旁邊時，發現老婆婆很孤獨憂傷，就停下腳步，和善地問道：「婆婆，妳為什麼一個人坐在這些岩石間呢？」小女孩的父親也停了下來，友善地請迪密特到他的農舍去。她謝絕了，他再三誠懇地請她進去坐一會兒。

「謝謝你們，」迪密特感動得熱淚盈眶。「我為你有女兒而感到幸福；我失去了我的女兒。」

富有同情心的老翁，和他的女兒跟著她一起哭了起來，之後他說：「跟我們來吧，不要嫌棄我們的陋舍，願妳的女兒平安回到妳的身邊。」

「帶路吧。」迪密特不再拒絕他們的熱情，起身跟他們一起走了。路上他告訴她，他唯一的兒子正病得很重，發著燒睡不著覺。於是，迪密特俯身拾了一些罌粟。

他們走入農舍的時候，發現人人沉浸於巨大的悲痛之中，因為那男孩看來已是沒救了。孩子的母親美達尼拉仍打起精神，客氣地接待了迪密特。

女神俯身吻了一下病童的雙唇，孩子的面容馬上紅潤起來，身體又恢復了健康的活力。接著，迪密特把罌粟混入男孩的牛奶裡讓他喝下。夜深人靜時，她抱起熟睡的男孩，用雙手把孩子的四肢擺成一定的形狀，說了三遍咒語，之後走到火爐邊把男孩放到灰燼裡。

早就在注視客人舉動的母親大驚失色，急忙過去將兒子從火裡搶了出來。這時，迪密特顯出原形，燦爛的神光四射。這家人大為驚訝，個個目瞪口呆。

她說，「孩子的母親，我愛妳的兒子，可妳反而害了他，要不是妳阻攔了我，我本來可以使妳的兒子變得長生不老的。儘管如此，他還是會成爲一個偉大而有用的人。他將教會人類如何使用犁，如何透過勞動從耕種過的土地中取得收穫。」說畢，她由彩雲簇擁著登上戰車，飛馳而去。

後來，迪密特找到了女兒，對波瑟楓妮每年三分之二時間跟母親、三分之一時間在冥界的安排感到滿意。這時她記起了克琉斯一家人，以及她對他的幼子特里普托勒摩斯許下的諾言。在男孩長大後，她便教會他如何使用犁和進行播種。

迪密特（右）與特里普托勒摩斯（中）
大理石浮雕　西元前5世紀

迪密特並讓他登上她那輛由帶有翅膀的龍拉著的戰車，駛遍世界上所有的國家，把寶貴的糧種供給人類，並向他們傳授農業知識。特里普托勒摩斯回到家鄉後，在厄琉息斯建築了一座宏偉的神殿，並開始了對女神的崇拜，即厄琉息斯的神祕祭典。在希臘，紀念迪密特的祭典活動在氣派和莊嚴方面都超過了其他一切的宗教慶祝活動。

* * *

在迪密特和波瑟楓妮兩位女神的故事中，悲愁觀佔有主要的地位。迪密特是收穫女神，更是年年喪女的傷心母親；波瑟楓妮是春天和夏天的燦爛女神，只要輕輕踏上枯焦的山麓，就能使它開出嬌豔的鮮花。可是波瑟楓妮知道那種美多麼短暫，只要寒天一來，果、花、葉等大地的產物就會消失，像她一樣落入冥界。自從冥王擄走她之後，她再也不是那個無憂無慮在鮮花草坪玩耍的少女了。

奧林帕斯天神都是快樂的神祇、不死的神祇，和注定要死的人類相隔甚遠。但在悲哀和死亡的一刻，人類可以向傷心的女神和死亡的女神尋求安慰。

迪密特的藝術形象

農產女神迪密特在藝術作品中往往頭戴穀穗帽，身穿長袍，手拿麥穗，有時也手持火炬、鐮刀等。

13 酒神——戴奧尼索斯 Dionysus

奧林帕斯十二主神之外，還有一位偉大的神，就是酒神戴奧尼索斯。

戴奧尼索斯是宙斯與凡間女子塞墨勒的兒子，而塞墨勒的父親是人類的英雄卡德摩斯，母親則是戰神阿利斯與美神阿芙蘿黛緹所生的哈爾摩妮亞。

塞墨勒融合了祖母阿芙蘿黛緹和母親哈爾摩妮亞的美貌，令宙斯看了不禁凡心大動，立刻愛上了她，並遠從天庭下降塵世，與塞墨勒熱烈相戀。結果她懷了身孕，小孩就是酒神戴奧尼索斯。然而，不幸的悲劇卻由希拉揭開了序幕，嫉妒有如烈火般地燃燒著她，她決心將這位絕世佳人除掉。

一天，希拉搖身一變，化形爲塞墨勒

戴奧尼索斯 柏汀 1710～1715年

幼年的奶媽，來到底比斯城的宮殿探望塞墨勒。塞墨勒看到奶媽，不但非常高興，還把跟宙斯的韻事一五一十的告訴了奶媽。聽了塞墨勒這番眞誠與信任的告白後，希拉裝出和善慈祥的模樣，皺著眉頭對塞墨勒說：「妳深愛的男子眞的是宙斯嗎？妳應該查證一下，用一些方法試試他是否眞的是宙斯。」

天眞無邪的塞墨勒果然信以爲眞，連忙問奶媽有何辦法。

「如果那個自稱宙斯的男子來了，妳就要他證明自己確是偉大的眾神之王。我想他一定會狡猾地回絕妳，說凡人不能見到神的眞面目，用這個藉口來搪塞妳。」希拉繼續說道，「幸好我有個計策可以阻止他撒謊。地獄中有條叫斯地克斯的泉水，是條神聖的發誓泉，即使是眾神之王也不能違背。妳先預備好這泉水，當他來臨時，就用泉水往他身上潑，然後要求他當著這神聖的發誓泉起誓，答應妳的任何要求，最後再要求他證明自己就是天帝宙斯。」

塞墨勒是如此信任奶媽的忠告，深信這就是最好的方法，於是就照著希拉的狠毒陰謀去做。

宙斯聽到愛人的言語後感到震驚，久久不能平息。接著他冷靜地說：「我摯愛的塞墨勒，開天闢地以來，我未曾如此深愛過凡人女子，雖然妳提出這個要求，但我卻不能答應妳，因爲凡人不能看見眞神的形象，如果違反了這定律，妳的生命將提早結束。——忘了這件事吧！除了這個，我可以答應妳的任何要求。妳說吧，我深愛的塞墨勒。」

宙斯的這一番話，可眞中了希拉的圈套。塞墨勒想起奶媽的謹愼交代，於是懷疑的陰影縈繞不去。她終於難逃命運的擺布，不論宙斯如何低聲下氣哀求，她都非見他的眞面目不可。

「可憐的塞墨勒，我既然被斯地克斯泉灑過了，就不能違反誓言，雖然貴爲天帝，我也只有現身給妳看了。」宙斯說完以後，便以憐憫的眼光凝視她，帶著許多柔情、許多疼愛，與更多的痛惜，然後以眾神之王的形象展現在塞墨勒的面前。

霎時，天搖地動，火光雷電閃爍猛烈，塞墨勒的雙眼根本無法睜開，甚至在還沒有看到宙斯尊貴的身軀之前，就已被宙斯手中的雷電給燒死了。希拉的毒計得逞了，塞墨勒死在宙斯的手裡，這是最殘酷的懲罰。

但他們的愛情結晶卻留了下來，宙斯從塞墨勒的懷中取出胎兒，然後移植在自己的大腿裡。胎兒逐漸成長，誕生的時刻終於來臨。宙斯慈愛地從腿中取出嬰兒，這就是酒神戴奧尼索斯的誕生。

戴奧尼索斯的遊蕩

戴奧尼索斯出生後，宙斯把他交給倪薩山的仙女撫養，他的童年時期都在仙女的悉心照料下度過。爲了感謝她們照顧戴奧尼索斯，宙斯把她們變成天上的星宿，即七姐妹星群。

倪薩山是座美麗的高山，終年陽光普照，山坡鬱鬱蔥蔥，泉水潺潺，鳥語花香。仙女們居住在一處又大又深的山洞裡，洞壁上長滿了葡萄樹，茂密的長春藤遮蓋著洞口。

戴奧尼索斯長大之後，發明了葡萄的栽培方法，與如何釀製美味的葡萄酒，終於履行了酒神的職務。但是狠心的希拉卻不肯輕易放過他，她令他得了瘋病，逼得他在世界各地漂泊流浪，不得安歇，所經之處包括埃及、腓尼基、敘利亞，最後到達了小亞細亞北方的弗里吉亞。在那裡，賽貝蕾女神拯救了他，使他恢復神智，並把自己的宗教儀式傳授給他。接著，他穿過亞細亞，沿途教人種植葡萄。他最著名的一段漫遊是遠征印度，據說一去多年。

戴奧尼索斯歸來後，想把他的宗教活動傳到家鄉希臘；在此之前，他的祭典已風行於亞細亞。戴奧尼索斯另外有個名字叫巴卡斯，因此，凡是加入他祭典的信徒們都叫做巴卡斯教徒。

到達目的地希臘之後，戴奧尼索斯首先選擇了自己孩提時代成長的地方——底比斯。但底比斯王彭透斯對新的宗教卻毫無敬意，下令禁止舉行這一宗教的儀式。然而，男女老少聽說戴奧尼索斯來了都湧上去歡迎他，加入他慶祝勝利的行列，全然無視於彭透斯的命令和恫嚇。

彭透斯最親近的朋友和屬下都央求他不要反對戴奧尼索斯神，但是忠言逆耳，他變得更加兇暴了。不久，派出去抓戴奧尼索斯的隨從回來了，他們抓到一個巴卡斯教徒。俘虜被倒綁雙手，推到國王跟前。彭透斯威脅說要處死他，命令他老實交代他是誰，他們打算歡慶的新祭典是怎麼回事。

俘虜毫無懼色，回答說他是阿克特斯；父母窮苦，讓他像他們一樣打魚為業。他當了一陣子漁夫，後來學會憑藉星星掌握航向的本領，當上了舵手。有一次，船在海面上行駛，水手們看見岸邊的一處大尖岬上有一位美少年。他那強壯的肩膀罩著一件紫色的斗蓬，濃密的黑髮披在肩上，看起來像出身高貴的王子，父母想必出得起大筆贖金。水手們就高高興興地跳上岸抓他。上船以後，他們用粗

酒神祭　提香　1523～1525年，馬德里／普拉多美術館

繩子綁他，沒想到竟綁不住；繩子一碰到他的手就分開了，少年兩眼含笑地看著他們。

只有舵手明白這是怎麼回事，他嚷著這一定是天神，大家應該立刻放掉他，否則會惹來致命的災禍。船長笑他傻瓜，叫船員趕快揚帆出海。風把帆布張滿了，大家拉緊帆繩，但是船一動也不動。奇蹟一件一件發生，香酒流遍了甲板，帆船上長出結實纍纍的葡萄藤；一株深綠色的藤蔓植物像花圈纏著桅桿，上面開著花朵，長著迷人的果實。

水手們嚇壞了，忙叫舵手靠岸。但是太遲了，少年忽然變成一頭獅子，吼聲如雷，目光炯炯。船員們紛紛跳下海，霎時變成海豚，只有舵手阿克特斯例外。

「別害怕，」酒神對他說，「把船開到納索斯島去。」舵手服從了命令。船抵達以後，他們在聖壇點起火，舉行了戴奧尼索斯的神聖祭典。

阿克特斯講到這裡，彭透斯打斷話頭，下令將他處死。但是，阿克特斯的保護神立即將他變得無影無蹤，使他免遭劫難。

此時，喀泰戎山充滿生氣，到處都是朝拜者，酒神信徒的呼喊聲響徹山巒兩側。彭透斯聽到喧鬧聲怒不可遏，他穿過樹林來到一塊開闊的空地，看到祭酒神的宗教儀式。

奧林帕斯的神祇喜歡祭品和神廟的整潔美觀。但是戴奧尼索斯的信女們沒有神廟，她們前往荒野、荒山、密林去膜拜，遵守人類未建廟祭神以前的風尚。她們走出汙濁擁擠的城市，回到荒無人跡的山丘和森林淨土。到了那邊，戴奧尼索斯賜給她們食物和酒，她們的床鋪就在柔軟的草地上，茂密的樹蔭底，松針年年掉落的地方。她們醒來，心境安詳抖擻，然後到清溪去沐浴。這種露天的儀式和野外世界帶來的狂喜相當迷人，相當有效，可以舒放身心，可是也常發生可怕的血祭。

酒神與女祭司
阿提卡赤陶　約西元前530～前520年

酒神有時候善良和藹，有時候卻很殘酷，會驅使人做出可怕的事。他常常使人發瘋，「酒神女祭司」就是指發瘋的女人。她們在樹林和山野狂奔、大聲尖叫，揮舞著頂端帶松果的權杖，得意忘形，什麼都阻止不了她們，她們會把路上碰見的野獸活生生撕裂，生吃血淋淋的肉片。

很不幸地，彭透斯看到的就是一群樂瘋的信女，當中有他的母親和姐妹。那些女人以爲彭透斯是野獸、是山獅，就衝過去弄死他。彭透斯終於明白自己和神作對，難逃一死。

從此，希臘確立了對戴奧尼索斯的朝拜。

被遺棄的亞麗亞德妮公主

納索斯島上，一位叫亞麗亞德妮的少女在岸邊睡著了，完全不知道自己已被愛人鐵修斯拋棄。她醒來時，遍尋不到心愛的人。她不斷地徘徊在海岸邊，漫無目的地走著，悲呼著愛人的名字，盼望著海的那頭會出現一艘前來迎接她的帆船；然而日復一日，希望越來越渺茫，她無力地坐在地上絕望的哭了。

此時酒神戴奧尼索斯恰巧經過，見到這位癡情的少女，不禁心生憐惜與愛意，他走向前對她說：「美麗的姑娘，請不要哭泣，妳的善良打動了一位神祇的心。妳已經遭受寒冬的煎熬，現在應該在春天的歡樂中獲得新生！」

戴奧尼索斯邊說邊取下頭上的花冠，把它戴到楚楚可憐的亞麗亞德妮的髮上。這頂堂皇的冠冕剛碰到亞麗亞德妮的額頭，就徐徐上升飛到天上。冠冕上的寶石變成了天上的星星，冠冕成了穹蒼中的北冕星座，成爲戴奧尼索斯和亞麗亞德妮愛情的見證。

就這樣，亞麗亞德妮成爲酒神的妻子，並且成爲巴卡斯信徒們的皇后。

米達斯點金術

米達斯是艾達斯女神的兒子，他是一個非常富有的國王。他統治的國家以種植玫瑰花而聞名遐邇，但他卻只喜歡整日呆坐在他的寶庫中，對花卉、音樂甚至其他的事物都漠不關心。

一天，歡天喜地的戴奧尼索斯酒神和追隨者從色雷斯出發去波奧提亞。戴奧尼索斯以前的老師，沉緬酒色的森林之神——老西勒諾斯不巧跟隊伍走散了，他喝得醉醺醺的，躺在米達斯的玫瑰花園裡酣

酒神和亞麗亞德妮　提香　1522～1523年，倫敦國家畫廊

然大睡。

園丁發現了他，用花鍊捆綁他，領他去見米達斯。西勒諾斯酒醒後，爲米達斯講述有關一個神奇城市的奇妙故事：這個城市，居住著身材高大、幸福而長壽的人民，擁有值得讚頌的法律制度。西勒諾斯的故事令米達斯聽得如癡如狂。他盛情款待老山神五天五夜，然後派嚮導護送他回到戴奧尼索斯的大本營。

戴奧尼索斯一直在爲西勒諾斯擔心，看到他安全歸來，心裡很是感激米達斯，準備去拜訪米達斯，向他致謝，並問他有什麼要求、應該怎樣報答他。

但當戴奧尼索斯見到米達斯那座充滿珠寶、錢幣的幽暗宮殿時，深感厭惡，馬上離得遠遠的，說道：「我不能停留在這裡，這兒沒有陽光，也沒有半點葡萄葉間徐息的風聲。」

米達斯驚奇地望著這位神祇，說道：「這兒是沒有陽光，但是，你看！這器皿上的金色光輝，這珠寶的紅色閃光！」

戴奧尼索斯問道：「你是否見過葡萄的各種顏色？當陽光照著的時候，呈現出奼紫嫣紅，以及亮如琥珀的色彩？」

米達斯答道：「沒有，只有將葡萄裝在金盤裡，我才會喜歡它們。世界上再沒有什麼與金子一般可愛的了。請恩准使我摸到的一切東西都變成金子。」

戴奧尼索斯讓他如願以償。然而，變成金子的不僅是石塊、花朵和屋內的陳設。當米達斯坐下來吃飯時，他吃的食物和喝的水也都變成金子。他驚恐地望著盤子，喊道：「啊，偉大的酒神，其他每件東西都可以變成金子，但是我的食物除外！」戴奧尼索斯又答應他了。

這時，米達斯鍾愛的小女兒瑪麗葛黛聽到父親的呼喊，跑過來問道：「親愛的爸爸，發生什麼事呀？」她用手臂繞著父親的脖子，用臉貼在父親的面頰上。

就在這個時候，她的皮膚漸漸變成深黃色，她臉上的紅潤頓時消失，只有她的頭髮仍然保持原有的顏色，因爲她的捲髮就如金絲一般。米達斯嚇得把手縮回去，因爲他的小女兒現在已是一座冷硬的金像了。他急得跳嚷著：「啊！偉大的戴奧尼索斯，把您送給我這可怕的禮物取走吧！把我的小女兒還給我！」

戴奧尼索斯問道：「米達斯，你還是那樣重視金子嗎？」

這位國王急道：「不！不！把點金術拿走吧！把我的瑪麗葛黛還給我！」

戴奧尼索斯對他微笑著說道：「現在，你可會像喜愛金子般地喜歡陽光了，你也會喜愛葡萄上的光澤甚於珠光寶氣。而今，你也許會願意離開寶庫，陪女兒到林中散步了。」

米達斯答應道：「我願意，我願意！只要讓她復活。」

戴奧尼索斯命米達斯前往帕克托羅斯河的源頭，在河裡洗個澡。米達斯依法行事，立即解除了點金術，帕克托羅斯河的沙子至今仍因含金而閃閃發光。

* * *

戴奧尼索斯的神格，像酒一樣有著雙重性格，他是人類的恩人，也是人類的毀滅者。這位怪神，是快活的酒客、殘酷的獵人、高超的啓迪者，也是一個受難者。他跟迪密特女神一樣都吃盡苦頭，但她是爲親人傷心，他則是自己受罪。

戴奧尼索斯是葡萄藤，果樹中唯有葡萄藤經常要修剪，樹枝全剪光了，只剩光禿禿的枯藤；冬天看來，眞像一個不可能再長出葉子的枯枝，但是春天來臨時他又再度復活。他是「生」與「死」的反映；葡萄藤也是單年歉收，雙年豐收的植物。因此，在希臘神話裡，酒神戴奧尼索斯的「悲劇」與「喜劇」交替，均豐裕無比。

戴奧尼索斯的藝術形象

藝術作品中，戴奧尼索斯的身體集中了少年的優美以及青年男子的剛健。葡萄是他的標誌，通常用常春藤、橡樹枝、無花果樹枝和冷杉樹枝做成冠冕。

14 次要小神的故事

除了奧林帕斯大神外，天庭還有許多別的神祇。本章講的是他們的故事。

丘比特與賽姬

賽姬出生於王家，是三位公主中最小的，但美色卻最爲動人。她姿妍貌姣，清而不豔，嬌俏中帶有嫻靜，風姿綽約而不失優雅。凡人一見，莫不嘖嘖稱奇，公認她是天人下降，仙女臨凡。

由於聲名遠播，爭睹芳容的人潮洶湧，有許多人甚至認定，以賽姬高貴的氣質，根本就是美之女神的化身，是以再也沒有人想到眞正的美神阿芙蘿黛緹。

阿芙蘿黛緹的神殿遭冷落，聖龕沾滿灰塵，她心愛的城鎮也荒棄倒塌了。一切屬於她的榮華都落在一名有生有死的凡間女孩身上。

女神當然不甘心忍受這種待遇。她把兒子丘比特叫了來，對他說：「運用你的神力，讓這個傲慢的女子愛上世界上最醜陋的男子。」

丘比特磨利金箭，飛到賽姬正熟睡著的宮殿臥房，他輕輕地摸出一支金箭向著她。但賽姬是如此地美麗！當丘比特俯身看向她的時候，他的心怦然心動，一種無法自抑的感情襲上心頭，這樣的感覺他不曾有過。他的手無意中滑了一下，於是，他的愛神之箭刺傷了自己，丘比特愛上了這個人間美女賽姬。

他焦慮不安，心慌意亂地飛回奧林帕斯山，向她母親誇讚美麗的賽姬公主。現在，阿芙蘿黛緹比從前更惱怒了，她設法把所有賽姬的追求者都攆走，從此沒有一個國王或王室青年，甚至平民前來向她求婚，而且她嚴禁丘比特與這位小公主見面。

但是，丘比特愛賽姬太深，無法輕易打消念頭。他決心無論如何也要想辦法與她結合。

另一方面，由於賽姬的姐姐們都已婚配，唯賽姬卻沒有人追求，她的父母只好到太陽神廟祈求神諭。他們得到的答覆是：「這個女孩命定在人間是找不到情郎的。她的丈夫是個神與人都鬥不過的惡魔，正在山巔等待著她！」聽完

丘比特與賽姬 吉拉爾　1798年，巴黎羅浮宮

之後，賽姬的父母以為要把女兒獻給怪物，感到非常傷心。

然而神諭不可違抗，而賽姬也決定要自我犧牲向神謝罪，於是便對父母說：「把我送到我所該歸宿的山巔上去吧！」

傷心欲絕的雙親陪伴賽姬登上山巔，然後將她獨自留在山上。賽姬摸黑坐在山頂，等著未知的恐怖命運，她一面哭一面發抖；突然，一股微風由寂靜中吹來，原來是柔和的西風。她的身體被西風托起來，飄離岩石頂，落在一片像床鋪般柔軟、處處花香的草地上。

那兒十分安詳，她忘了一切煩惱，墜入夢鄉。醒來一看，她正躺在一條清澈的小河邊，河岸邊矗立著一座宮殿，以黃金為柱，白銀為壁，地板用寶石鑲成，一點聲響都沒有，好像沒有人住。

賽姬對眼前的光彩望而生畏，慢慢走上前去，在門檻上猶豫不決；這時，耳邊忽然響起人聲。她看不見人，但是他們的話清晰地傳進她的耳膜。

那些聲音說：「我們是妳的僕人，隨時照妳的旨意行事。」

於是她在宮中住了下來，使喚僕人做事，睡溫暖的床，在美妙的浴池沐浴，食用佳餚美酒，陶醉在無形樂師演奏的歌曲中，十分悠閒。但她只聽得見聲音，看不見人。除了各種聲音相伴，她整天孤零零的，但依稀覺得晚上丈夫會跟她一起作伴。一點也不錯，當她感覺到他在身邊，聽見他的聲音在耳邊呢喃，一切疑懼都消失了，她不必看就知道他不是怪物或可怕的東西，他是她渴望、等待已久的夫婿。

日復一日，時間就在這種半聚半離的日子中飛逝，賽姬開始想家了，連丈夫的愛撫都抹不去她的淚痕，於是他勉強同意接她的姐姐們來宮裡探望。

第二天早晨，兩位姐姐由山頂乘西風下來，降到賽姬居住的山谷中。然而，妹妹的榮華富貴使她們相形見絀，見到金碧輝煌的宮殿裡的仙界奇珍，她們的妒意油然而生。

兩位姐姐對賽姬說：「神諭說妳命中注定要嫁給一個兇惡的巨妖，山谷裡的居民都說，妳的丈夫是一條巨大的魔蛇。聽我們的話吧，等他熟睡時妳就悄悄地下床，親眼看個明白。要是他們說對了，你就割下那惡魔的頭，這樣妳才能恢復自由。」

於是她們走了，留下猶豫不決、心慌意亂的賽姬。她愛他，他是她心愛的丈夫。不，他是可怕的大蛇，她討厭他。她願意殺他——她不願意殺他。她必須有決心——她不要決心。各種思緒互相掙扎了一整天，到了傍晚，她決心要看看他。

半夜，等她的丈夫睡著的時候，賽姬鼓起勇氣點了燈，躡手躡腳地走到床邊，高舉著燈盞凝視床上的人。只見床上躺著一位俊美的少年，金色的鬈髮與象牙色的皮膚，燈光映在他的臉上，顯得更加光明漂亮。

她心蕩神馳地盯著英俊的丈夫發呆，這時候一滴熱燈油落在他的肩膀上，他驚醒了。看到燈光，知道她背信，一言不發就離她而去。

賽姬跟著他奔入夜色中，看不見他，只聽見他的聲音對她講話。他說出自己的身分——愛神丘比特，然後悽然地向她道別。他說：「沒有了信賴，愛情不能持久。」說完就走了。

賽姬凝視著丈夫遠離的身影，眼淚簌簌地掉下來。丈夫是這麼愛她，而自己卻是一個多麼膚淺且愚笨的女人啊！她想：「我可以去找他，就算他不再愛我，至少要讓他知道我的眞心。」於是她踏上旅程，不知道該去哪裡，只知道要永遠追尋到底。

賽姬不食不眠地日夜尋訪丈夫，經過長途跋涉，她來到建有迪密特神廟的高山，眞誠地膜拜、祈禱，請求女神的庇佑。這時候，迪密特看到賽姬如此敬神，就對她說：「到阿芙蘿黛緹那兒去請罪吧！」

賽姬聽從迪密特的指示，朝阿芙蘿黛緹的神廟走去。女神見到她來了，滿臉怒容地說：「妳是討人嫌的醜女孩，除了辛苦服役，休想找到情郎！」於是她命人將賽姬帶到神廟的庫房，那屋子的地上堆著厚厚一層小麥、罌粟、小米和豌豆。

賽姬偷看丘比特　祝奇　1589年，羅馬／柏吉司畫廊

阿芙蘿黛緹說：「天黑之前把這些五穀按品種撿出來並分好類。」

賽姬辛勤的跪在地上撿，但速度非常緩慢，最後她忍不住哭了。此時一群螞蟻突然出現，牠們同情賽姬的遭遇，前來幫忙，順利幫賽姬在天黑前完成這項工作。

看到賽姬完成工作，阿芙蘿黛緹又想到一項危險的任務。第二天早晨，她把賽姬叫來，告訴她：「妳看，沿著河堤有一片樹林。林中有一群長著金毛的綿羊，我要妳從每一頭羊身上拔下一把羊毛來給我。」

但是這群金羊非常兇暴，一般強壯的獵人都不可能打敗牠們，更何況是纖弱的賽姬。就在賽姬一籌莫展的時候，河邊的蘆葦發出了窸窣聲：「美麗善良的姑娘，請不要發愁。這些金羊在傍晚時會到河邊休息，妳只要到灌木林，就可以發現樹上黏著許多羊毛。」賽姬照著蘆葦的指示去做，果然不費吹灰之力，就把金羊毛帶回來了。

阿芙蘿黛緹見賽姬輕而易舉的完成了她的任務，又想到一個計策。她取來一個小盒子，交給賽姬，要她到冥間去找冥后波瑟楓妮，向她要一點美麗。

賽姬照例乖乖聽話，動身去找冥后。但是要到哪兒去找通往地府的道路呢？她絕望的爬上一座高塔，想一死了之。這時，有個聲音從塔裡傳出來，告訴她如何從某個洞裡走到地下王國，如何躲過路上的危險，如何繞開長著三個腦袋的地獄狗，如何說動船夫爲她擺渡，送她往返黑水河。最後這個聲音又囑咐道：「波瑟楓妮將裝著美麗的盒子交還給妳後，妳無論如何不能打開偷看裡面的東西。」

賽姬事事都按照囑咐去辦，安全抵達冥界，拿到裝著美麗的盒子。她順著原路返回。危險的任務眼看就要順利完成了，可是一個強烈的慾望佔據了她的頭腦，她想看看盒子裡裝的究竟是什麼。她小心翼翼地打開盒子，裡面裝的竟是一隻地獄裡的睡眠鬼。它從樊籠中獲得自由，立即就附在賽姬身上，她倒下成了一具睡屍。

就在這個當兒，小愛神上前來了。現在丘比特的灼傷已經治好，他很想念賽姬。雖然母親將他鎖了起來，但「愛」是很難囚得住的，他從微啓的窗縫鑽了出去，一直飛到賽姬躺下的地方。丘比特從賽姬身上抓下睡鬼，重新關到盒子裡，然後把賽姬喚醒。「這一次，」他說，「妳又差一點兒被好奇心送了命。現在妳快按我母親的要求去向她交差吧，剩下的我來想辦法。」

說完，丘比特就到宙斯那裡請願。宙斯被說動了，在阿芙蘿黛緹面前爲這對情侶求情，最後徵得阿芙蘿黛緹的同意。接著，宙斯派漢密斯把賽姬帶到眾神大會上，賜賽姬仙糧，使她成爲女神，並宣布丘比特與賽姬結成伉儷。

故事圓滿收場，「愛」和「心靈」（賽姬的名字即爲「心靈」之意）尋找對方，歷盡艱辛，終成白頭偕老的神仙美眷。

到冥府尋妻的歐夫斯

奧林帕斯山上有九位美麗且才華洋溢的女神，合稱「繆思」女神。她們是諸神宴會上不可或缺的人物，聽她們唱歌會使人忘記悲傷和憂愁，心中充滿歡樂和希望。九位繆思各司其職：克麗歐是史學繆思，烏拉妮雅是天文繆思，梅爾波曼是悲劇繆思，泰麗兒是喜劇繆思，特普西可兒是舞蹈繆思，卡莉歐碧是史詩繆思，愛拉托是情詩繆思，波麗海妮雅是聖歌繆思，尤特碧是抒情詩繆思。

歐夫斯是太陽神阿波羅與史詩繆思卡莉歐碧的兒子，他繼承了父母的藝術才華，從小就展現高超的音樂天分。他的父親送他一把七弦琴，並教他演奏，結果他彈得出神入化，天下萬物無不爲他的音樂感到著迷。聽到他的音樂，不僅是人，連動物都爲之心軟，牠們會圍在他的身旁，暫脫野性，站在那裡聽得出神。不僅如此，當他彈奏時，連樹梢都會俯首傾聽，岩石則爲音樂所打動而鬆軟下來。

歐夫斯彈奏豎琴　拜占庭浮雕，雅典

後來，歐夫斯娶了美麗可愛的尤莉緹，夫妻倆十分恩愛。然而甜蜜的日子並不長久，有一次尤莉緹在森林中散步時，不小心被毒蛇咬死了。歐夫斯痛失愛妻，整天鬱鬱寡歡，連彈奏出來的琴音也都是悲傷的曲調。聽到他的琴音，怪物們都哭著逃開，森林中的鳥獸也躲到山洞中哭泣，山林裡的精靈及仙女們都忍不住流下傷心的眼淚。

歐夫斯決定去冥間尋找他的妻子。他彈奏著悲傷的音樂，大地聽到這悽楚的琴聲，將進入地府的縫隙裂開了，讓歐夫斯前去尋找尤莉緹。船夫卡倫聽了他的樂聲，破例載他渡過感嘆河及苦惱河；三頭的地獄看門犬凱貝羅斯，一聽到歐夫斯的音樂就趴在地上，發出低低的哀鳴聲，讓他通過。

他走過冥間的漫長道路，彈著琴找尋著尤莉緹。琴聲潛入寂靜的冥國，死亡的幽靈們忘記了他們深沉的悲哀，而群集傾聽，他們再度想到塵世以及陽光、雨水還有那愛情的憂傷。

歐夫斯經過一群又一群的幽靈，來到冥王與冥后的寶座前，唱出他的哀傷！

「啊，地府之神，生者必將歸屬的主宰，請聽我訴說。我是太陽神阿波羅之子歐夫斯，我來尋找我的愛妻尤莉緹，讓我領她回到地面去吧，否則，我寧願留在此地，因爲我不能獨自回去啊！」

他的手指撥動著琴弦，冥府哀聲遍地，幽靈們也開始哭泣，達奈絲的女兒們停止了汲水的工作；因洩露天機，而被罰受飢渴之苦的坦達羅斯暫時忘卻了痛苦，靜聽歐夫斯的歌聲；司掌復仇的三女神，面頰也初次淌下哀傷的淚。冥后波瑟楓妮的內心充滿憐憫，冥王黑地斯更無法抗拒歐夫斯的祈求，他們派人從遠處新幽靈的洞穴，將尤莉緹召來。

穿過黑湖與水晶的拱門，尤莉緹遠遠地循著琴聲來到。冥王允許歐夫斯帶她回去，但警告他：在未至凡間以前，不可看她，也不可與她講話。

於是，歐夫斯在前邊領路，尤莉緹則緊隨在後面。他們默默地穿過陰間的層層大門，走到黑暗通往光明的小徑，不斷往上爬。很快地，漆黑的四周轉成灰色，他們快到陽間了。但是，歐夫斯深恐尤莉緹未跟來，他忘記了冥王的警告，回過頭去，看見她那可愛的面龐正對他微笑。突然間，隨著一聲

「永別了」的呼喊，尤莉緹被帶走了。

他們互相伸出手臂，但是撲了個空。當她永遠消失在地府深處時，歐夫斯還能聽見她那甜蜜低沉的呼喚。歐夫斯奮力狂奔，想追隨她下去，可是嚴厲的冥河渡口船夫拒絕了他，不讓他過河。

他連續七天七夜在冥府與人間的邊緣徘徊，不餐不眠。他用歌聲控訴黑地斯陰間權勢的殘忍，向岩石和山巒訴說自己的哀怨。他的歌聲使虎狼聽了也於心不忍，感動得連橡樹都移動了位置。

從此，歐夫斯捨棄人群，在色雷斯的荒野流浪。最後他碰見一群酒神女祭司，她們瘋狂地殺了溫婉的樂師，把他的身子撕成一截一截的，扔進湍急的希伯魯斯河。他的頭顱和琴在向下漂流的時候不斷發出低語般的哀樂聲，兩岸則伴之以淒楚的合鳴。

繆思女神發現了，把歐夫斯葬在李絲柏島的神殿裡，據說夜鶯在他的墓前唱得比在任何地方都更加宛轉動聽。他用過的七弦琴被宙斯放到群星之間，成爲天琴座。

繆思哀悼歐夫斯　莫羅　1865年，巴黎／奧塞美術館

歐夫斯的身影又一次來到冥間，在這裡他找到了尤莉緹，此後他們永不分離。

露珠

黎明女神奧羅拉（又譯歐若拉）曾與人類有過哀怨纏綿的戀情，故事的男主角是特洛伊王子提托諾斯。他天生俊美雋秀，令奧羅拉芳心大動，把提托諾斯誘騙到東方的盡頭，過著幸福美滿的生活。她還請求宙斯賜給提托諾斯長生不死，以爲這樣兩人就可以從此長相廝守。

無奈天不從人願，奧羅拉忘了請求宙斯同時賜給提托諾斯永遠不老的青春。於是當他年輕時，兩人還恩恩愛愛的，但隨著時光飛逝，提托諾斯逐漸形殘身老，不復昔日英姿；奧羅拉便狠下心來遺棄了他，讓他獨自在東方奧羅拉的宮殿中，永遠過著老朽不死的孤獨生活。

奧羅拉有時會於心不忍，因此常去探望他。但是提托諾斯太孤獨了，因而只要一見到奧羅拉就聒噪不休，最後奧羅拉終於不耐其煩，把提托諾斯變成一隻蟬，牠一直到今天都還叫鬧不休。

孟龍是奧羅拉與提托諾斯的兒子，他是衣索比亞的國王。在特洛伊戰爭中，他帶著勇士們來爲他的祖父，即特洛伊國王普里亞摩斯助戰。

當特洛伊人聽到孟龍率兵來援的消息，就如同水手們在大風暴中重新看到閃爍的星光一樣，他們歡欣鼓舞地接待他，特洛伊國王更贈予他和他的隊伍珍貴的禮品，並盛宴款待他們。當晚，特洛伊人以崇敬的心情聆聽他述說無邊的海洋和大地的盡頭，述說太陽的升起和他在旅途中所經歷的英勇冒險故事。

第二天清晨，黎明女神奧羅拉很勉強的升上天空，因爲她聽到宙斯的話，已預知她兒子必得遭受的命運。孟龍很早就醒過來了，他揉著惺忪的睡眼，懷著急於和希臘人戰鬥的熱情從床上躍起，這時天上的星星剛剛隱沒。

如同暴風吹捲的濃雲一樣，孟龍率隊由城門洶湧奔出，馳到戰場上。大路擁擠著移動的人馬，腳下的塵土滾滾飛騰。他奮勇殺敵，希臘人四下潰逃。突然，希臘英雄阿基里斯上場並扭轉了局面；他和奧羅拉的兒子進行了一場難分難解的鏖戰，兩個英雄都頑強地支撐著，像岩石一樣。雙方隊伍的戰鬥也同樣頑強，戰士們血汗迸流，地上滿是屍體。但最後命運女神支配了結局。阿基里斯的槍深深地貫入孟龍的胸脯，一直從背部透出，他倒在血泊中死去。

黎明女神奧羅拉 沙多，大阪

奧羅拉發出悲哀的嘆息，她用濃雲的面紗遮蔽著自己，大地頓時陷於黑暗。她命令孟龍的兄弟——風神們疾馳到地上，從敵人的手中奪回兒子的屍體，並將他從空中運走；遺留在地上的只是從他身體上流下的血滴。這些血後來變成一條紫色的河流，每年在孟龍戰死的日子沖刷著伊德山麓，帶著一股腐臭流過平原。此時孟龍的屍體被大風搬運著，離地很近，不忍心和逝去國王分離的衣索比亞人悲哀地沿著海岸飛奔，直到看不見屍體才作罷。

大風將屍體放在厄塞普斯河的岸邊。晚上，奧羅拉在時光女神和普勒阿得斯七姐妹的陪同下，來到岸邊爲兒子哭泣哀悼。夜神同情她喪子之痛，用烏雲佈滿了天空，整個大自然都爲黎明女神失去的兒子哀悼。衣索比亞人在河邊岸上爲孟龍修了一座墓，宙斯把他葬禮篝火的火花和灰燼變成群鳥，這些鳥分成兩群並在篝火的上空互相搏鬥，直至墜入火燄之中；每年到了孟龍的忌日，牠們都會回來以同樣的方式悼念他。

奧羅拉由於失去兒子悲痛不已，她的眼淚一直流著；每日清晨，人們都可以在草葉上看到那些以露珠形式存在的淚珠。

翠鳥

色薩利國王錫克斯是光明使者路西佛的兒子，其妻愛爾喜昂是風神艾奧羅斯的女兒。兩人恩愛逾恆，形影不離。

一天，錫克斯由於心中不安，便決定渡海遠行，去請示神諭。愛爾喜昂得知夫婿的計畫，非常傷心和害怕，流著眼淚嗚咽道：她比一般人更了解海風的威力，她從小在父親的宮殿看見各種風呼嘯聚會，召來烏雲和閃電。她說：「而且我多次在海灘上看見被浪打翻的破船板。求你不要走！若你執意要走，至少帶我同行，兩個人在一起，無論什麼命運我都可以忍受。」

錫克斯深受感動，妻子是如此愛他，他也愛她呀，但他意志堅決，自覺該到神殿去請示，並且不讓她分攤航行的危險。愛爾喜昂沒辦法，只得讓步，放他獨行。她向丈夫道別的時候，心情很沉重，彷彿已預知將來的結果，她在岸邊等船走遠了才離開。

那天夜裡，海上起了暴風雨，各種風聚合成強烈的風暴，海上掀起像山一樣高的大浪，大雨傾盆，天地變色。大家在破損的船上嚇得發抖，只有錫克斯全心想著愛妻，慶幸她安然在家。船沉了，海水淹沒他的身子，他還念著她的芳名。

愛爾喜昂天天計算日子。想念夫婿時，她就織著袍子等他回來穿，自己也織一件，準備漂漂亮亮迎接他。可是日復一日，始終盼不到夫婿的歸來。於是，她天天向天后希拉祈禱。

愛爾喜昂爲一個死去已久的人禱告，她的癡情讓希拉爲之動容。女神召來使者伊麗絲，叫她到睡神家，吩咐睡神托夢給愛爾喜昂，道出錫克斯的死訊。

睡神家在辛默里人的黑鄉附近，位於一處深谷中。太陽從不照進那兒，光線模模糊糊，萬物都裹著層層陰影。那兒沒有雞啼，沒有狗叫，沒有枝葉在和風中作響，沒有人聲打破寂靜，唯一的聲音發自遺忘河，水聲潺潺，引人入睡。

睡神的門前長著罌粟花和催眠藥草，他躺在屋內的一張黑色軟毛臥榻上。伊麗絲穿著色彩繽紛的斗篷，在空中劃出一道彩虹弧影，黑漆漆的房子被她照亮了。雖然如此，她仍費了不少工夫才叫醒睡神睜開沉重的眼睛，聽清楚任務。伊麗絲確定他眞的醒了，自己的差事辦完了，連忙跑開，免得自己也長睡不醒。

老睡神叫醒善於模仿各種形貌的兒子莫菲斯，傳下希拉的命令。莫菲斯無聲無息地飛過暗夜，站在愛爾喜昂床邊，他顯出溺死的錫克斯的身形，在臥榻邊俯視她，渾身溼淋淋地淌著水。他說：「可憐的愛妻，看哪，我已死了！海水淹沒我的時候，我還念著妳的名字。今後請爲我落淚吧，別讓我成爲無人哀悼的遊魂。」

睡夢中，愛爾喜昂苦哼一聲，伸手去抱他，口中嚷道：「等等我，我陪你去。」叫著叫著竟醒了。醒來後她悲傷地說著：「他的身體還在大浪中翻騰，我豈能獨自留在這兒？我摯愛的夫婿啊，我不會離開你，我不會苟活的。」

此時天已大亮。她來到當日目送丈夫遠航的岸邊，凝望海面，看見水面上模模糊糊地漂著一樣東西。原來那是她的丈夫。她伸出雙臂，高喊：「啊，親愛的錫克斯，難道你就是這樣回到我的身邊？」她縱身躍入海裡。這時奇蹟出現了，她不但沒有沉進海裡，反而凌波飛翔。她有翅膀，渾身長滿羽毛——她已變成小鳥了。愛爾喜昂一邊飛，一邊悲鳴，落在無聲無息、生氣全無的屍體上。

希拉嘆了口氣，憐憫地也將錫克斯變成小鳥，與她併肩飛翔。他們的愛情永遠不變，大家常看見他們在一起，有時候飛翔，有時候凌波行走。

每年大海會平靜七天，水面上一點兒風都沒有，那是愛爾喜昂浮在海面上守巢抱蛋的日子。

變形記

希臘諸神最愛變化身形。他們喜歡喬裝各種不同的模樣，降臨塵世，到處走動，傾聽進行中的每一件事。只要有人冒犯他們，他們即將他變成某種令人不快的東西。往往，諸神見到一個人處於危險之中，他們會把他變成一棵樹，或是一隻動物，以幫助他脫險。諸神的懲罰也是極其嚴苛，有時候，即使像折斷一條樹枝那樣的芝麻小事，他們也會將一個人禁錮終身。

德萊歐碧

德萊歐碧是一位受諸神嚴酷懲罰的希臘美女。有一天，她與她的妹妹沿著河邊散步，採摘花朵。德萊歐碧抱著她的幼兒，她的妹妹愛歐麗則走在她的身旁，她們採著桃金孃與紫羅蘭，絕沒料想到回來之前會碰到什麼事。

不久，德萊歐碧抱著她的小兒子感到累了，於是坐在河邊的草岸上休息。她坐著的附近，有一株忘憂樹的枝枒低垂到水面上，她的孩子將手伸向那些紫色的花朵。

德萊歐碧摘了幾束花給她的孩子，愛歐麗伸手去摘另一束的時候，她們注意到紫色的血從折斷的枝枒中滴下來。此時，恰巧有個拾柴的老人從附近走過，舉著手跟她們打招呼。他說山澤女神羅蒂絲就寄身在這棵樹中，她們折斷了這些樹枝，這位女神很快就會死，諸神一定會降下可怕的懲罰。

說時遲那時快，這老人正說著的時候，德萊歐碧的腳下有種奇特僵硬的感覺，樹皮也開始慢慢地由下而上向她的身體滋長。她的雙臂突然長出了樹枝，她不能再用手臂抱她那摔倒在地的孩子。

愛歐麗抱住她的姐姐，想要阻止那褐色的樹皮在她的身上滋長。

頃時，一株幼小的忘憂樹，豎立在德萊歐碧原來的位置，僅剩下她的面容尚顯露在樹枝間，悲傷地望著她的幼兒與妹妹。她央求愛歐麗每天帶這孩子到樹下來玩，並特別囑咐她教導這個孩子，千萬不要折斷樹枝、採摘花朵。正當她說話的時候，樹葉長滿了她的臉上，德萊歐碧全身都被這樹遮蓋了。

每天，她的小兒子都被帶到河邊來，與他變成忘憂樹的母親說話，而她的樹枝也常低垂下來愛撫這孩子。

當她的兒子長大時，仍然到這忘憂樹邊來。即使他已經成年，他還是坐在他母親的樹蔭下休息，將他的快樂、煩惱，以及他所獲得的勝利向母親訴說。

柯萊蒂

有時候，諸神之所以將人變成其他的形狀，卻是出於仁慈心腸。

柯萊蒂是位水澤女神，她在阿波羅和他妹妹阿緹密斯狩獵經過森林的時候，見到了阿波羅。阿波羅是所有神祇中最俊美的一位，柯萊蒂瘋狂地愛上了他，可是阿波羅對她卻不理不睬，連正眼都沒瞧她一下。柯萊蒂跟在他後面走，希望他會跟她說話。但是，這群狩獵者很快就到達了森林的邊緣，阿波羅騰上一朵灰白色的雲塊，消失在東方。

這時天色陰黯，整個早晨都沒有陽光，因爲太陽神阿波羅在塵世狩獵，不曾駕著他的日車跨越天際。柯萊蒂熱切期待地注視天空，頃刻間，雲消霧散，鵝黃色的光輝，繚繞在雲朵四周的邊緣。接著，陽光乍出，日車正在它的中途顯現。

此後，她每天凝視著初升的太陽，目不轉睛地追隨阿波羅的行程，直到他下山去。

她憔悴了，整日坐在冰冷的土地上，無心梳洗，聽任滿頭亂髮披散著，九天九夜地坐著不吃不喝。柯萊蒂目無他顧，臉總是向著太陽。

最後，群神漸漸憫惜她，將她變成了一大朵金黃色的向日葵。她的手腳永遠扎在地上成了根，臉蛋兒變成花盤，會在枝莖上轉動永遠朝著太陽，追隨他走過每日的路程。

這個女神蛻變而成的花盤上深深地保留著她昔日的愛戀之情。

納西瑟斯

有時候，眾神的化身術只在聊以自娛，既不是爲了懲罰人，也不是要保護人，而僅是開開小玩笑而已。

納西瑟斯是個外形酷似淑女的美少年，像柯萊蒂一樣墜入愛河，茶飯不進，一天一天地消瘦。納西瑟斯所愛的並不是一位漂亮的海中女神，也不是森林精靈，更不是山澤女神，甚或連凡間少女都不是。

他愛上了水中的一張臉蛋，他認爲那是一張美麗水妖的臉。他待在岸邊向這可愛的影像傾訴衷曲，求它走出水面來跟他說話。當然，那只是他自己的臉，他所見的不過是反映在水中的倒影罷了。然而，納西瑟斯認不出來，因爲他從不曾照過鏡子，看看自己的容貌。

山澤女神厄可愛上了納西瑟斯，她藏身在附近，當他對水中的影子說話的時候，她即回答他。

厄可本來要告訴納西瑟斯，說他愛上了自己的影子。但是，她正被希拉處罰，不能開口說話，只能應聲，而且她只能聽到什麼就說什麼。

當納西瑟斯說「妳眞漂亮」的時候，厄可也柔和的

納西瑟斯　雷比西那　1771年，安東尼．勒庫那博物館

回答：「你眞漂亮。」可憐的納西瑟斯以爲這是水中精靈在說話。當他說「我愛妳」，這聲音也照樣回答。當他伸手到水裡去時，精靈轉眼就不見了。

納西瑟斯以爲這水中精靈已經逃避了他。因此，他便呼喊，「妳爲什麼藏起來？」厄可也這麼發問。

「出來和我見面吧？」納西瑟斯又喊。厄可發出同樣的、來自她心底的呼聲。她急忙趕到納西瑟斯的跟前，伸出雙臂想去摟抱他的脖頸。但他卻驚得倒退幾步，喊道：「別碰我！我寧可死也不願讓妳佔有我！」

「佔有我！」厄可說。但這全是白費心機。他轉身走開，羞得她逃到樹林深處。從此，厄可就在岩洞與峭壁間徘徊流浪。悲傷呑噬她的形體，耗盡她的血肉，終於骨頭化爲山岩。她的形體不復可見，但她的聲音仍然存在。至今要是有人召喚她，她總會發聲回應。

而納西瑟斯在河邊，一遍又一遍地呼喚著他水中的愛人。漸漸地，他瘦損下去，而且愈加悶悶不樂。群神化身爲各種不同的樣子來到他的附近，注視著他。

當眾神聚集在奧林帕斯山上時，他們齊聲對這件事發笑。不過，沒多久，在納西瑟斯愈漸枯瘦即將斷氣的時候，群神即將他變成一株美麗的水仙花，永遠靠在河邊望著自己的倒影。

第
二
篇

英雄篇

希臘神話包括相當大的一部分是關於英雄的傳說。英雄們往往是神與人的後代，他們是智勇雙全的冒險家，發展人類文明的壯士，斬妖除怪的俠客，也是威震四海的大家族的創業人。

英雄們又分新、舊兩代。早期英雄中，有力斬蛇髮女妖的帕修斯，神勇無敵單槍匹馬完成十二項英雄事蹟的海克力斯，尋找金羊毛的傑遜，以及雅典國的奠基人鐵修斯等。

後期英雄們多半生活在特洛伊戰爭前後，或是跟特洛伊戰爭有密切的關係，如解出人面獅身女怪謎底、弒父娶母的伊底帕斯，特洛伊戰爭中的英雄人物阿伽門農、阿基里斯、奧德修斯、艾亞斯等。

本篇敘述的是特洛伊戰爭前英雄們的故事。

1 — 斬除女妖的帕修斯 Perseus

宙斯化爲一陣黃金雨，灑入達妮被囚的銅塔，向她求愛，贏得了她。他們的兒子便是帕修斯。

帕修斯長大以後，他的繼父波里德克特斯鼓勵他出去冒險。於是他決定前去殺死美杜莎，割下她可怕的頭顱，送給他的繼父當禮物。

蛇妖美杜莎

美杜莎是人類所見最可怕的妖怪，屬於高更三女妖之一。她曾經是位美麗的少女，一頭青絲容光照人；但是由於她膽敢和雅典娜比美爭豔，女神剝奪了她的美貌，把她的鬈髮變成嘶嘶作響的毒蛇。於是她成了一頭面目極端可怖的怪物，無論誰看到她就立刻變成石頭。

次日，帕修斯啓程展開他的冒險之旅。他先到了特爾斐神殿求取神諭，打聽哪裡可以找到女妖。但是祭司只是告訴他，去找一處居民不吃金色穀物、只吃橡實的地方。因此他便去橡樹地的多多那城，那裡的傳話橡樹會傳示宙斯的旨意，而住在該處的居民，都是用橡實做成麵包。然而他們所能告知的也很少，只說他們受到神的保護，然他們並不知道高更女妖在何處。

帕修斯並不灰心，仍四處打聽。就在他流浪的途中，遇見了一位俊美的陌生人。他手握尾端帶翅的金權杖，頭戴有翼的帽子，腳穿有翼的鞋。一看到他，帕修斯心中充滿希望，因爲他知道這個人必定是漢密斯，乃使神和幸福的施予者。

漢密斯告訴他，攻擊美杜莎之前，自己必須有萬全的準備，而他所需要的東西在北方女神那裡。爲找尋女神的住處，他們必須先去找格雷亞灰婦，只有她們知道去路。

這些灰婦住的地方終日灰濛濛，陽光從未照射該處，夜晚亦不見月亮。而這三位婦人，全身灰色，似乎十分衰老了。她們是奇怪的生物，共用一隻眼睛，輪流使用，每位在使用一段時間後，會將眼睛從額頭取下來交給另一位。

漢密斯親自帶著帕修斯去找她們，一到那裡，帕修斯依照漢密斯的吩咐行事，隱躲起來直到他看到她們之一將眼睛從額頭取下，然後在交給其姐妹之前，搶了過來。好一會兒，她們三個才知道眼睛掉了。帕修斯提出條件，要她們告訴他如何去找北方女神，她們立刻詳細地說明，帕修斯也守信的將眼睛還給她們，然後依指示出發。

北風女神原來住在北方淨土的幸福國，世上沒有任何人能找到通往北方之國的道路，但帕修斯有漢密斯相伴，因此很快地就到達目的地。北國人熱情地歡迎他入席用餐，而隨著笛聲和琴聲跳舞的少女還停下來爲他取所要的禮物，一共三樣：一雙飛鞋、一個可隨意更改大小的魔袋，和能使人隱身的仙帽。於是，帕修斯帶著雅典娜送他的盾牌、漢密斯的劍和那些禮物，離開了幸福北國，飛過海洋，來到可怕女妖住的島嶼。

幸運的是，當帕修斯找到她們時，她們正在熟睡。在明亮的盾牌裡，他可清晰的看到她們：沒有皮膚，卻有著青龍的麟甲；沒有頭髮，頭上卻盤纏著許多毒蛇。她們的牙如同野豬的獠牙，她們的手全是金屬的，並有著可以御風而行的金翅膀。

這時，雅典娜來到帕修斯身邊，指點他哪一個是美杜莎，因爲她是三者中唯一會死的，另外兩個則是長生不朽。帕修斯穿著飛鞋盤旋在她們上方，只注視著盾牌，然後他對準了美杜莎的喉頭，揮動寶劍，砍斷她的頸子，而他的眼睛仍盯住盾牌，未看她一眼。他俯衝而下，抓住她的頭顱，把它丟入魔袋包住，仍如來時一樣，往回飛奔。

此時，美杜莎的另外兩個姐姐醒了，她們見到妹妹的屍體，即刻飛到空中追逐凶犯。但帕修斯的隱形仙帽使她們看不見他。他在空中飛行時，大風吹蕩著他，使他像浮雲一樣左右搖擺，也搖晃著他的魔袋，所以美杜莎的頭顱滲出血液，滴落在利比亞沙漠的荒野，遂變成各種顏色的毒蛇。從此以後，利比亞地區特多蝮蛇和毒蟲之害。

亞特拉斯肩負天體

帕修斯繼續向西飛行。夜晚降臨時，他來到日落之處，地球的最西端——亞特拉斯國王的國土。

亞特拉斯國王非常粗壯，簡直是天下無雙。他擁有成群的牛羊，友邦或敵人都對他的國力深信不疑。不過，他最引以自豪的是他的果園；那兒在金葉的虛掩下，金樹枝上掛滿了金蘋果。

帕修斯要求亞特拉斯讓他在這裡住一夜，卻不得允許。亞特拉斯國王恐怕他的寶物被偷，所以將他逐出宮殿。這使帕修斯非常憤怒，他說：「你既然看不起我對你的友誼，那就請你勉爲其難，接受我的禮物吧。」

於是，他轉過臉去，高高地舉起蛇髮女妖的腦袋。亞特拉斯頃刻間就化成石頭，他巨大的身軀變成了一座山，他的鬚髮變成廣闊的森林，他的雙肩、兩手和骨頭變成山脊，他的頭變成高入雲層的山峰。根據神祇的指示，天體及其群星落在他的肩頭，由他來背負。

斬海怪得美妻

帕修斯繼續飛騰在空中，來到了衣索比亞的海岸。這裡，他看見一個女子被鎖在海邊的懸崖上，假使不是在空中飄拂著她的頭髮，在眼中滴著她的眼淚，他會以爲她是一尊雕像！

帕修斯爲她的美麗所陶醉，幾乎忘記搧動自己的翅膀。「告訴我，」他飛近她，「妳這個應以燦爛珠寶來裝飾的美人，爲什麼被鎖在這裡呢？告訴我妳的家鄉，告訴我妳的名字。」

起初她沉默而羞澀，害怕和一個陌生人說話。但爲了使這青年不要以爲她有著必須隱瞞的罪過，她回答道：「我是安德羅美達，衣索比亞國王凱培斯的女兒。我的母親向老海神尼遼斯的女兒們誇耀，說她比她們更美麗，觸怒了尼遼斯的女兒們。她們的海神朋友湧起一片洪流，氾濫大地；隨著洪水，來了一隻逢物便吞的妖怪。神諭宣示：如果將我——國王的女兒擲給惡怪作食物，這災禍就能避免。我的父親被人民逼迫著要拯救他們，在悲痛中將我鎖在懸岩上。」

她剛剛說完，波濤就嘩的一聲分開，從海洋深處出來一隻妖怪，牠昂起頭在水面上游，用寬闊的胸膛劈開海浪。女孩嚇得尖聲喊叫，她的父母也忙著走來，但兩個悲痛的人卻只能站在那裡束手無策，母親尤其傷心，緊抱著自己的女兒嚎啕大哭。

這時帕修斯說道：「現在不是哭的時候，我們得趕緊救她。作爲宙斯的兒子和斬除蛇髮女妖的勇士，我也許有資格成爲求婚者，但我將用立功的方式來贏得她。如果靠我的勇氣使她得救，我請求你們把她作爲我的獎賞。」那對父母同意了，不僅把女兒許給他，並以他們自己的王國作爲她的妝奩。

帕修斯英雄救美 安格爾 1610年

當他們正談論間，這海怪卻如扯滿風帆的船舶一樣地游了過來，距離懸崖只有一點距離了。帕修斯用腳一蹬，騰空而起。海怪看見他在海上的影子，就飛速地向影子追逐，以為有個敵人要跟牠搶奪獵物。帕修斯從天空俯衝下來，如同一隻鷲鷹落在這海怪的背上，並以殺戮美杜莎的寶劍刺入牠的後背，直到只剩刀柄在外。他抽出刀子來，這有鱗甲的怪物就躍到空中，忽而潛入水底，並四向奔突，好像被一群獵犬追逐的野豬一樣。

帕修斯手持寶劍，一次、兩次、三次、四次地刺殺著怪物的肚子，直到黑血噴湧而出，海浪將牠的巨大屍體運走，不久牠就從海面消失了。帕修斯跳到岸上，解開女孩的鎖鍊。她懷著感謝和愛意走向他，帕修斯帶著她到她的父母那裡，金殿的宮門也大大地啓開，來迎接這位新郎。

結婚的盛宴未終，正在極歡樂的時候，宮廷中突然充滿擾攘。國王凱培斯的弟弟比紐斯，過去曾向安德羅美達求過婚，但在她遭到危難的時候卻捨棄了她。現在他帶著一支部隊，聲稱要搶回新娘。

「你發瘋了！」凱培斯指責他的兄弟，「帕修斯並沒有搶走你的未婚妻。當我們被迫同意讓她犧牲時，你捨棄了她，作為一個叔父或情人，你袖手旁觀，看著她被綁走而不援救。你自己為什麼不從懸岩上去奪取她呢？現在你至少應當讓她歸於那個正當贏得她的人！」

比紐斯不作回答，他兇惡的眼光一會兒投向他的哥哥，一會兒望著他的情敵，暗暗揣度著應該先從誰下手。躊躇了一會兒之後，暴怒中，他用力把矛投向帕修斯。帕修斯靈巧地閃開，但它竟刺中了一位賓客，群情激憤中，所有的武士都擁上來，展開一場混戰。

闖入者與賓客之間眾寡懸殊，帕修斯很快地陷入苦戰。箭鏃在空中飛射如暴風雨中的冰雹。帕修斯背靠著一根柱子，利用這有利的據點招架敵人，阻止他們前進，但他們的人數實在太多了，他不得不採用最後的手段。「請所有的友人都回過頭去！」帕修斯大喊，一邊將魔袋裡的美杜莎頭顱取出，向敵人舉起。剎那間，殘酷的比紐斯與其隨從都變成了石頭。

現在帕修斯終於可以帶著他心愛的妻子回家了。悠長的光輝日子在等待著他。他把美杜莎的頭顱送給了雅典娜，女神把它嵌在神盾的中央。

在後來的歲月裡，安德羅美達爲他生育了許多優秀的兒子，他們一直保持著父親的榮名。

帕修斯將美杜莎的頭顱獻給雅典娜女神　希臘浮雕

2 尋找金羊毛的傑遜 Jason

遠古時候，波奧提亞有個國王名叫阿塔馬斯，王后叫奈菲麗，他們生了一子一女。後來國王開始冷落奈菲麗，另娶了腓尼基公主伊諾。奈菲麗唯恐後妻會加害她的子女，就籌劃將孩子們送到後妻的勢力所達不到的地方。

這時，使神漢密斯送給奈菲麗一隻金色的公羊，叫她把子女放在金羊背上，讓金羊帶他們逃生。當兩兄妹坐上羊背後，金羊便騰空飛起，一直往東方奔去。正當越過歐、亞兩洲分界的海峽時，妹妹海莉沒坐穩，一不小心墜入海中淹死了，後人便稱這個海峽爲海莉斯滂海峽（或譯赫利斯滂海峽，即今日土耳其的達達尼爾海峽）。

金羊繼續不停地往東飛奔，終於來到了黑海東岸的科奇斯王國，牠把王子佛里克索斯平穩地放到地上。佛里克索斯受到科奇斯國王艾提斯的熱情接待，國王並把女兒許配給他。

王子爲了感謝天神的幫助，便將金羊殺了來獻祭，並把金羊毛送給了艾提斯。艾提斯把它放置在一片聖林裡，由一條永遠不眠的巨龍守衛著。

傑遜與皮利亞斯

波奧提亞鄰近有個國家，是由阿塔馬斯的堂兄艾遜所統治，艾遜在海港上建立城池和王國，而他的兒子傑遜是王位的繼承人。但是，艾遜的王國卻被他的弟弟皮利亞斯給篡奪了，年幼的傑遜只好被送到凱龍那裡。凱龍是一個半人半馬的人物，他曾教育許多孩子成為偉大的英雄，傑遜就在那裡安全地長大成人。

皮利亞斯晚年時，深為一道神諭苦惱，那神諭警告他提防一個只穿一隻鞋的人。皮利亞斯怎樣也猜不透這些話的意義。這時，被凱龍教育了二十年的傑遜啓程回到了他的故鄉，準備向皮利亞斯討回王位。

如同古代英雄的風範一樣，他持著矛，紮著豹皮，勇敢地踏上歸鄉之途。在旅途中，他經過一條春水高漲的溪流，眼見一個老婦人望水興嘆，不得過去。

傑遜立刻背著這位老婦人，涉入激湍的溪水中與急流搏鬥。不過，他的一隻草鞋陷入汙泥中。他終於到達了溪水的彼岸，平安地幫助老婦人渡過河。剎那間，閃光一道，這老婦倏然變成了天后希拉。女神答應今後將永遠幫助傑遜，並且保護他。從此以後，在傑遜的冒險旅程中，希拉都在暗中照顧他、護佑他，以酬謝他的幫助。

傑遜就穿著一隻鞋子回到家鄉。因為正值節日，他的叔父皮利亞斯為群眾所包圍著，正在那裡莊嚴地祭獻海神。突然間，人群議論紛紛，原來是人們看到了傑遜這個外鄉人，都驚奇於他的高大英俊，以爲是太陽神阿波羅顯聖。正在祭獻的國王也注意到了這名年輕人，並驚惶地看到他只穿一隻鞋子。他臉色慘白地向這個青年走來，問道：「你是誰？」

「我是傑遜，我來要回我父親的王位。」傑遜大無畏地回答。

狡黠的皮利亞斯隱藏自己的驚慌，佯裝高興見到他的姪兒，領他到宮殿去。

接連五天，國王以盛宴隆重地款待傑遜王子。第六天，傑遜溫文有禮的對他的叔叔說：「我是合法的王室之子，你所佔有的一切都是屬於我的。但我願意留給你所有的牛群和羊群，以及所有你從我父親那裡篡奪的土地。我什麼也不要，只要屬於我父親所有的王位和權杖。」

皮利亞斯和顏悅色地說：「可以，不過有一件事要先辦。已故的佛里克索斯吩咐我們帶回金羊毛，讓他的亡魂回故鄉。我年老力衰，你年輕力壯，你辦妥這件事，我便答應讓位。」他之所以提出這個條件，是因爲心裡認定沒有人能活著辦成這件事。

傑遜年少氣盛，而且也想建一樁奇功，便一口答應，開始準備遠航的計畫。當時希臘的船隻都是小船或獨木舟，傑遜便找了一個名叫阿爾戈、擅於造船的人來，在雅典娜的指導下，建造了一艘能載五十個人的大船，命名爲「阿爾戈號」。

傑遜又發出通告，徵召全國英勇健壯的青年參與這項探險的工作。結果一時群英齊集，裡面包括了後來名留青史的希臘英雄海克力斯、鐵修斯、歐夫斯和納斯佗等人。

蘭諾斯島

當所有的人都已就位，阿爾戈號拔錨開船。五十個搖槳的人搖槳前進，五十支槳出入海面，乘風破浪，不久伊可斯港已遙遠地落在後面。歐夫斯彈著七弦琴，唱著優美動人的歌曲，鼓舞英雄們前進，他們愉快地駛過許多海角與島嶼。第二天，刮起了一陣暴風雨將他們吹送到蘭諾斯島的港岸。

一年前，蘭諾斯島的婦人們殺死了她們的丈夫，也就是這島上的所有男子。因爲他們從外地帶來許多寵姬，激起了妻子們的嫉妒與憤怒。只有希普西碧蕾救出她的父親托亞斯國王，將他藏在箱子裡，投擲在大海上。但從此以後，蘭諾斯島的婦人們經常害怕她們情敵的親屬們會來攻擊，所以對海上總是懷著戒心。

當她們看見阿爾戈號靠近岸邊，她們就全副武裝，衝出城門，湧到海岸上。同時，這些勇士看到海岸擁擠著武裝的女人，而沒有一個男子，都感到十分驚奇。於是，傑遜派遣使者用小船到這個奇異的女人國去。她們帶他去見她們未婚的女王希普西碧蕾，使者有禮的傳達阿爾戈號英雄們的要求，要在此地暫住。

女王遂召集她的婦人們，說：「親愛的姐妹們，我們已鑄下大錯，在暴怒中消滅了我們的男人，我們不應當拒絕那些願意和我們做朋友的人們。另一方面，我們也必須注意，不讓他們知道我們所做過的事。因此我宣布要將食物、酒以及外鄉人所需要的東西送到他們的船上去，以這種禮遇來保障我們的安全。」

此時，女王的年老保姆提出忠告：「與人爲善，這是對的。但不要忘記我們的處境，將來萬一敵人來了怎麼辦？妳們一群年輕女人又要怎麼過生活？是不是牛群都可以自己負著軛，自己在田地裡耕作呢？我勸妳們不要踢開送上門來的男人！妳們需要保護，將妳們的土地和財富交給這些尊貴的外鄉人，並讓他們來管理妳們美麗的城市吧！」

這勸告，所有蘭諾斯的婦人們都很贊成。於是女王便派人將傑遜請來。

傑遜將雅典娜贈給他的紫色斗篷披在肩上，向城中大踏步走來，輝煌得像一顆星星。希普西碧蕾羞澀地用恭維的語氣和他說話：「外鄉人哪，我們被丈夫遺棄在這裡，請你們來做我們的人民吧！而且，假使你願意，你就代替我來管理這個城市吧！這地方可是這一帶海洋最富足的島嶼呢！」

傑遜答道：「女王，我非常感謝妳在我們困難時的幫助，但仍請妳保留妳的王杖和島嶼吧！並不是我拒絕它，而是因爲在遙遠的地方，危險和戰爭正等待著我。」

他和女王握別，回到海邊。婦女們即刻用快車載著許多禮品跟著來了，她們要說服其他的男人同意她們的建議。阿爾戈的英雄們被說動了，城裡馬上洶湧著飲宴和跳舞的人群，要不是海克力斯把他們召回，這些英雄們眞的要和他們的情人流連忘返了。

「難道你們是爲了妻室才到這裡來的？你們願意讓傑遜娶了希普西碧蕾，從此在蘭諾斯島繁衍子孫，聽著別的英雄創立豐功偉業嗎？」海克力斯訓斥道。

大夥被他講得羞愧萬分，他們離開歡宴，走出城去。蘭諾斯的婦人們終於放棄了。希普西碧蕾含著眼淚，握住傑遜的手說：「去吧！願神祇讓你和你的同伴得到你們所要的金羊毛！如果你還願意回來，這島和王杖仍然等待著你。雖然我很清楚，你是不打算歸來的。但至少，想念著我吧，當你到遠方的時候。」

傑遜滿懷著對她的美麗與善良的讚美之情，離開了女王。他率先回到船上，別的人也跟隨著他歸來。他們解纜並搖動大槳，不久蘭諾斯島就落到遙遠的後方。

撞岩

阿爾戈英雄們繼續他們的旅程，經過多次的冒險，他們來到比提尼亞的對岸下錨，英雄阿基里斯的兒子比紐斯住在這裡。他因爲濫用了阿波羅所給他的預言本領，受到天神的懲罰。他成爲瞎子，而那些天神派來折磨他的鳥身人面美人鳥，從不讓他安靜地飲食。每當他正要用餐，牠們就衝下來汙染食物，弄得臭氣薰天，誰也不願走近，更不願意吃。

阿爾戈英雄們看見這個不幸的老人時，他簡直像沒有生命的遊魂，用枯乾的腳爬行，虛弱得直發抖，身體剩下皮包骨。

比紐斯請求他們相助。憑預言的能力，他知道只有兩個人能保護他，對付人面鳥身獸，而他們就在阿爾戈號上，這兩個人就是北風波瑞士的兒子。大家很同情比紐斯的遭遇，那兩兄弟更義不容辭的保證為他驅除這些惡鳥。

於是他們為他預備飲食，但比紐斯還沒有碰到食物，美人鳥就如同一陣風暴從天而降，貪饞地落在盤子上。船員們大聲叫著、吼著，牠們卻一動也不動，仍然大快朵頤，直到吞食完最後的餘屑，然後呼嘯而去，留下一陣可怕的惡臭。

波瑞士的兒子拔劍追逐牠們，但因為宙斯賜給牠們不疲的雙翼和精力，所以牠們飛得比迅疾的西風還快。兩兄弟奮勇追擊，眼看馬上可以殺死牠們了，宙斯的使者伊麗絲卻忽然出現，阻止了兩兄弟，並以守誓河的河水發誓，以後美人鳥絕不會打擾比紐斯。

兩兄弟欣然接受神諭，回去轉告比紐斯。老者很高興，陪英雄宴飲通宵。為了感謝他們的幫助，他教大夥如何應付眼前的危機，尤其是不斷滾動撞擊，使周圍海水沸騰的「牴觸岩」。

原來前面的優西尼海有兩座浮動的小島，這兩座浮島隨著風浪起伏，時時有相撞的可能，船隻若不懂得航海的訣竅，便會在這兩座小島的夾撞下粉身碎骨。

比紐斯仔細地指導傑遜如何穿越這個海峽。當他們抵達這兩座小島的時候，便放出一隻鴿子，像箭一般地往兩座小島的中間通道飛去，這時，兩座小島猛然合攏，撞得浪花萬丈，但鴿子已平安地飛越過去，只被夾掉尾巴的幾根羽毛而已。

傑遜看時機已到，便下令加速前駛，趁著兩座小島撞擊後分離的片刻馬上衝駛過去，就這樣驚險地逃過了一劫。

進城

英雄們繼續前進。不久，來到特爾摩頓河的河口。因爲它發源於遠處的高山，分有九十六條支流，奔流入海，所以入海處充塞擁擠，像蜿蜒的蝮蛇一樣。

在河口最寬的地方住著亞馬遜人。這是女戰士國，她們是戰神阿利斯的後裔，故此喜愛戰爭。假使阿爾戈英雄們在此處登陸，無疑地，他們必與這裡的女戰士有一場流血惡戰。幸好，一陣風從西方吹來，使得阿爾戈英雄們遠離了這奇異的種族。

在此同時，奧林帕斯眾神正在開會討論他們的事，天后希拉爲他們遇險而擔心，向愛神阿芙蘿黛緹求援。她們計劃叫丘比特令科奇斯國王的女兒愛上傑遜。公主梅蒂亞會施法術，她若以妖法幫助阿爾戈號的勇士，必能拯救他們。於是阿芙蘿黛緹去找丘比特，說他如果照母命行事，她就要送他一顆可愛的球，是用黃金和深藍色的珐瑯做成的。丘比特很高興，拿起弓和箭筒，由奧林帕斯飛到科奇斯國。

此時，眾英雄準備進城去向國王要金羊毛，希拉用濃霧裹著他們使他們未被發現，一路安抵王宮。等他們走近門口，霧就散了，衛兵發現這一列年輕雄偉的陌生人，客客氣氣請他們進宮，並向國王通報消息。

艾提斯國王立刻出來迎接他們，僕人匆匆準備待客，生火燒水，調理食物。忙亂中梅蒂亞悄悄出來偷看訪客，丘比特連忙拔箭，將一根箭射入她的心坎；即刻，她心口像火燒，感受著甜蜜的痛苦，臉蛋白一陣紅一陣的，她詫異又靦腆地溜回寢宮。

晚宴時，國王才問他們是誰，爲何來此。傑遜答道，他們出身都很高貴，全是神祇的後裔，由希臘航行來此，願意替國王征服敵人或照他的旨意行事，以換取金羊毛。艾提斯國王愈聽愈生氣，他不喜歡異鄉人，恨不得他們馬上遠離他的國家。於是，他默默思索對策，想出一個法子。

丘比特手持愛神之弓　希臘浮雕

他告訴傑遜，他對勇士沒有惡意，但他們若能證明自己是勇士，他就把金羊毛送給他們。國王的條件是得將兩頭長著銅蹄、鼻孔噴火的公牛馴服，並套上軛來耕作，然後再拔起惡龍的牙齒當作穀種撒進犁畦。事實上，每個人都知道，龍牙種到地裡後，會長出一隊全副武裝的戰士，他們將用利刃來對付播種的人。

傑遜靜坐許久，一言不發。這好像不是人力所能辦到的。但最後他還是答道：「雖然可怕，我仍願一試，就算送命也甘心。」說完就站起來，帶大家回船上過夜。而梅蒂亞的思緒一直跟著他，漫漫長夜中，她彷彿看見他的英姿，聽見他說話。她已猜出父親的計畫，她爲他擔憂，心裡好痛苦。

眾英雄回到船上開會，紛紛自告奮勇要求一試，但傑遜不同意，他不願意夥伴們去送命。

正當他們爭執不下時，科奇斯國的一個王子來找傑遜。這位王子曾被傑遜搭救過，他好意地告訴傑遜，說梅蒂亞公主有法力，因爲是地獄女神海卡特教她的，所以無所不能，甚至能阻星攔月，只要能請她相助，必能征服火牛和龍齒武士。這好像是唯一的希望，他們便慫恿王子回去說服梅蒂亞。

然而，另一方面，艾提斯王也把人民都召集起來。他交代他們，當傑遜一被神牛殺死，就砍伐一整個樹林來焚燒阿爾戈號和所有的水手，以免他們引導冒險者來到他的國土。

當這邊正在安排時，王子已找到梅蒂亞的姐姐，並請她徵求她妹妹的援助。梅蒂亞整夜不得安睡，她熱愛傑遜，願意幫助他。但是，幫助傑遜等於和父親作對，她又深感羞愧，以致猶豫不決，在前庭徘徊了許久。

一整夜，梅蒂亞和自己交戰著。她想：「如果我援救他的生命，讓他得到勝利，但惡毒的流言會放過我嗎？人們必將詆毀我有辱門庭。算了，不如以一死殉外鄉人的愛情吧！」

她一面在心裡糾纏著這些問題，一面取來盛著致死藥物的小匣。她將它放在膝上，揭開蓋子正要服毒，這時，傑遜的保護神希拉改變了她的心意，令她想到生命的甜美、所有的快樂和朋友們。陽光似乎比往日更美了。於是她收起藥匣，不再猶豫，決定使用法力幫助心上人。

駕馭神牛

天剛破曉，梅蒂亞就從床榻上起來，梳好頭髮，抹去淚痕。她穿上美麗的長袍，罩著雪白的面紗，一切的悲哀都已消失。她躡著腳走出大廳，直奔與傑遜相約的地方。

梅蒂亞從匣子裡取出一種叫做「普羅米修斯之油」的魔膏。製造這種魔膏的植物是普羅米修斯的鮮血滴在地上長出來的，只要在身上塗抹這種膏油，就可以安全一整天，萬物都傷不了他。她把它放在懷裡，遣走侍女，驅車出城。

不久，傑遜依約來到神廟，他高大英挺，就如同海上升起的天狼星一樣。梅蒂亞的心突突地跳動，雙眼迷濛，熱血湧到面頰上。他倆相視無語，像山頂兩棵互相挨近的松樹，周圍寧靜得沒有一絲兒風聲。

這兩人被愛情的和風攪動了，熱情地交談起來。

傑遜與梅蒂亞 莫羅 1865年

傑遜先開口向她求愛，說她長得這麼美麗，讓他情不自禁；梅蒂亞的嘴角泛著甜甜的微笑，沉醉於他的讚美之中。她默默地從懷裡拿出那盒魔膏，遞給他。愛神已在傑遜金色的髮上燃燒起熱愛的火燄，此時，就算要梅蒂亞獻出她的魂魄，她也是樂意的。兩人都羞得低頭看地面，不時對望一眼，脈脈含情微笑著。

接著，梅蒂亞仔細教導傑遜如何使用魔膏：「聽著，你要用這神異的膏油塗抹你自己，它會給予你巨大的威力和不可思議的膂力。你也必須塗抹於你的武器，那便不會有任何武器或火燄可以傷害你了。不過，你要記住，這油只能在當天有效。另外，你駕馭碩大的神牛，耕犁土地種下毒龍的種子，當武士生出來時，你就投擲一顆巨石到這些龍齒武士當中，他們會如狗兒爭食一樣互相攻擊。當他們正在自相殘殺時，你便可以衝過去殲滅他們，然後你便能夠順利取得金羊毛，凱旋還鄉！」

她一面說，心裡想到傑遜就要航海遠去時，她的眼淚忍不住簌簌地流到面頰上，她悲傷地說：「現在我要回宮了。等你平安回家，請記得梅蒂亞，我也會永遠記得你。」

傑遜熱情地答道：「我會日日夜夜懷念妳。梅蒂亞，若妳來希臘，必因妳幫助我們而得到尊崇，我們的情愛至死不變。」

倆人依依不捨地分開，她回宮爲自己背叛父親而流淚，他則回船上派人去取龍齒。此時，傑遜試用魔膏，身體馬上產生無敵的威力，眾英雄都嘖嘖稱奇。

第二天，英雄們搖槳送他們的領袖進城，在那裡，艾提斯國王和科奇斯人正靜候著他們。

傑遜塗上魔膏，手執盾牌，前去關閉神牛的地洞。突然間，兩頭神牛噴著大火，全身圍繞著煙霧衝了出來，傑遜的同伴看見這怪物都恐懼得發抖，但傑遜卻像磐石抵擋海浪般擋住了神牛。他把兩頭牛先後壓得跪倒在地，套上牛軛，人人都驚嘆他的好本領。

然後，他執起矛，將它當作鞭子，抽擊著暴怒的神牛拽犁前進，在地上犁出很深的壟溝，巨大的土塊在壟溝裡粉碎。傑遜以堅定的大踏步，在翻起的泥土裡種下龍齒。

不久，毒龍的子孫已長成，整片田裡都閃爍著盾牌、長槍和戰盔，光輝奪目。傑遜想起梅蒂亞的話，他拾取一塊巨大的圓石，遠遠地向著龍齒武士擲去。霎時，那些泥土所生的武士如猛犬一樣互相廝咬，每個人怒吼著互相殺戮。當他們的戰鬥達到最火熱的時候，傑遜如流星一樣飛突在他們中間，他拔出寶劍，忽左忽右地刺殺著，田壟中血流成河，死傷狼藉。

圍觀的人看得目瞪口呆，大聲叫好，阿爾戈的同伴都歡喜地包圍著傑遜。艾提斯國王卻沒有說一句話，忿忿地拂袖而去。

取得金羊毛

艾提斯國王回宮計劃謀害眾英雄，發誓不讓他們得到金羊毛。天后希拉見到傑遜有危險，於是她讓熱戀中的梅蒂亞與傑遜私奔。

那天晚上，梅蒂亞溜出王宮，順著黑暗的小徑跑到船邊，眾英雄們正整夜焚燒著火炬慶祝傑遜的勝利，根本不知道已身陷險境。梅蒂亞跑到他們面前，求大夥帶她走。她說：「一切已被發覺，現在無法可想。在我父親還沒追來以前，讓我們乘船逃走吧。有一條巨龍看守金羊毛，我會誘牠睡著，給你們取來金羊毛。」

她悲哀地說著，傑遜的心情卻十分快樂。他扶起梅蒂亞，擁抱著她說：「親愛的梅蒂亞，讓宙斯和希拉作我的見證，我們一回到希臘，我將娶妳爲妻。」於是，他們搖船到聖林去取金羊毛。

船如飛矢般地駛去。傑遜和梅蒂亞在黎明前抵達岸邊，走那條橫過草原的小道。在樹林中，他們看見最高的橡樹上懸掛著金羊毛，它在黑夜中放光，如同朝陽映照著的朝霞一樣。不眠的巨龍在對面看守著，牠一見到來人，便兇猛地伸長頸子狂嘯，以致河邊和整個森林都響著牠的回聲。如同火燄從燃燒著的樹林鑽出來

傑遜與巨龍 羅薩 1615年

一樣，牠以閃灼發光的鱗甲在路上爬行。

梅蒂亞勇敢地走向前去，以一首甜美的妖法歌誘使巨龍漸漸地睡眼朦朧。牠的弓形龍背已落下，龐大的身軀亦已展開，只是可怕的頭還直立著，張口好像要吞食他們兩人。梅蒂亞用杜松的小枝將神異的露水灑進龍眼，巨龍閉上嘴，即刻在樹林裡睡熟。

傑遜迅速地從橡樹上拖下金羊毛，同時梅蒂亞繼續用露水灑在巨龍的頭上。然後他們從密林中逃出。傑遜遠遠地舉起金羊毛，它的光輝照在他的前額和髮上，也照明了黑夜中的路途。

天曉時，他們終於趕回船上，眾英雄全力划船，快槳擊打著流水，飛快地航行入海。

同時，艾提斯國王已經知道這件事，他兇暴地向他的臣民宣布，他們如果不能捉回他的女兒，那麼他將把他們全部殺頭。這些嚇慌了的科奇斯人就在當天揚帆出海，飛快地追趕梅蒂亞。他們的船隊由梅蒂亞的兄弟阿布西爾托斯指揮，航行在海上，正如遮天蔽日的無數鳥群一樣。

歸途

第三天早晨，阿爾戈號往達依斯特河口駛近。但科奇斯人並沒有停止他們的追擊。因爲他們的船比較輕，行駛得快，他們比阿爾戈英雄們先到達依斯特河口，並分散在不同的港灣和島嶼上，封鎖了入海的道路。

阿爾戈英雄們震驚於敵人數量之多，上岸佔據了一座島嶼。科奇斯人緊緊跟隨他們，戰爭一觸即發。然後，被劫持的希臘人開始和他們協商，最後雙方同意阿爾戈英雄們可以帶走金羊毛，但梅蒂亞公主必須放在另一座島上，等待她的父親來審判。

梅蒂亞聽到這項消息，她心懷恐懼，將她的情人拖至一邊，哭泣著向他請求：「傑遜，你怎麼處置我呢？你忘記了你在困難中對我所說的誓言嗎？為了你，我才離開故鄉，來到這遙遠的海上。你必須保護我，不要讓我單獨一個人留在這裡！假使你遺棄了我，有一天你會在深沉的災難中想起梅蒂亞，金羊毛也會如同夢幻一樣失去。那時復仇的鬼魂將驅使你離開故鄉，如同我被你拐騙離開故鄉一樣！」她激動地說著，彷彿要燒燬一切，而自投於火燄之中似的。

傑遜望著她，心情遲疑不決。他的良心責備他，他解釋道：「請妳放心吧，我並不是認眞地訂立這個條約。只是爲了妳，我們才設法延緩這場戰爭，因爲我們的敵人像蝗蟲一樣眾多。所有在這裡的人都是科奇斯人的朋友，都願意幫助妳的兄弟帶妳回去治罪。假使我們此時開戰，大家都會悲慘地被毀滅，而妳的命運也會更加不幸，因爲我們死了，妳必然成爲敵人的俘虜。這個條約，只是緩兵之計，擊敗他們的領袖阿布西爾托斯才是當務之急。」

傑遜這樣勸慰她。於是，梅蒂亞向他提出了一項殘酷的計畫。「由於感情的蒙蔽，我已鑄下大錯，無法回頭了。所以我只有繼續向罪惡走去。我將傳話給我的兄弟，表示我想回家，要他晚上到一處地方相見。當你看到他單獨和我在一起時，就一刀殺死他，並消滅沒有領袖的科奇斯隊伍。」

是夜，阿布西爾托斯毫無戒心地來了。當他們談到深處時，傑遜突然從埋伏中衝出，揮著雪亮的寶劍。梅蒂亞退去並以面紗遮蓋著眼睛，好看不見她兄弟的死。這國王的兒子被傑遜一劍殺死，梅蒂亞的衣裾也濺上她兄弟的血。無所不察的復仇女神卻以憤怒的目光在暗處觀望，看到了這裡發生的恐怖事件。

傑遜對阿爾戈英雄們發出信號，他們一湧而上，殺戮失去領袖的科奇斯人，如同獅子撲入羊群一般，科奇斯人沒有一人生還。

眾英雄再度踏上歸途。途中，他們穿過喜拉巉巖和哈利底斯漩渦之間，曾遭到驚險的考驗。那邊海浪洶湧，怒濤直上雲霄，所幸希拉令海中仙女隨時引導他們，使船安全脫險。

阿爾戈英雄們終於回到希臘，傑遜的奇遇也至此結束。

傑遜的結局

傑遜和梅蒂亞帶著金羊毛去找皮利亞斯。但他們發現那邊已發生很可怕的事：皮利亞斯逼傑遜的父親自殺，其母傷心過度也死了。傑遜悲慟萬分，一心想復仇，就向梅蒂亞求助。

梅蒂亞從未拒絕過他，於是便答應了。

一天，她對皮利亞斯的女兒們說，她有返老還童的祕訣，爲了證明她的魔法，她當著她們的面宰了一隻衰老的公羊，把屍塊丟進滾水裡，然後唸了一句咒語，水裡霎時跳出一隻羔羊，蹦蹦跳跳走了。女孩們信以爲眞，就叫父親皮利亞斯服下梅蒂亞給的催眠藥，把他的身體割成一截一截。

女孩們一心想使爸爸恢復青春，幾經猶豫才下手，等可怕的任務完成，屍塊放入沸水裡，她們指望梅蒂亞說句咒語，使他恢復成年輕人。但她已揚長而去，留下嚇慌的女孩們。傑遜終於報了仇。

皮利亞斯死後，傑遜和梅蒂亞流亡來到科林斯，他們已生下兩個兒子。雖然流浪的日子很寂寞，但梅蒂亞卻甘之如飴，她深愛傑遜，離開家人和國家似乎不算什麼。

傑遜將金羊毛交給皮利亞斯

希臘瓶畫　約西元前340～前330年，巴黎羅浮宮

不過，好景不常，傑遜雖然受了梅蒂亞那麼多恩惠，卻還是變了心，想另娶科林斯的公主為妻。這般忘恩負義的行為令梅蒂亞十分惱怒。科林斯國王害怕梅蒂亞會傷害他的女兒，便下令將梅蒂亞母子驅逐出境。

梅蒂亞坐在房裡苦思著該怎麼辦，想起自己的委屈和不幸，巴不得以死來結束難以忍受的一生。她時而憶起父親和家鄉，淚流滿面；時而為洗刷不掉的弒手足罪和殺死皮利亞斯的血罪而顫慄；尤其是自己滿腔的癡情竟害她落得如此下場……她正悶坐在那兒，傑遜來到她的面前。

她望著他，沒有說話；他就在她的身邊，她卻覺得好疏遠，一心想著已受摧殘的愛情和無望的一生。他倒不甘沉默，冷冷地說：若非她愚蠢地談到他的新娘，或許還能留在科林斯，多虧他的求情，國王才沒有殺她，只把她趕走。他費盡脣舌說動國王，因爲他不是個背棄朋友的人，所以來看她，給她足夠的黃金和遠航的必需品。

這未免太過分，梅蒂亞忍不住大叫：「世人千千萬萬，你單來看我？我要傾吐滿腹心事，只求揭發你的劣跡。我救過你，全希臘人都知道。火牛、龍齒武士、看守金羊毛的巨龍都是我征服的，但我讓你當勝利者。我掌過你救命的明燈，我拋棄慈父和家園，來到陌生的國度。我推翻你的仇敵，設計害死皮利亞斯，現在你竟遺棄我？我何去何從？爲了你，我與家人爲敵。我本與人無恩怨，你也曾忠貞待我，受人愛戴，如今我卻要亡命天涯，孤單單無依無靠！」

傑遜回答說，救他的不是她，是愛神阿芙蘿黛緹，是愛神使她愛上他的，而且他帶她來到希臘這個文明的國家，她還得感謝他呢！他對外宣布她曾協助阿爾戈號勇士，使人民讚美她，也算幫了她的忙；她若明白事理，應該爲他的好姻緣稱慶，因爲這樣的姻緣對她和孩子們都很有利，流亡是她自找的。

梅蒂亞拒絕接受傑遜的黃金，此外不願多費脣舌。她什麼都不收，也不要他幫助。傑遜怒氣沖沖，臨走前說道：「妳頑固的自尊將使妳自己更吃虧！」

從那一刻起梅蒂亞就準備復仇，她認爲人生的衝突將以生死決勝負，因此她決定害死傑遜的新娘。梅蒂亞由箱子取出一件迷人的禮服，抹上致命的毒藥，放回箱中，派兩個兒子送去給新娘。叫他們一定要請新娘立刻穿上，表示接受禮物。公主和和氣氣接待他們，還答應試穿。可是，當她一穿上禮服，渾身馬上著火，倒地死亡，皮肉都化光了。

梅蒂亞知道事情已辦完，便決心做一件更可怕的事。她的孩子孤苦無依，可能一輩子受人奴役。她暗想道：「我不讓他們活著受陌生人的虐待、死在比我無情的人手中。我給他們生命，也給他們死亡。現在，我要忘記他們是我的兒子，忘記片刻，短短的片刻，然後傷心一輩子。」

傑遜慌忙趕回家時，聽到孩子們的尖聲叫喊。他跑到孩子們的臥房，門敞開著，他看見使他們致死的創口正流著鮮血，如同神壇上被殺死的羔羊一樣。哪裡都找不到梅蒂亞。他離開房子的時候，聽見頭上隆隆的聲音，抬頭一看，看見她坐在以魔法召來的龍車上，騰空而去。

絕望吞沒了他，他的靈魂深處回想起對阿布西爾托斯的謀殺，於是拔劍自刎，死在自己住屋的門檻上。

憤怒的梅蒂亞
德拉克洛氏　1838年，巴黎羅浮宮

3 悲壯的海克力斯 Heracles

人類與神祇結合之後，繁衍出許多半神半人的英雄人物，海克力斯即是其中最受希臘人歌頌的豪傑之一。

海克力斯是宙斯與愛克美娜所生的兒子。愛克美娜是希臘英雄帕修斯的孫女，也是底比斯王的妻子。與宙斯以往的情人不同，宙斯這次選中愛克美娜不是爲了尋歡作樂，而是著眼於生一個強大無比的兒子以保護神與人免於毀滅。她是與宙斯同床共枕的最後一個凡人女子。宙斯十分尊重她，不是用強力佔有她，而是花了一番心血化爲底比斯王安菲屈昂的模樣，用溫柔的言語贏得她的歡心。

回到天庭後，宙斯難掩心中的喜悅，向諸神宣布：「這次出生的帕修斯後裔，將成爲統治萬民之王。」天后希拉聽了醋勁又起，於是便讓安菲屈昂與愛克美娜的兒子歐里斯修士先一步出生，結果便由歐里斯修士當上了底比斯國王。

宙斯勃然大怒，卻無法改變事實，但他說服希拉，使她同意讓海克力斯在完成歐里斯修士交給他的十二項任務後變成神祇。

另一方面，愛克美娜在生下海克力斯之後，害怕希拉會妒心大發，便把新生兒拋棄在田野裡。這時，雅典娜在宙斯的指使下把希拉帶到這裡來散步。

「瞧！一個多麼健壯可愛的孩子啊！」雅典娜佯裝驚訝，俯身抱起孩子。「他的母親一定發瘋了，把他扔在荒郊野外！哎，妳結過婚，給可憐的小傢伙吃口奶吧！」

希拉不疑有詐，接過海克力斯，敞開胸脯，用她神聖的乳哺育他。海克力斯貪饞地吸食乳汁，不像一般嬰兒，咬痛了希拉，疼得把他扔在地上。這時，一股奶水飛過天際，變成了銀河。海克力斯從此變得長生不老。

雅典娜笑咪咪地把他交還給愛克美娜，叫她小心看護他，好好把他帶大。

希拉怨恨在心，伺機報復。一天，她命兩條可怕的毒蛇爬到海克力斯的搖籃裡，緊緊纏著這孩子的脖子，想要殺死他。沒料到小小的海克力斯天生神力，他兩手各握著一條蛇，用力一捏，就把牠們給掐死。

安菲屈昂知道這件事後，爲新生兒神異的力量感到高興，就召來先知預言這孩子的未來，他說：「海克力斯將殺戮陸上和海上的許多怪物，他將享有神祇們永生的生命，並與永久青春的女神希比結婚。」

海克力斯和巨人們的戰鬥

當安菲屈昂聽到海克力斯高貴的命運後，便決定給他一種配作英雄的教育，到各地聘請偉大的人物教導年輕的海克力斯。於是海克力斯學會了駕馭戰車術、角力、射術等十八般武藝，然後又跟著李諾斯學習彈琴。

李諾斯是樂師歐夫斯的兄弟，是位嚴苛的老師。有一天，他正在教導海克力斯時，因海克力斯有點遲鈍，李諾斯便加以訓斥責打，年少氣盛的海克力斯在怒氣衝動下，抓起豎琴摔在老師的腦袋上，他即刻死了。這事令海克力斯十分悔恨，跑到法庭去接受審判。但公正的法官免了他的罪，並爲此訂一條新的法律，即自衛而致人於死者不得判處死刑。

安菲屈昂擔心這有過人強力的兒子會再犯同樣的罪過，於是派他到鄉下去放牧。海克力斯在那裡長就了一副魁梧無比的體格，力大無窮，尤其是弓箭和槍術更是獨步天下，無出其右者。

十九歲的時候，他便制伏了從喀泰戎山跑出來的兇猛獅子，並剝了獅子皮，披在身上，然後用那張開大口的獅子頭作爲頭盔，還趕走在僻靜地方伺隙劫掠的強盜。

當他冒險歸來途中，雅典娜將自己的戰盔給他。他又爲底比斯打敗了逼人進貢的米尼艾族，國王感激他，便將美加拉公主嫁給他，後來她爲他生了三個兒子。

眾神也紛紛贈予他劍、神矢、黃金箭袋、青銅盾等禮物。不久，海克力斯便有機會來報答神祇的高貴贈禮。

有著可怕的面孔、長鬚長髮、以龍尾代足的巨人們，是大地母神蓋亞爲天神烏拉諾斯所生的怪物。蓋亞憎恨宙斯將她年長的兒子泰坦族囚禁，因此慫恿巨人們反抗宙斯。

當巨人們衝到地上時，所有的星星都變得慘白，連阿波羅也調轉他太陽車的方向。

「去吧，為我和更年老的神祇子孫們報仇。」大地母神對他們說：「一隻鷲鷹吃著普羅米修斯的肝臟；一隻大鵬剝啄著提奧斯；亞特拉斯被判背負蒼天，泰坦們則在鐵鍊的束縛中身心憔悴。為他們報仇呀！運用巨大的山嶽作為天梯和武器，爬上星光照耀的殿堂吧！你，堤福奧斯，從宙斯的雙手攫取神杖和雷電！你，恩刻拉多斯，征服海洋，將波塞頓從他的堡壘趕走！羅斯托從太陽神手裡奪過韁繩！」聽到她的命令，巨人們都大聲歡呼，猛撲奧林帕斯山。

與此同時，諸神的使者伊麗絲召集所有居於天上和泉水河流中的神祇們，她甚至也召來地府裡的命運女神們。靜默的冥王黑地斯也套上他怕光的馬匹，驅策著牠們來到奧林帕斯山。眾神如同被圍的居民從各方湧來保護他們的衛城一樣，集聚在萬神之父宙斯的宮殿。

「你們，所有集聚在這裡的神祇們，」宙斯大聲說道：「看看蓋亞如何和她新生的兒子圖謀反抗我們。全力應戰吧！對於她派遣來反抗我們的每一個兒子，你們都要送還她一具屍體。」

當眾神之父說完他的話，天上發出一聲霹靂，地下的蓋亞報以猛烈的地震，大自然又陷於混沌，一切如同開天闢地一般。巨人們將山嶽一座又一座連根拔起疊成天梯，到達神祇的住處，並以巨大的石塊和作為火把的橡樹，像風暴一樣猛擊奧林帕斯聖山。

神諭曾經告誡神祇們，除非有一名人類和他們並肩作戰，否則他們不能殺戮任何巨人。蓋亞知道這道神諭，所以她要去摘取一種藥草，阻止她的兒子們被人類所損害。

宙斯連忙禁止黎明女神、日神、月神放光，當蓋亞在黑暗中摸索，他自己則飛快地去割取藥草，並令雅典娜召來他的兒子海克力斯參加戰鬥。

在奧林帕斯山上，神祇們已在火熱的戰鬥中。戰神阿利斯駕著怒馬拖拽的戰車，衝入正在衝鋒的敵人陣營中，他殺向蛇足的巨人佩羅洛斯，並驅車輾過他倒在地上的肢體，但他仍沒有死亡。直到這個巨人看到剛剛走上奧林帕斯山的海克力斯，他的靈魂才出竅而死。

海克力斯環視戰場，選擇他射箭的目標。他射中阿爾克奧紐良，他從山頂跌落，然當他觸到大地的瞬間，又復活了。於是雅典娜指示海克力斯，跟著阿爾克奧紐良下去，將他從他所誕生的大地上舉起，他一離開大地就死去了。

巨人波爾畢里翁逼近海克力斯和希拉，要和他們一個對一個地戰鬥。宙斯馬上令他產生要一睹天后的念頭，在他剛掀起天后的面紗時，宙斯就以雷電將他擊中，海克力斯馬上補上一槍，遂結束了他的生命。接著，巨人艾比阿爾特斯從隊伍中挺身站出，以炯炯發光的兩眼向前觀望。

「我們的箭頭有多亮的目標呀！」海克力斯向他身邊作戰的阿波羅說道，說著就射中巨人頭上的右眼，太陽神則射中左眼。戴奧尼索斯以神杖擊倒歐里圖斯，黑法斯托斯單手發出一陣雹雨似的灼熱鐵彈將塞特斯打倒在地。雅典娜則舉起西西里島，向正

海克力斯與阿波羅

阿提卡赤陶

西元前530～前520年

在逃跑的恩刻拉多斯擲去。巨人波里玻特斯被波塞頓追擊，越過大海，逃亡到科斯島，波塞頓即刻劈開科斯島的一片土地，將他壓住。漢密斯頭頂戴著地獄神黑地斯的戰盔，殺死希波里圖斯。命運女神們則以銅棒擊斃另外兩個巨人。其餘的則爲宙斯的閃電擊斃或爲海克力斯的利箭射殺。

由於海克力斯的幫助，天庭的神力戰勝了大地的蠻力。諸神對於這半神半人的英雄有著更深的好感，然希拉看到海克力斯竟如此有成就，非常嫉妒，於是唆使瘋狂女神將他逼瘋。

海克力斯發瘋

海克力斯深愛他的妻子美加拉公主，也愛他們的小孩，可是這段姻緣給他帶來了空前絕後的悲哀、考驗和危險。

天后希拉從不忘記她所受的委屈，故意讓海克力斯發瘋。他打死自己的小孩，美加拉挺身救幼子，也被打死了。海克力斯神志清醒以後，發現自己置身血淋淋的大廳裡，妻兒的屍體倒在身旁，他不知道是怎麼回事，也不知道他們是怎麼死的。他悲憤地追問遠遠旁觀的人。

這時，安菲屈昂大膽地走近他。眞相不能瞞著海克力斯，他必須知道這件恐怖事件的原委，於是安菲屈昂道出了一切。海克力斯靜靜的聽完，然後說道：「那麼我是殺妻弒子的凶手？」

安菲屈昂顫聲說：「是的，不過你發瘋了。」海克力斯不理會他的辯解，他說：「我豈能饒過自己？我要代死者報仇！」他狂亂地衝出去想殺了自己。

「不要做傻事！」海克力斯的好友鐵修斯握住他那雙血淋淋的手，「聽著，心靈偉大的人可以忍受上蒼的打擊，你不可以軟弱畏縮！」

海克力斯悽然地說：「你知不知道我做了什麼事？」

鐵修斯答道：「我知道，你的悲哀由人間傳到了天庭。」

「我情願死！」海克力斯說。

鐵修斯勸慰道：「英雄不說這種話。」

海克力斯叫道：「除了一死，我還能做什麼？活下去嗎？帶著汙名，讓所有的人說：『看，他就是殺死妻兒的人！』到處都是我的獄卒，像蛇蠍一樣議論著我！」

鐵修斯答道：「就算這樣，你也得忍耐。你跟我去雅典，分享我的家園和一切。我和市民有幸幫助你，是我們的光榮。」

雙方沉默許久，海克力斯恢復理智，慢慢接受現實。但他拒絕了好友的邀請，他認爲自己殺了家眷，所以帶著血汙，也會汙染別人，他活該受人嫌棄。然後他到特爾斐神殿去請教神諭，他該如何贖罪。

女祭司說他必須靠苦行服役，才能洗清罪孽。她叫他去找歐里斯修士國王，順從他的一切要求。海克力斯樂意前往，只要能洗清罪孽，他什麼事都肯做。

大戰九頭蛇怪希杜拉

歐里斯修士見到全世界最強壯的人來找他，還願意虛心爲奴，便想出一連串最困難、最危險的苦差事給海克力斯做。歐里斯修士給的任務叫「海克力斯苦差」，一共有十二項，每項都難如登天。

國王命令海克力斯進行的第一件工作是爲他取來尼梅亞獅子的毛皮。這頭獅子巨大無比，而且牠的毛皮刀槍不入，任何武器都傷不了牠。

海克力斯在中午時分來到尼梅亞大森林，過不了多久便看到獅子回穴來，由於一天的殺戮，牠渾身濺滿血汙。海克力斯向獅子射出一連串的箭，但他的箭並沒有射傷牠，反而如同射在石頭上一樣反彈回來，落在滿是苔蘚的地上。獅子昂起牠浴血的大頭，搜尋似地四面八方轉動著眼睛，並露出可怕的利牙。

海克力斯不畏懼地用劍砍牠，但劍像鉛一樣地彎了起來；接著，他舉起大棒朝獅子的頭上狠命一擊，獅子搖搖晃晃地站起來，海克力斯立即衝上去，緊勒住獅子的脖頸，活活地將牠扼死。

海克力斯用盡方法要剝下牠的皮，但牠的皮不爲木石鐵器所傷。最後他想出一個辦法來，用牠自己的爪來剝，終於將牠的皮剝了下來。後來他用這刀槍不入的獅皮爲自己做了鎧甲和戰盔。

海克力斯把死獅子扛到邁錫尼。歐里斯修士又驚又怕，不准他進城來，從此不敢看海克力斯，只遠遠下命令。

海克力斯的第二項工作是斬殺希杜拉。

希杜拉是勒拿沼澤的一條九頭蛇，其中有一個頭是長生不死的，另外八個是砍下後會再長出兩個頭。牠兇猛可怕，身軀龐大，常常爬到岸上撕裂牲口，蹂躪田野。

海克力斯坐著由他姪兒愛歐勞斯駕馭的車子來到勒拿。他先用火箭迫使希杜拉出洞，牠噓著氣衝出來，搖動著九個頭，好似暴風雨中的樹枝一般。海克力斯大無畏地走上去，用力抓住牠，以木棒打牠的頭，但不見功效，只見他剛打碎一個頭，就在原地又長出兩個新的腦袋來。他大聲呼喊愛歐勞斯前來幫忙。愛歐勞斯放火燒著樹林，以燃著的樹枝燒灼剛剛生出來的蛇頭，使牠們不能長大。

接著，海克力斯用寶劍斬下那永生不死的腦袋，把它埋在一塊巨岩下。他將蛇身切為兩段，並在牠有毒的血液中浸潤他所有的箭，從此以後他給敵人的箭傷是無藥可醫的。

海克力斯與九頭蛇希杜拉
波雷奧洛　1475年，弗羅倫斯／烏菲茲美術館

歐里斯修士給他的第三件工作，乃是要生擒凱利尼亞山上的赤牡鹿。這美麗的動物有著金鹿角和青銅蹄，是阿緹密斯最初練習射獵的五鹿之一，只有牠被留下來在樹林中生活，因爲命運女神注定了有一天海克力斯將爲追逐牠而筋疲力竭。

整整一年，海克力斯追逐著牠，最後終於用一枝箭射中牠的腳使牠不能奔跑，才生擒牠回到邁錫尼交差。

射殺史丁巴羅斯湖怪鳥

緊接著海克力斯又進行他的第四件工作。這是要毫髮無傷地爲國王捕捉蹂躪艾里曼圖斯山的大野豬。

這隻野豬不僅使人畜爲之喪膽，而且還懂得隨時竄進草叢裡。海克力斯拚命地追趕，終於使牠筋疲力盡，跌進了覆滿白雪的深溝。海克力斯將捕獲的野豬運到宮殿，歐里斯修士看到了這隻龐然大物，竟然嚇得昏了過去。

此後國王又派海克力斯去做第五件事情，而這卻是一個英雄不屑做的工作。他要他在一天內就將奧格亞斯的牛棚打掃乾淨。

厄利斯王奧格亞斯有許許多多的牛，據說總數高達三千頭。但他那所寬廣的畜欄，竟有三十年之久未曾清掃過！不用說，畜糞與垃圾早已堆積如山了，臭味四溢，令人無法忍受。附近的人們早有怨言，可是那位懶惰的奧格亞斯王卻一直無動於衷，不聞不問。

當海克力斯站在奧格亞斯的面前，準備爲他服役。奧格亞斯立表同意，並許下諾言：如果海克力斯在一天之內完成工作，便可分得牲口的十分之一，即三百頭牛作爲報酬。

海克力斯在畜欄的牆壁上開了幾個洞，引進阿爾菲歐斯河的河水，把那堆積如山的垃圾一口氣沖到海裡去，他沒有降低身分就完成了這一屈辱的工作。

海克力斯於是來見厄利斯王，要求取得報酬。奧格亞斯卻裝聾作啞，支吾其詞，表示要讓兒子皮勞士來處理這件事，所幸皮勞士十分公正，海克力斯終究取得了他應得的報償。

又經歷了一些冒險之後，海克力斯回到歐里斯修士那裡。國王立刻派他做第六件工作，即趕走史丁巴羅斯湖的怪鳥。這是像鶴一樣大的食肉鳥，有著鐵翼、鐵嘴和鐵爪。牠們棲息在史丁巴羅斯湖四周的沼澤地，常常成群結隊地飛上天空，撒下一陣銅羽毛雨殺害人與牲畜，同時排洩有毒的糞便使莊稼枯萎。

海克力斯來到沼澤地，發現他無法用弓箭驅趕怪鳥，因爲牠們實在爲數甚多。此外，沼澤地既不結實得能讓人在上面行走，又非汪洋遍地可以行舟。海克力斯正站在岸邊猶豫不決的時候，雅典娜突然出現，給他一付黑法斯托斯鑄造的大銅鈸。

海克力斯爬上湖邊的小山上，搖動銅鈸恐嚇怪鳥。牠們無法忍受這刺耳的響聲，結果都恐懼地胡亂飛舞，這時，海克力斯彎弓搭箭，——將牠們射落。於是史丁巴羅斯湖就此清靜了，家畜都回到草原，往牧人們的牧杖與笛下聚集。

亞馬遜女族之戰

克里特島的米諾斯王曾向海神波塞頓許願，要將深海裡最初浮現的東西作爲犧牲，呈獻在祭壇上。海神令一頭美麗的牡牛從海浪裡升起。國王極喜歡這美麗的動物，捨不得獻上，便另外拿了一頭牛充數。這使海神很憤怒，於是讓牡羊發瘋，在克里特島上大肆破壞和擾亂。海克力斯的第七項工作便是馴服牠，並將牠帶回獻給歐里斯修士國王。

海克力斯渡過海，來到克里特島，抓住牠的犄角，讓牠的前肢蹲跪下去。不一會兒，這隻狂暴的野牛就被海克力斯馴服。於是，海克力斯騎著牠到海岸上，並從這裡回到伯羅奔尼撒去。

歐里斯修士對於他這次的工作很滿意，他把這頭牡牛給放走了。牡牛一感覺到沒有了海克力斯的控制，立刻又發起瘋來。牠跑遍拉科尼亞和阿卡迪亞，通過海峽到阿提卡東部的馬拉松，並蹂躪這地方，如同過去蹂躪克里特島一樣，直到很久以後才被鐵修斯完全制伏。

海克力斯的第八件工作，乃是要將比斯托尼斯國王戴歐米德斯的食人馬帶回。這些兇猛的馬匹吃的不是雀麥，而是經過比斯托尼斯的不幸異鄉人，他們被丟入馬槽，好讓馬來吃他們的肉。

海克力斯來到這裡，首先擒拿兇殘暴戾的國王，制伏管理馬廄的衛士，然後將戴歐米德斯丟進青銅製的銅槽，讓食人牝馬把他給吃下肚。這些馬匹飽食國王的肉以後，性情變得溫馴起來，於是海克力斯驅策著牠們上船，帶回給歐里斯修士。

海克力斯做完這件工作後，就參加阿爾戈英雄們的行列去採取金羊毛。經過長久的漂泊後，英雄和亞馬遜女戰士作戰來完成他的第九件工作，即奪取亞馬遜女王希波里特的腰帶獻給歐里斯修士。

住在黑海盡頭的女戰士亞馬遜族人們是野蠻而可怕的種族，嗜吃掠奪物與獵獲物來過活。她們買賣著男子，並且只養育自己的女兒。她們常常全體出發作戰，爲要表示威嚴，她們的女王經常佩帶阿利斯親自贈送給她的一條腰帶。

海克力斯和他的伙伴們渡過了愛琴海，從黑海東岸登陸，帶了大批禮物前往希波里特的宮殿，請求以禮物交換腰帶。女王甚表歡迎，欣然想將腰帶交給他。但希拉，由於憎恨海克力斯，所以變形爲一個亞馬遜人，雜在眾人當中散佈謠言，說一個外鄉野蠻人就要拐走她們的女王。即刻所有的人都騎上馬，箭筒裡的箭被抽了出來，斧頭揮舞生風，一場混戰就這樣打起來了。

海克力斯的隊伍開始時採取守勢，漸漸地轉爲攻勢，把亞馬遜族人們打得落花流水，幾乎全軍覆沒。當亞馬遜人的領袖美拉妮蓓被俘，其餘的人都狂亂逃散，希波里特獻出腰帶。海克力斯接受它作爲對美拉妮蓓的贖金，將她釋回。

在回家的路上，一項新的冒險在特洛伊的海岸上等待著他，因爲他在這裡發現勞梅頓的女兒海西奧妮被鎖在岩石上，在無言的恐怖中等待著吞食她的海怪。

海神波塞頓曾經爲她的父親建築特洛伊城，但這國王卻吝惜他所許諾過的報酬。於是波塞頓以海嘯沖刷該地，海獸肆虐，準備將美輪美奐的城牆摧毀。絕望的勞梅頓最後同意將他的女兒獻給海獸以拯救國家，剛好海克力斯來到這裡，他殺死怪物，救回公主。但勞梅頓又一次失約，不肯將神馬交出，因而海克力斯悻悻然地走上自己的征途。

摘採金蘋果

當海克力斯將希波里特女王的腰帶獻在歐里斯修士的足下，他卻仍然不讓他休息，即刻又派他去打敗格里奧尼斯的牛群。格里奧尼斯是三頭三身的巨人，被公認是最強大的怪物，住在西方邊陲。他養著猙獰的赤牛，讓牧人和惡狗守著。

這是一趟路途遙遠的旅行。海克力斯帶著他的木棒和弓箭，繞過非洲北岸，抵達歐羅巴洲之間的海峽。在登上對面的大陸之前，他在兩岸建立了兩座巨柱，這便是有名的「海克力斯之柱」（即直布羅陀海峽）。

炎日如火地曬著他，令他難以撐持。他抬頭望著天，瞄準箭頭，想射落太陽神。阿波羅驚嘆著他的大無畏精

海克力斯對抗格里奧尼斯 希臘瓶畫 約西元前540年，巴黎羅浮宮

神，願意幫助他，借給他自己在夜間旅行所用的一只金碗。他在這只金碗中渡海到艾里提亞，格里奧尼斯和他的牛群住在這裡。

當那隻雙頭犬嗅出有生人靠近，馬上向他撲來，海克力斯堅定地執著木棒，一棒將牠打死。他又殺死了來援救雙頭犬的牧人，然後帶著牛群趕快離開。但格里奧尼斯追上了他，隨著發生一場惡戰。希拉親自來幫助格里奧尼斯，海克力斯一箭射傷她的肩部，這女神被迫逃遁。第二箭他射中巨人的腹部。這正是巨人三個身體連接的地方，所以他也倒地死去。

海克力斯經由山路回家，經過伊伯利亞和義大利，驅策著牛群走在他面前，處處都有著光榮的冒險。現在他已完成了十件工作。

在很久以前，宙斯和希拉結婚的時候，所有的神祇都帶著禮物來獻給新婚夫婦，蓋亞也很慷慨。她從海洋西岸帶來一株枝葉茂盛的樹，結著許多金蘋果。夜神的四個女兒被派定看守栽種這株金蘋果樹的聖園，並由百頭巨龍拉頓盤繞在樹上作守衛。

歐里斯修士聽到有這麼一個聖園，就以摘回金蘋果作爲海克力斯的第十一項工作。

海克力斯不知道海絲佩麗德斯的女兒們在什麼地方。他胡亂地走著，經過好長的一段探索時間。一天，他走累了，在一股湧泉邊停下來休息。一位仙女躺在長滿雛菊的地上。他與她攀談，吐露了目的地。

仙女說：「我相信明智的老海神尼遼斯會幫你，老人見識廣博，一定會給你有益的指示。」

海克力斯馬上出發，在海岸邊的崖壁下發現正在打盹的尼遼斯。他請對方教他前往聖林的路。尼遼斯突然被吵醒，很不高興，化成蛇、獅子和火的模樣，想把他嚇跑。海克力斯一點兒也不害怕，一步也不離開老人，終於問出了金蘋果就在亞特拉斯之國。

他連忙往目的地前進，途經高加索山，他從山頂釋放普羅米修斯，並順著普羅米修斯的指示，來到亞特拉斯站立著並以雙肩背負著天體的地方。在他的附近，夜神的女兒們看守著金蘋果的聖園。普羅米修斯勸他不要親自去偷金蘋果，最好先派亞特拉斯去。於是海克力斯就應允在亞特拉斯離開時，承擔他的負荷，以自己強力的雙肩背負著蒼天。

同時亞特拉斯進到聖園，引誘巨龍睡去，用計騙過看守的女神們，平安地摘了三顆金蘋果帶回來。但他已經嚐到自由的快樂！「好輕鬆啊，」他雀躍道，「我不願讓肩膀再受罪了！」於是他將金蘋果擲在海克力斯的腳邊，讓他背負著那不能忍受的重負。這英雄即刻想出一個計謀來解脫自己。

「讓我繞一根繩子在頭上罷！」他對亞特拉斯說，「否則這重量將會壓碎我。」亞特拉斯認為這是個合理的要求，未經考慮又把那沉重的擔子承當下來。海克力斯解除了重壓，拿了金蘋果就離去，把那些收穫獻給歐里斯修士。

歐里斯修士的計畫就這樣一次又一次地落空，只好使出最後的也是最危險的考驗，那就是讓海克力斯去跟冥府的看守犬凱貝羅斯爭鬥。這怪物有三個頭，下身是一條龍尾，狺狺的大嘴流著毒唾涎，頭上和背部的毛則全紐結著毒蛇。

使神漢密斯陪著海克力斯下至幽深的地獄裡，來到黑地斯的京城。陰魂們都在城門的周圍愁慘地移動著，一看到有血有肉的人就立即逃避。他向冥王要求要帶走地獄犬時，黑地斯並不拒絕，只是提出一個條件，必須不用他所帶去的武器制伏惡狗。海克力斯便放下一切，徒手前去尋覓這隻怪物。

海克力斯看見牠蹲伏在阿凱龍門口。不管牠的三個頭狺狺狂吠，轟震著如同千百響悶雷一樣，他始終兩腿夾著牠的三個頭，兩手緊緊抱著牠的脖頸。怪物的尾巴抽擊著他，並用利齒咬著他的脅部；他仍死死抱住牠不放，扼著牠的喉管，直到這惡狗屈服。這時他舉起牠，帶著牠離開地府，平安地回到人間。

這惡狗凱貝羅斯見到地上的陽光，卻恐懼得發瘋，四處嘔吐毒涎。於是地上鑽出毒的烏頭樹，這種樹直到現在還在那個地方繁殖。

海克力斯即時將枷鎖著的惡狗獻給歐里斯修士，他簡直不能相信自己的眼睛。現在他才知道要除掉宙斯這個

凱貝羅斯　威廉・布萊克，倫敦

強而有力的兒子是不可能的，他只好將自己委諸命運，並打發海克力斯將惡狗送回地府交還給牠的主人。

賣身為奴

在這些辛苦和努力之後，海克力斯終於洗淨了殺死妻兒的罪孽，不必再爲歐里斯修士服役了。在過著自由自在生活的期間，他消滅了一些盜賊，也不吝於給受到痛苦的人們助以一臂之力，此外也建立了不少卓越的功績。

然而好景不常，海克力斯在一次神智失控的狀態下，把他的好友伊比圖斯殺死，被判充當利底亞女王安法莉的奴隸三年。

海克力斯雖然屈身爲奴，但他仍做一切英雄的作爲，繼續造福於人類。安法莉女王頗讚美他的勇敢，後來知道他是宙斯之子海克力斯，不但使他恢復自由，並

海克力斯與安法莉 勒慕安 1724年，巴黎羅浮宮

招贅他作丈夫。

海克力斯輕易地就贏得了這位豪富女王的歡心。征服了無計其數的怪物，完成了那麼多的危險工作，一切阻礙與危機都不能使他退縮，可是這樣的他，對於愛神丘比特所射過來的箭卻是那麼脆弱。被這枝愛的利箭射穿了心的海克力斯變得縱慾而懦弱，深深地沉溺在甘美、安逸的生活之中。

爲了討妻子歡心，這位天下無敵的大英雄竟然披上了女人的衣裳，那曾經頂住亞特拉斯的重負尚以爲輕的脖子，現在卻戴著婦人的黃金項鍊。粗壯的手臂也戴著鑲滿著珍珠的手鐲。他和安法莉的侍女坐在一起，面前放著紡車，以馴服巨獸的手織布。

幸虧對安法莉的服役終於期滿，海克力斯那雄糾糾的心不久便甦醒過來。他爲自己的一時受到蒙蔽而深感慚愧。雖然他仍然對安法莉謙恭，但他的態度已恢復了原來的高貴，充滿矜持，再次成爲獨立特行、充滿光輝的身分。

黛安妮拉之戀

海克力斯離開利底亞，在途中歷經許多英勇的作爲以後，來到愛托利亞。

愛托利亞國王歐伊紐斯有一個美麗的女兒黛安妮拉，許多求婚者慕名而來，但當他們發現自己的競爭對手竟是能以公牛、毒蛇和牛首人身出現的河神阿凱羅奧斯後，都紛紛退出求婚的行列。美麗的公主黛安妮拉更是死也不肯嫁給阿凱羅奧斯。

海克力斯的朋友曾經對他說過黛安妮拉是如何的美麗，這英雄早已料到這位美麗的女郎是不會輕易贏得的，因此他做好了戰鬥的準備。

當他向宮廷走來，微風吹著他背上的獅皮，箭在箭袋裡震響著，他在空中掄著他的木棒。河神看到他走過來，牛頭上青筋暴漲，低下頭，企圖用利角突擊他。歐伊紐斯國王應允將他的女兒嫁給在戰鬥中得勝的人。

兇猛的戰鬥開始了，國王、王后和公主都在旁觀戰。海克力斯用鐵拳猛擊，用箭連射，河神巨大的牛頭卻一再躲開，並尋伺著要以利角狠狠地衝刺他的情敵。最後海克力斯佔了上風，將河神摔在地上。河神即刻變形爲毒蛇，然海克力斯正是捉蛇的好手，假使不是阿凱奧羅斯又突然變爲牡牛，他眞的會將他打死。但即使這樣，也沒有使海克力斯張皇失措。他緊握著河神的一隻角，要他跪下；因用力過猛，這隻角折斷在他的手裡。河神承認失敗了，黛安妮拉遂成爲海克力斯的妻子。

尼索斯與黛安妮拉　雷尼　1620年，巴黎羅浮宮

海克力斯的婚姻並沒有改變他的生活態度。他仍如同以前一樣，到處漫遊冒險。一次，當他回到歐伊紐斯的宮殿，不幸失手殺死一個正遞水給他洗手的侍童。因此他又不得不踏上逃亡之路。他年輕的妻子和他們的兒子希羅斯也隨著他流亡。

海克力斯之死

海克力斯帶著妻兒來到尤埃諾斯大河，因正逢雪融時節，渡河成了一件難事。這時，人馬獸尼索斯前來表示，願意將他們載到激流對岸。當然，海克力斯自己是不需要這種服務的，因爲他能夠用大而有力的腳，踏過那打漩的河水。但是他將黛安妮拉交給尼索斯，讓他背她過河。

不料半途中，尼索斯迷惑於黛安妮拉的美麗，開始擁抱她。海克力斯在對岸聽到妻子的呼救聲，立即回轉身來。他看見這半人半馬的怪物欺凌他的妻子，怒不可遏，就毫不遲疑地拔箭上弓，用力一拉。曾經浸過希杜拉毒液的箭，不偏不倚刺進了人馬獸的胸膛。

尼索斯瀕於死亡，心中滿懷仇恨，他叫黛安妮拉回來，並用謊言欺騙她：「黛安妮拉公主，請妳原諒我這顆曾經戀著妳的邪惡心。我只是爲了把配不上妳愛的海克力斯從妳身邊拉開罷了。可是，命運未允許我這麼

海克力斯殺死尼索斯
阿提卡赤陶
西元前650～前625年

做。在前往黑地斯的黑暗國度以前，請妳讓我表示對妳的感謝。這件衣服請妳收下，用我的血來浸泡。將來，如果海克力斯對妳不忠實，請馬上給他穿上；它是妳的護身符，將會爲妳把他搶回來。」尼索斯說完這個陰毒的勸告之後，即刻毒發身亡。

黛安妮拉雖對丈夫的愛並不懷疑，但也小心地收起這件衣服，不讓海克力斯知道。

在此同時，海克力斯渡過了河，找到了原以爲會被搶去的黛安妮拉。他把人馬獸的屍體丟給野獸和兀鷹之後，以爲可永遠地從不安的狀態中解脫出來。然而，臨終前人馬獸所說的話，不斷地在黛安妮拉的耳畔響著。

話說，有一次海克力斯遠征回來，逗留在俄卡利亞，他想在那裡向諸神獻上祭禮，以表示謝意。黛安妮拉風聞這件事，也聽到謠言說，該地君王歐里圖斯的美麗女兒伊奧蕾很可能成爲她的情敵。她滿心猜疑，不得不相信尼索斯的預言，想趕快把丈夫召回來。於是，她派了一名忠誠的使者，帶去請他早日回國的口信，並送去那件衣服，作爲代表她摯愛的信物。

海克力斯相信這件衣服確實是她愛情的流露，打算立即啓程返家，他把那件尼索斯遺留下來的長袍披在肩上。當衣服碰到他時，一陣燒灼般的痛楚襲向他的全身，彷彿毒火沿著他的血管奔流騰躍。那是水蛇之毒，經尼索斯的血而加強，所以痛苦也就來得更深，到了無法忍受的地步。以海克力斯的勇敢、活力與意志的力量，都無法抑止住狂亂的絕叫。

他想把衣服摔掉，只是越想這麼做，衣服就越黏在他的身上。他渾身血淋淋的，每當他撕開衣服，腐爛的皮肉就成塊的剝落。他掙扎地爬上歐伊特山，因為神諭說過他將在此處終結他的生命。

在他的命令下，人們將他安置在火葬堆上，他叫大家從下面燃起柴火，但無人願意這麼做。痛苦中，海克力斯極力地請求他的好友菲羅克特特斯。聽到這刺人心肺的叫喚，菲羅克特特斯淚流滿面，手執火把，走向柴山。

熊熊的火燃燒起來，火燄舐著松樹的柴堆，畢畢剝剝地響。濃煙旋轉著，往天空噴湧。這時，天上發出一道閃電，加速火燄的飛騰，然後雷聲大作，一片雲霞下降，包圍著柴火堆，將這不死的英雄送到奧林帕斯山上去。

當火燄熄滅，人們從灰燼中撿拾他的遺骨，卻一點兒也找不到。他們不再懷疑，神祇的命令已應驗，海克力斯已從人間解脫，成為天神。他們獻祭、敬奉他如同神祇，所有的希臘人都把他當作神祇來崇拜。

在天上，雅典娜親自接待這位永生的英雄，並引導他進入諸神的團體。現在他已走完人間的歷程，希拉也和他和解了。她把她的女兒希比，這永久青春的女神許給他為妻。希比在光輝的奧林帕斯山上為海克力斯生育孩子們，美麗且永生的孩子們。

4 鐵修斯的英勇事蹟 Theseus

在希臘神話中，鐵修斯的英勇事蹟可與海克力斯相媲美。他是雅典王愛格斯與洛伊森國公主艾特拉所生的兒子。

愛格斯本來沒有兒女，所以他十分畏懼他的兄弟帕拉斯的五十個兒子，因爲他們對他懷有敵意，並輕視他沒有子嗣。也因此，他想瞞著妻子祕密再婚，希望能生一個兒子來繼承王位。

有一次他去訪問洛伊森城的建立者比透斯，跟他透露這個計畫。幸運的是，洛伊森的國王剛剛受到一道神諭，預言他的女兒不會得到一個公開的美滿婚姻，但將生出一個有名望的兒子。這使比透斯想將他的女兒艾特拉祕密地嫁給一個已有妻室的男子。因此愛格斯便與艾特拉結婚，在洛伊森住下。

不久，愛格斯必須返回雅典。他在海岸上和新婦道別，把他的寶劍和一雙鞋藏在一塊大石板下面，告訴她：「假使神祇保佑我們的婚姻，使妳誕下一個兒子，希望妳祕密將他撫育，不對任何人說出他父親的名字。當他長大有力，能夠搬動這塊石頭時，領他到這個地方來，讓他拿出寶劍和鞋，帶著它們到雅典城來見我。」

艾特拉果然生了一個兒子。她將他命名爲鐵修斯，並遵照丈夫的吩咐，沒有告訴任何人這孩子的父親是誰。他的外祖父也爲他製造一種流言，說他是這城的保護神波塞頓的兒子。洛伊森人尊敬波塞頓，每年獻給他田地裡最初收穫的果實，並以他的三叉戟爲國徽。因此，在這個國家，公主爲海神孕育了一個兒子，並不是件不光采的事。

後來這孩子長大，不單是美麗強壯，而且勇敢堅定，對於一切如有宿慧。他的母親帶他到海濱的大石板這裡來，告訴他尋父的時機到了，並叫他取出寶劍和鞋。鐵修斯抱起大石板，毫不困難地將它掀開。他將鞋子穿在腳上，將寶劍掛在腰間，準備出發到雅典尋父。

鐵修斯與艾特拉 巴洛克古典主義畫家拉伊爾繪

當時，通到雅典的陸路充斥著盜匪惡徒，懲凶除惡的大英雄海克力斯又正賣身爲奴，因此由陸路到雅典是最危險的。鐵修斯的外祖父憂心忡忡地爲他一一描述路上的驚險，並準備了一條船給他，但鐵修斯不願走水路去。

鐵修斯從小就以海克力斯爲榜樣，一心只想著將來如何像他一樣建立功業。十六歲的鐵修斯認爲乘船等於逃避危險。「假如我帶回去的信物，鞋子上沒有塵土，劍鋒上也沒有血跡，我的父親會怎麼說呢？」所以他仍堅持走陸路。

這些話令他的外祖父十分喜悅，因爲他自己過去也是一位勇敢的英雄。他的母親祝福他，於是，鐵修斯踏上他的征途。

鐵修斯尋父記

鐵修斯最先遇到的是大盜佩里佩特斯，他隨身帶著一根鐵棒，外號叫「棒子手」。誰來到他的面前，他就一棒將他打死。

當這個無法無天的大盜從濃密的樹林裡衝出，並擋住鐵修斯的去路時，鐵修斯並不畏懼，大喝一聲，奪過他的鐵棒，將他殺死。

接著，鐵修斯又遇到一個別號「扳松賊」的惡徒。因爲任何人經過他的路時，他就用力將兩棵松樹扳下來，在樹稍上綁紮著他的俘虜，然後讓樹伸直，使人的肢體撕裂爲兩半。鐵修斯以其人之道還治其人之身，將惡人殺死。

「扳松賊」有一個女兒佩里哥妮，當鐵修斯打殺她的父親時，她惶恐地逃到樹林裡，並向樹枝祈求，說她絕不損傷、焚燒它們，只要它們遮蒙她並搭救她。

鐵修斯仁慈地叫她出來，向她保證不僅不傷害她並且願意照顧她，她才從隱藏著的地方出來。後來她嫁給德伊奧紐斯，即鐵修斯的舅舅。她的子孫們都遵守她的諾言，對於那片曾經隱蔽過她的樹林永不焚燒一樹一木。

鐵修斯一路就這樣不停地肅清壞人。在美加拉，他遇到第三個惡名昭彰的惡人史凱龍。這傲慢且無惡不作的人有一種壞習慣，即伸出兩腿要旅人爲他洗腳。當他們給他洗完之後，他就一腳將他們踢到海裡淹死。現在鐵修斯也如法炮製，將他淹死。

後來他到達阿提卡，遇到凱爾奇翁。凱爾奇翁常潛伏路邊襲擊過客，要他們和他角力，勝不過他的人就得被殺。鐵修斯接受他的挑戰，並且得勝，因此又爲人間清除一害。

他又往前走，遇到最後也是最兇狠的惡霸普洛克魯斯特斯，他將人綁在鐵床上，短者拉長，長者截短，使身長和鐵床相等，結果他也被鐵修斯綁上鐵床，截斷四肢，痛苦的死去。

鐵修斯替旅人除害的義行深獲全希臘人的盛讚，他在抵達雅典時，已是公認的英雄了。但年輕的英雄並沒有得到所希望的幸福與和平。城市陷在混亂中，居民自相殘殺。他父親愛格斯家中的情形似乎也不宜他的到來。

原來梅蒂亞自從離開科林斯和不幸的傑遜分手後，就乘著毒龍車流亡到雅典。她蠱惑年老的愛格斯接待她，答應用魔藥來恢復他的氣力和青春，因此深獲國王的寵愛。

因爲梅蒂亞是名女巫，所以在鐵修斯到來的消息還未傳入宮中以前，她就知道他來了。愛格斯由於城內的黨爭，正懷疑一切新來的人，自然也不認識自己的兒子，因此當梅蒂亞挑唆他藉機毒害鐵修斯，他想也不想地就答應了。

次日，國王召見鐵修斯，鐵修斯進宮赴宴，卻沒有將自己的身世說出。他滿心歡喜，以爲父親會發現面對著他的是誰。毒酒安置在他面前，但鐵修斯熱望著父親的擁抱更甚於飲酒。他故意拔出曾經留在大石板下的寶劍，假裝要用它來切肉。國王一看到這寶劍，立刻將鐵修斯面前的毒酒掀倒在地。他略略向他詢問，知道這是年輕時，他從命運女神那裡求來的兒子，老淚縱橫地緊緊擁抱著他。

接踵而來的是雅典有史以來最盛大的歡慶。鐵修斯被介紹給全國的人民，鐵修斯告訴他們在旅途上所經歷的冒險故事。這青年人這樣年輕就如此堅毅果敢，他們都深以為傲，向他歡呼表示歡迎。國王覺得不忠的梅蒂亞幾乎破壞了他新找到的幸福，因此將這個殘酷的女巫驅逐出境。梅蒂亞逃到亞洲的另一個國家，此地後來以梅蒂亞為名，稱為密地亞。

米諾陶與迷宮

鐵修斯作為王位的繼承人所立下的第一件功勞，乃是誅戮圖謀叛變的亂臣。愛格斯國王的五十個姪兒原本都希望在無子嗣的愛格斯死後繼承王位，現在卻憑空冒出一位王子，這讓他們非常憤怒。於是他們全副武裝要謀害鐵修斯，不料鐵修斯武功過人，以一把寶劍抗禦五十個人——把他們剷除掉。

平定內亂後，鐵修斯開始對抗外侮。

克里特島米諾斯國王的兒子，在雅典被人陰謀殺害，米諾斯王為了復仇，遂向這個國家宣戰，神祇們也使這個地方遭到荒旱和瘟疫。阿波羅的神諭宣示，神怒和人民的災患可以解除，只要他們與米諾斯王和解並得到他的寬恕。因此雅典人向米諾斯王求和，訂約九年一次送七名少男少女到克里特作爲進貢。這些少男少女的命運很可悲，他們抵達克里特島以後，就被送去給人頭牛身獸米諾陶吃。

米諾陶是米諾斯的王后和一頭美麗的公牛生的。波塞頓送這頭公牛給米諾斯王，要他殺來獻祭，米諾斯捨不得，留著自己養。波塞頓爲了懲罰他，特意使他的妻子愛上公牛。

牛頭人身獸出生後，米諾斯沒有殺死牠，他命令戴達勒斯設計出一個教人無法找得到出路的迷宮，讓米諾陶在裡面度日，並以少男少女來餵食，以防牠出外殘害其他的生靈。

戴達勒斯是一位手工精巧的工匠，當舉世聞名的迷宮一建造好，米諾斯王爲怕他將迷宮的祕密洩露出去，便把他與兒子伊卡魯斯囚禁起來。戴達勒斯爲了逃生，便以蠟黏接羽毛，製成了兩對翅膀給自己和伊卡魯斯，飛離克里特島。年輕的伊卡魯斯不顧父親的勸告，興奮地越飛越高，身上那雙飛向太陽的羽翼因而燒溶，他也自空中跌入海裡。悲傷的戴達勒斯最後將他的翅膀當作祭品獻給阿波羅，並永不再嘗試飛翔。

現在，又到了雅典進貢少年給米諾斯王的日子了。有少男少女的父母們都恐懼自己的子女可能會遭

戴達勒斯與伊卡魯斯　蘭登　1799年

受到厄運，紛紛對愛格斯國王懷恨且有怨言。他們說，這種災禍是因他而起，但他卻不需承擔它的後果；又說他讓一個冒險家、一個私生子繼承他的王位，而對於別人的子女被奪去的悲痛卻是漠不關心。

鐵修斯立刻自告奮勇，宣布他願意當犧牲者。所有的人民都讚揚他的崇高無私，但他的父親才剛剛得到一個兒子和繼承人，怎麼也不希望他去赴難。鐵修斯不顧這些，他堅持爲他的同胞除害。他安慰老父，保證一定會平安歸來。

愛格斯王勉強答應，卻久久地在海邊站著。船升起黑色的帆，作爲悲哀的標幟，它裝載著他最熱愛的王子，漸漸遠去了。船影越來越小，終於消失在海平線。這位年老而佝僂著背，被痛苦擊潰了的雅典王，滿懷憂慮地回到宮殿。

出發前，國王曾向水手下達一項嚴格的命令：「當你們的船回來時，如果鐵修斯跟你們在一塊兒，那就掛上白色的帆吧。讓我知道我的兒子已經脫險。」

來自雅典的船到了！這個消息一傳開，克里特島的人們群集到碼頭來看熱鬧。米諾斯王的女兒亞麗亞德妮也在人群中，她看見一個風采高貴、有王者之風的人。人們告訴她，那是愛格斯王的兒子鐵修斯，是自動來獻身的。她早就風聞有關鐵修斯的事蹟，也知道他是位勇敢的英雄。他那充滿男性氣概的模樣，令她深受感動。想到他即將赴死，她的內心不寒而慄。因此她決定，即便有性命危險也要幫助他。

鐵修斯看到這位嬌美動人的年輕公主，也不覺怦然心動；而她的熱誠，更使他衷心感動，便允諾道，如果能平安從迷宮出來，將帶亞麗亞德妮公主回雅典成親。

於是，亞麗亞德妮交給鐵修斯一團繩球，教他將線球的一端緊拴在迷宮入門處，然後放著線通過多歧而混亂的路找到米諾陶。她還給他一柄寶劍用來斬殺這個怪物。

第二天早晨，鐵修斯和其他的少男少女被押送進迷宮。鐵修斯一進去便偷偷把線頭綁在入口，一路走一路放線，走了不知多久，眼前盡是黑漆漆的一片，令人毛骨悚然。忽然一聲怪叫從遠方傳來，鐵修斯馬上屏住呼吸，手握寶劍，凝神守候。

米諾陶巨大無比，走過之處，山崩地搖，吼聲如雷，兩隻圓而大的眼睛像電光般。牠直朝鐵修斯等人的方向撲去，其他的少年嚇得紛紛躲在鐵修斯背後。鐵修斯見牠衝來，挺起寶劍便往怪獸身上刺去，怪獸痛得大怒，改用牛頭去頂撞，鐵修斯凌空一跳，趁著落下的衝力，揮劍往牠頭上砍去，頓時鮮血四濺，然後「噗」的一聲便倒在地上。鐵修斯見怪物已死，馬上循著線路找到出口，帶著同來的少男少女走出迷宮。

一到門口，見到亞麗亞德妮公主已在等候，鐵修斯拉著她的手一起往船上跑，趁著月黑風高之際，揚帆返回雅典城。

半夜，一場風暴突然襲擊而來，他們立即收下帆，進了納索斯港。

這時，亞麗亞德妮睏倦極了，已墜入深深睡眠中。壞天氣不久就過去了，海面再次恢復往常的波平浪靜，澄碧的天空上，太陽恣意地揮耀著。歸鄉心切的水手們，匆匆地開始活動，把船駛出海上。然而，熟睡中的亞麗亞德妮卻給遺棄在此處。

原來，鐵修斯在睡夢中夢到天后希拉告訴他，亞麗亞德妮注定要嫁給酒神。他唯恐違背神諭會使他的國家遭遇災難，因此便忍痛將公主留在寂寞的孤島上。

亞麗亞德妮公主醒過來，可怕的現實令她目瞪口呆。看過來看過去，不但沒有一個人影，連船也不見了。她以爲是在作夢，瘋狂地在海邊奔跑，哀聲呼叫，淚流滿面，可是展現在她眼前的盡是起伏的波濤。這天夜裡，亞麗亞德妮眞正的新郎戴奧尼索斯趕過來了，他給她安慰，撫慰了她的悲傷，並娶她爲妻，將她帶到德里奧斯山。

鐵修斯和他的朋友們都悲痛失去了亞麗亞德妮，所以他們忘了船上還掛著黑帆。他們沒有用白帆將它調換，就讓他們的船帶著悲哀的標誌向故鄉駛去。

被遺棄的亞麗亞德妮 瓦茲 1875年

當船出現時，愛格斯正在海岸上，從高處望著廣闊的大海。他看見黑帆，以爲兒子已死。他悲慟逾恆，對人生充滿絕望，縱身一躍，投身大海溺水而死。後人爲了紀念他，遂將這海叫做愛格海（愛琴海）。

鐵修斯聞訊悲痛不已，但國事需要重整，只能振作精神繼承他父親的王位。

鐵修斯國王

鐵修斯繼任爲雅典國王，成爲賢明且公正的君主。當他開始執政的時候，阿提卡大多數人民還是散居在雅典小城和衛城周圍的農莊和小村落裡，因此不容易將他們召集起來討論有關公共的事務，並且常常爲著一些小的爭端引起鄰近各小邦之間毫無意義的戰爭。

鐵修斯將阿提卡的公民團結起來，將散漫的村落組織成一個統一的國家。爲了說服富人和有權勢的人，他自願削弱王權，並答應給人民一套可以保障自由的憲法。「我自己，」他說，「在戰時是你們的領袖，在平時則是法律的維護者，除此以外一切權利與公民平等。」

這樣，他廢除了各城鎮半獨立的權力，而將這些權力集中於雅典。他規定一個阿提卡公民共同的假日，稱爲「泛雅典節」。從此以後，雅典才發展爲一個眞正的城市。

爲了更加擴大這個城市，鐵修斯招徠各地方的人民，使他們居住在這裡，給他們公民的權利；爲了使大量湧入的人民不至於影響到這個新都市的秩序，他區分人民爲貴族、農民和藝匠三個階級，爲各階級規定了它的權利和義務，並建了一座議會供市民集會和投票。這麼一來，雅典變成全世界最快樂、最繁榮的都市，亦是唯一的自由發祥地，及唯一由民眾自治的地方。

事實證明鐵修斯不單是戰爭和冒險的英雄，也是政治的天才組織者，可以使人民得到幸福。

與亞馬遜人之戰

鐵修斯建立新國家後，爲了使國家安全和鞏固，他教育人民敬畏神祇。從此他以雅典娜爲雅典的保護神，且爲了紀念長久被認爲是他父親的波塞頓，創始了復興科林斯地峽的神聖賽會，如同海克力斯爲慶祝宙斯而舉行奧林匹克賽會一樣。但當他正忙著這些事情時，雅典卻受到意外戰爭的威脅。

鐵修斯早年冒險的時候，曾經登陸亞馬遜女戰士國的海岸。這裡，好戰的婦人們並不畏懼男子，她們對於這位俊美的英雄並不迴避，甚至如同主人對賓客般，送他許多禮物。鐵修斯很喜歡送禮物來的，一個名叫希波里特的美麗女人。他邀她來到船上，並即刻揚帆遠行。

回到雅典後，鐵修斯就和希波里特結婚，夫妻倆非常恩愛。但好戰的亞馬遜人憤怒於這種大膽的拐騙，很久以後仍然懷著報復之心。她們趁雅典不備，突然乘艦隊登陸，圍困雅典城，並如同暴風雨般衝進去。她們在市中心安營駐紮，使居民都恐慌得逃避到衛城去，雙方對峙著。最後鐵修斯獻祭復仇女神，得到神諭，才開始發動凌厲攻擊，很快地擊退亞馬遜人。

但很不幸的，在這次戰爭中希波里特王后挺身站在丈夫這邊，奮勇殺敵，卻戰死沙場。後來爲了紀念希波里特，雅典人爲她建立了一座紀念石柱。

佩里托斯的兄弟情誼

佩里托斯也是古代著名的英雄之一，他是伊克西翁的兒子。

一天，他想試驗一下自己的勇力，所以偷去屬於雅典國王的牛群。很快的，他聽說鐵修斯全副武裝緊緊地追擊他。他非常高興，不僅不逃跑，還轉身去迎接敵人。當他們逼近到可以互相較量時，兩人都爲對方的氣宇軒昂和勇敢所震驚，英雄惜英雄，兩人都放下武器，走向對方。佩里托斯向鐵修斯伸出右手，請鐵修斯裁判自己的偷牛罪，並聲言無論鐵修斯怎樣決定，他都可以服從。

「我唯一的要求，」鐵修斯閃爍著明亮的眼睛回答，「就是和敵對的、要傷害我的人成爲同伴和戰友。」因此兩人互相擁抱，並結盟爲永久的朋友。

不久，佩里托斯向拉庇泰族的色薩利公主希波達米雅求婚，並請鐵修斯到拉庇泰族參加婚禮。拉庇泰人是色薩利最著名的野蠻種族，亦是最先馴服馬匹的人類。新娘雖出生於這個種族，但卻完全與他們不同。她的身材苗條，面目迷人，賓客們都認爲佩里托斯贏得了她的愛情是一種幸福。

色薩利的所有貴族都參加了婚宴，佩里托斯的親屬也來參加。他們是半人半獸的馬人，爲伊克西翁誤認爲是希拉擁抱雲霧所生的怪物的子孫。因此他們常被稱爲「雲霧之子孫」。他們與拉庇泰人是長久對立的敵人，但這次，由於那些馬人是新郎的親屬，所以大家捐棄舊恨，舉行歡宴。

一時間觥籌交錯，到處薰蒸著美食和葡萄酒的芬芳，眾人快樂地飲宴。這時，過多的酒精使馬人中最粗暴的歐里提翁心情迷亂，他看見美麗的新娘，想著要將她搶走。沒有人知道那是怎麼一回事，沒有人注意到那是怎麼發生的，突然，賓客們看見歐里提翁倒拖著希波達米雅美麗發光的長髮從客廳中走過，希波達米雅抵抗著，並驚呼求救。

馬人這時都喝醉了酒，以爲這是一種信號，在拉庇泰人和賓客還來不及從座位上站起來時，便各自搶劫一個色薩利的宮女作爲戰利品。宮廷和花園頓時變成了被征服的城池，婦女們的尖聲呼叫充斥大廳。

「歐里提翁！」鐵修斯厲聲喝道，「你發瘋了嗎？居然當著我的面侮辱佩里托斯。」說著便從歐里提翁的毛手裡將新娘奪回。歐里提翁掄起拳頭，對著這雅典王當胸一拳。鐵修斯身邊沒有武器，順手抓起一個銅壺，朝他頭上打去，使他倒地不起。

「動手啊！」馬人們鼓譟著。起初是酒杯、酒瓶、碗盤在空中飛舞；後來一個狂亂的傢伙搶掠神壇上的珍貴器皿，另一個則摘下門上的銅環，還有一個竟拿著掛在牆上當裝飾的鹿角進行戰鬥。

拉庇泰人被殘忍地殺戮，佩里托斯保護著他的新娘，鐵修斯則奮勇幫拉庇泰人抵抗。這戰爭愈益殘酷地繼續下去，直到拉庇泰人完全征服馬人爲止。

由於這次的共同作戰，更加強了他們之間永不破裂的兄弟般情誼。可是在他倆最後一次出征時，鐵修斯卻再也救不了他的朋友。

數年後，佩里托斯失去了希波達米雅，鐵修斯也是鰥居。莽撞的佩里托斯決定要娶全宇宙最看得牢的女人當繼室，即冥后波瑟楓妮。鐵修斯當然答應幫忙，但他受到此壯舉的刺激，竟也宣布要去劫走未來特洛伊戰爭的女主角海倫。

海倫當時還是個少女，生長在她後父斯巴達王的宮廷裡，但她已經是世界公認最美麗的女子了。鐵修斯劫走她後，將她交給母親艾特拉看管保護，就陪著佩里托斯到冥府去。這時，海倫的兩個哥哥隨後即搶回了他們的妹妹。

鐵修斯和佩里托斯一路闖到冥府，冥王黑地斯深知他們的意圖，卻客氣地請他們坐在面前。沒想到他們一坐上冥王指定的位子，竟就此坐著，再也站不起來。那叫「遺忘椅」，坐上去的人什麼都會忘得精光，腦子裡一片空白，一動也不動。

後來，佩里托斯永遠坐在那兒，鐵修斯則被海克力斯救走。海克力斯來到冥界，把鐵修斯從椅子上拉起來，帶回人間；他也想拉起佩里托斯，卻拉不動。因冥王知道佩里托斯企圖帶走波瑟楓妮，於是就把他固定在椅子上，永久囚禁在地府。

派德拉與希波里圖斯

鐵修斯後來娶了亞麗亞德妮公主的妹妹派德拉爲妻，結果她給鐵修斯以及希波里特所生的兒子希波里圖斯帶來大難。

鐵修斯續娶派德拉爲妻時，希波里圖斯已成長爲一個美貌的青年，他從小崇拜月亮和狩獵女神阿緹密斯，卻不把阿芙蘿黛緹放在眼裡。因此，這位愛的女神便在派德拉的心中燃起了愛情之火，使她熱烈地愛上這位繼子。

起初，派德拉和她的熱情掙扎，逃避到孤獨中，每天在桃金孃樹下流著相思淚。後來，她實在忍耐不住，向年輕的王子吐露了思慕。但希波里圖斯拒絕了她的甜言柔情，甚至十分憎惡她。

派德拉不能忍受她的愛情被人拒絕，良知和私慾在內心交戰著，最後受傷的驕傲所引起的仇恨終於得勝。當鐵修斯歸來，她便誣告希波里圖斯對她無禮。

鐵修斯信以爲眞，很久很久，他在恐怖和激動中站著發呆。最後他清醒過來，高舉雙手向天祈禱，他詛咒兒子，請求波塞頓趕快爲他報仇。

果然，過了不久，正當希波里圖斯駕車來到海濱時，突然巨浪排空，遮斷了前面的海岸和地峽，排山倒海的雪白浪濤吼叫著，接著浪濤分開湧出一隻怪物。從

希波里圖斯之死 亞瑪泰得瑪

怪物的嘴巴與鼻子噴出來的火與煙，使得馬用後腳站立，恐怖地嘶鳴，恐懼迫使馬匹在絕壁上狂奔飛馳。車廂脫落，車輪脫落，希波里圖斯無情地被擲在地上。他的四肢被撕斷，頭骨破裂，呼喊著親愛的父親之名，一命嗚呼了。

聽到這個可怕的結果，派德拉悔恨交加，幾乎瘋狂了。她趴在鐵修斯的腳下，眼淚滂沱。她不敢再隱瞞，吐露了自己的卑鄙：「希波里圖斯是冤枉的，他沒有罪，有罪的是我啊！」她自責、自咒，最後受不了自我譴責，選擇了自我毀滅之途。

鐵修斯將派德拉和希波里圖斯埋葬在桃金孃樹下，這正是派德拉在樹蔭下與愛情掙扎的同一棵樹。

鐵修斯的結局

鐵修斯日益衰老和孤獨，決心再次建立功勛以重建雄風。然而，當他回到雅典時，等待著他的，就只有混亂與無秩序而已。市民們愈來愈熱中於權勢，他們拿起武器，互相對立。開始鐵修斯還企圖用武力鎮壓，後來叛亂愈形擴大，使他的努力歸於失敗。

這心灰意冷的國王遂決定自動離開這個不可控制的城市。他先送出他的兩個兒子阿卡瑪斯和德莫彭，然後離開雅典，航海到史基羅斯島，那裡有他父親留給他的大宗財產，而且他看待島上的居民如同他自己的朋友一樣。

這時，李科梅德斯是這島上的國王。鐵修斯去見他並索回財產，因爲他想在這兒終老，但命運女神卻引他走上一條絕路。

一天，李科梅德斯假意要帶鐵修斯清點他父親的財產，將他帶到島上的一座高峰，一個向海裡突伸出去的懸崖，說要讓他好好地觀看一下。當鐵修斯走到山頂，正欣賞著展開在他面前的豐富果園，這時陰毒的國王從後面推他，使他從懸崖上倒栽下去跌到大海裡。

忘恩的雅典人民不久也忘記了他。帕拉斯的子孫統治著雅典，就好像他是從有悠久歷史的祖先那裡合法繼承來的王位一樣。鐵修斯的兩個兒子後來作爲普通戰士參加特洛伊戰爭，直到篡位的國王死後，他們才回到雅典將王杖掌握在自己手裡。

幾百年以後，雅典人在馬拉松平原與波斯人激戰，據說，這位久已死去的國王全副武裝地從墳墓裡站起，領導人民擊敗侵入的野蠻人。於是，雅典人開始把鐵修斯當成英雄般尊崇。

當時的神諭要雅典人取回鐵修斯的骸骨，重新光榮地舉行葬禮。就在這時候，雅典的凱蒙在一次勝利的遠征中征服了史基羅斯島，他熱心地尋覓著祖國英雄的墳墓，突然看到一隻鷹在一座小山上翱翔。他即命令隨從向地下挖掘，在很深的地方，他們發現一個巨大的棺木，旁邊有一支槍和一柄青銅劍。

凱蒙將鐵修斯神聖的遺骨戴回雅典，雅典人傾城排隊迎接，沿途歡呼，並做莊嚴的祭奠，就像鐵修斯活著回到自己的故鄉一樣。就這樣，幾世紀後，他人民的子孫對於這位給予他們自由和憲法的英雄，重新奉上無限的感謝和尊敬。

5 伊底帕斯的故事 Oedipus

當歐蘿芭被宙斯化身的牡牛帶走後，她父親派她的兄弟去尋她，並且聲明若沒找到她，不准他們回來。兄弟之一的卡德摩斯，不像別人漫無目的地到處找尋，聰明的他去神殿向阿波羅請示妹妹的下落。阿波羅叫他別爲歐蘿芭擔心，也不必在乎他父親不准他回國的命令，只須自己去建一座城邦。

阿波羅指示，當他離開聖殿後，便會看見一頭小母牛；他得跟著牠去，等牠躺下來休息，便在那個地點築城。底比斯就是這樣建立的。但光憑一己之力是無法建國的，於是卡德摩斯殺了城外狄爾刻泉水中的守護怪龍，取下龍牙撒在地上，長成的龍齒武士遂成爲他的助手。

底比斯就這樣在卡德摩斯的賢明統治下成爲一座輝煌的城市，後來他娶了戰神阿利斯和美神阿芙蘿黛緹的女兒哈爾摩妮亞，眾神親自參加他們的婚禮，阿芙蘿黛緹送給哈爾摩妮亞一串黑法斯托斯打造的項鍊，但它日後卻給後代子孫招來禍殃。

婚後他們生下四女一子，然而兒女的命運卻告訴他們，神恩不是永遠不變的。四個女兒的命運都很多舛。

大女兒叫塞墨勒，是酒神戴奧尼索斯的母親，面對宙斯的光華，驚懾而死。二女兒叫伊諾，她的丈夫發瘋，殺死自己的兒子米利色特斯，她抱著兒子的屍體跳海，被神救起，變成一位女海神，奧德修斯的木筏碎裂時，她曾救過他，其子也變成海神。三女兒阿蓋芙是天下最可憐的母親，被酒神女祭司慫恿，把兒子彭透斯看成野獸而親手殺了他。四女兒歐陀紐的兒子是獵人阿克泰恩，因無意間看到月神阿緹密斯沐浴，壯年慘死。

卡德摩斯和哈爾摩妮亞早年曾享盡榮華富貴，晚年卻為自己的兒孫傷心欲絕。外孫彭修斯死了以後，他們逃離底比斯，彷彿想就此揮別傷心而避開厄運，但厄運卻依然窮追不捨。當他們到遙遠的伊萊里亞時，被眾神變成了大蛇。他們的命運顯然是一項鐵證——痛苦並非是犯錯者的懲罰；無辜者也會如有罪者般地受苦痛折磨。

這個不幸的家族中，最無辜的是卡德摩斯的玄孫伊底帕斯，受苦最深的也是他。

乖戾的命運

底比斯的萊奧斯國王是卡德摩斯的第三代子孫，他娶了一位貴族的女兒伊奧卡絲特。由於渴求子嗣，萊奧斯夫婦到特爾斐請求阿波羅的神諭，所得到的預言竟是：「你將有一子，但命運女神規定你將死在他的手裡。」

萊奧斯回到宮殿以後，為避免讓這可怕的預言實現，於是在兒子伊底帕斯呱呱墜地以後，作父親的馬上將新生兒兩腳腳踝刺穿，並用皮帶捆綁著交給牧羊人，且下令立即將小嬰兒帶到喀泰戎山。

一路上，牧羊人聽見小嬰孩的哭聲，憐憫之情油然而生，怎麼也不忍心執行這殘酷的命令，於是他將無辜的嬰兒交給另一個在同一山坡上爲坡留波斯國王牧羊的牧人。他回去後，謊稱已遵照命令將嬰兒遺棄在荒山上。國王和他的妻子都確信這孩子必死於飢渴或飽受野獸的饞食，他們不再害怕恐懼，認爲阿波羅的神諭已不會實現。

同時，坡留波斯的牧人將嬰兒的束縛解開，但不知他是誰，也不知道他從那裡來的，因爲他的腳踝受傷，故稱他爲伊底帕斯，意即「腫疼的腳」。隨後他將嬰兒送給主人科林斯國王。國王很同情這個棄兒，叮囑他的妻子美洛佩好好撫養，如同自己的親生兒子一樣。

時光荏苒，轉眼間伊底帕斯成長爲一個青年，從不懷疑自己是坡留波斯王儲。但一次偶發的事件卻粉碎了他這種快樂的自信。有一次在宴會上，一個醉漢大聲叫著坐在他對面的伊底帕斯，說他不是國王的眞兒子。這辱罵令他很困惑，幾至不能終席。

第二天，他決定悄悄地離開宮殿，去祈求特爾斐的神諭，希望太陽神證明他所聽到的話是假的。但阿波羅並沒有回答他的詢問，相反地，他預言一個更爲可怕的不幸。「你將殺害你的父親，」這神諭說，「你將娶你的生母爲妻，並生下可惡的子孫留傳在世上。」

伊底帕斯聽到神諭非常震驚，再也不敢回到坡留波斯宮殿了，因爲他唯恐命運女神會指使他親手殺害父親，同時使他瘋狂，以致邪惡地娶了母親。

於是，伊底帕斯頭也不回地離開家鄉，前往伊奧提亞。當他正走到一處三岔路口，突然有一輛車子向他疾駛而來，車上坐著的男子竟氣勢凌人地命他讓路。年輕氣盛的王子當然拒絕，這時，男子揮起馬鞭狠狠地抽在伊底帕斯的頭上，激起了他的憤怒，於是舉起行杖往男子打去，男子向後翻倒，死在伊底帕斯的腳下。隨行的侍從見狀則匆匆逃逸。

這個男子原來就是萊奧斯，是伊底帕斯的生父。就這樣，命運女神實現了她的預言。

智取妖怪司芬克斯

正當全城的人民悲悼國王在路上被來歷不明的人所殺害的時候，一個可怕的怪物出現在城外。牠叫司芬克斯，是個獅身美女頭的妖怪。牠蹲在懸崖上面，攔住過往行人，讓他們猜謎語。能破謎的人可以安全通過，猜不出來就得被牠撕成粉碎。

司芬克斯的謎底迄今沒有人能猜對，可怕的怪獸將人們吞食，城邦便如此長期受困。底比斯人引以爲傲的七座城門終日緊閉，城民眼看就要受饑饉之災。於是，繼任爲王的克里翁宣布：無論誰爲底比斯斬除這個惡怪，就可以獲得王國並娶他的姐姐伊奧卡絲特爲妻。

伊底帕斯面對出謎題的司芬克斯
希臘壁畫　西元前5世紀

就在這時候，伊底帕斯流浪到底比斯城，他無依無靠，無家可歸，生命對他不再具有意義，於是他決定去找司芬克斯，破解謎題。司芬克斯問他：「哪一種生物，早上用四條腿走路，下午是兩條腿，到了晚上卻用三條腿呢？」

「人，」伊底帕斯答道：「人幼年時，用手腳爬行；壯年時，以雙腿行走；老年時，拄拐杖幫助行動。」完全正確的答案，司芬克斯因失敗而感到羞愧，氣得從懸崖往下跳，摔死了。

克里翁爲實踐他的諾言，便將底比斯王國讓予伊底帕斯，並將故王的遺孀、也就是伊底帕斯的親生母親伊奧卡絲特給他爲妻。他們快樂地生活了數年。

可怕的真相

伊底帕斯是個純良而正直的國王，他與伊奧卡絲特共同治理底比斯，得到人民的愛戴和尊敬。但他們的孩子長大成年時，底比斯遭到可怕的瘟疫，一種枯死病籠罩萬物，不僅全國人民在垂死邊緣掙扎，所有的牲畜、果實也遭染病毒而枯萎死亡。沒有染病的人也都面臨饑荒的危機。伊底帕斯受苦最深，他視民如子，任何人的劫難都是他的災禍。於是他派克里翁前去特爾斐神殿向神明求救。

克里翁帶回神諭，但那神諭並不能使人民安心。「神諭吩咐我們，攘除正藏匿在國內的一樁罪惡，」他說，「別姑息它，因它不是淨罪可救贖的。殺害前國王萊奧斯的血腥罪惡，將使全國人民陷於沉淪。」

伊底帕斯並不知道正是由於自己先前殺死了那個男子，神祇才遷怒他的人民。他開始積極緝凶調查，請來最受底比斯人尊崇的盲者先知特瑞西阿斯。但先知悲嘆著，並向國王伸開兩手，好像要擋開一種可怕的東西似的。他大聲呼叫：「這種眞相是恐怖的！它帶給那個知道它的人悲痛！讓我回去吧！我不會回答的。」這隱晦的言語令伊底帕斯更加堅持，所有的人也跪下要求這預言家說個明白。但他拒絕。

國王很憤怒，指控先知保持沉默乃因參與謀殺，這番責罵令特瑞西阿斯不得不說眞話。

「伊底帕斯呀，」他大聲喊道，「別再和我說話，別再和人民說話。那正是你呀！你的罪惡使全城遭殃！是的，那正是你，你殺害國王，而和你所愛的人在罪惡中一起生活！」

伊底帕斯還是不明白這事實的眞相。他以爲這老人神智錯亂，瘋言瘋語；而伊奧卡絲特也對先知所言加以嘲諷，她說：「無論是先知或是神諭都不足採信！」她告訴丈夫，從前特爾斐神殿的女祭司也曾預言萊奧斯會死於親子之手，可是她和前夫都親眼看見兒子已死，這件事根本不會發生。「萊奧斯是被強盜殺死的，就在通往特爾斐神殿的三岔路口。」

「這是何時發生的事？」伊底帕斯震驚地問。

「就在你來底比斯之前不久。」伊奧卡斯特並未發覺丈夫的激動。

現在伊底帕斯眞的感到恐怖，就好像閃電劈開了他心中的疑團。

「特瑞西阿斯並沒有盲目！」他叫道，「他看到一切，他知道一切！」他雖然心裡已明白一切眞相，但仍然問了又問，希望有充分的答案能證明他所發現的是一種錯誤。

這時，從科林斯來了一名使者，帶來國王坡留波斯已死的訊息。伊奧卡絲特聽了喊道：「神諭呀，你所說的眞實在哪兒呢？那王已壽終正寢，卻非死於親子之手啊！」

那報訊使者會心一笑，問伊底帕斯：「您是否因害怕自己會殺死父王，才逃離科林斯呢？吾王啊，您錯了。您實在無須擔心！因爲您並非坡留波斯的親生子。雖然他視您爲己出，撫養您長大，事實上是我親手將您交給他的。」

「你從何處撿到我的？我的親生父母又是誰呢？」伊底帕斯焦急地追問。

「這我倒一無所知，一位牧羊人在喀泰戎山將您交給了我，他是萊奧斯的手下。」使者回道。

伊奧卡絲特聽到這，不禁痛哭失聲，面容慘白地跑離丈夫和圍集著的人群。伊底帕斯仍想逃避這樁不可避免的事。他對於她的跑開作這樣的解釋：「她害怕，」他對人民說，「她是一個高傲的婦人，恐怕我會是出身卑賤的人。在我，我認爲我是幸運的驕子，我並不慚愧我生於這樣的家世。」

這時候，一位老者進來了，他和報訊使者驚訝地面面相覷。報訊使者叫道：「就是這人，這牧羊人將您親手交給我的。」老人恐懼得臉色發白，連連否認。但伊底帕斯讓他帶上鐐銬，並威嚇他，他終於說出眞相：伊底帕斯乃是萊奧斯與伊奧卡絲特的兒子，因爲神諭曾經預言他會弒父，所以他們將他捨棄，但老人的憐憫救了他。

懲罰

現在一切都已眞相大白。伊底帕斯從大廳跑出，在宮殿中狂奔，要尋找一柄劍從人間斬除那個又是他母親又是他妻子的妖怪。但沒有人理他，因爲大家看見他瘋狂而暴怒地跑來，都遠遠避開了。最後他走到寢宮，撬開緊鎖的房間，進到屋子裡去。抬頭一看，卻愕然站著。床榻上吊著伊奧卡絲特，頭髮遮蓋著面容。

伊底帕斯面對死屍，悲痛得說不出一個字。他大聲哭起來，並將繩索解開，放下屍體。他從她的衣裳上摘下別針，緊緊地抓住它們，高高舉起，深深地戳穿自己的眼睛，直到眼窩裡血流如注，好讓他可以不再看見自己所做過的和所遭受的一切。

接著，他要僕人開門，引他到人民的面前，好讓他們可以清楚看見這弒父娶母的惡徒。由於人民長久對這統治者的愛戴和尊敬，他們對他只有無限的同情。

克里翁忙將這神所懲罰的罪人從眾人眼前帶走，將他交給他的孩子們看護。伊底帕斯爲他的慈愛所感動。他任命他的舅子爲他兩個年幼的兒子攝護王位，要求將他不幸的母親埋葬，並請新國王保護兩個無母的孤女。他自己罪上加罪，願意被放逐出國，到他被父母棄置的喀泰戎山上，或生或死，全聽命於神意的安排。

於是，他將兩個女兒叫來，撫摸她們的頭作最後的訣別。他謝過克里翁，並至誠祈禱，在新王的統治下，底比斯人民將重新得到神祇的護佑。

克里翁將他領回宮殿。現在，這曾經為千萬人所愛戴的國王，這曾經救過底比斯的國王，這曾經解開過最難的謎題卻解不出自己生命之謎的國王，如今已準備好走出宮門，向王國迢遙的邊境走去。

浪跡天涯

數十年後，伊底帕斯狂亂的心情已減輕，他開始想到盲目流浪到遠方的可怕。他的思鄉之情油然而生，同時他自認過去所誤犯的罪過已獲得救贖。於是，他返回底比斯，表示想留在家鄉。但克里翁對於他的仁慈已成過去，他的兩個兒子也極自私無情，他們拒絕給伊底帕斯援助，反而將一根行乞的手杖強塞在他手裡，逼迫他即刻離開皇宮。

只有他的兩個女兒依然對他忠愛。最年幼的伊斯梅妮留在兩個哥哥的家裡來料理父親的一切。年長的安蒂葛妮則陪他一起出城，為這盲目的老人引路。她伴隨著他，走上充滿艱辛的旅程。她過去驕養深宮，現在卻赤足長途跋涉，忍飢挨餓，風吹雨打，只求她的父親能得到一頓飽餐。

伊底帕斯不想拖累女兒，打算到荒涼的地方尋死。但因為他敬愛神祇，不得神意許可不敢這樣做，所以他到特爾斐去請求神諭。在這裡他總算得到小小的慰藉。神祇們都知道，伊底帕斯不是故意去違犯自然法律和道德原則的。這麼嚴重的罪過必須救贖，但是懲罰也不能永遠繼續下去。

神諭告訴他，經過一個長時期以後，他將到達命運女神所指定的地方，在那裡，嚴厲的復仇女神將給予他解脫。伊底帕斯虔信神祇，將這一預言的實現委諸命運，自己開始在希臘全境流浪。他的女兒引領他並照顧他，靠著同情者的施捨過活。

底比斯的內戰

經過鄉村城市、曠野荒山的長久流亡以後，一天黃昏，伊底帕斯和安蒂葛妮來到大樹林包圍著的小村子。夜鶯在樹林中飛動，空中飄揚著牠們悅耳的歌聲。正在開花的葡萄藤散放著沁人的芳香，灰色的岩石半爲桂枝和橄欖樹所蔭蔽。即使伊底帕斯雙目全盲，也感覺得到這裡的美麗與可愛。

因爲走了一整天路，感到疲乏，伊底帕斯就坐在石頭上休息。但一個過路的村人卻要他站起來，告訴他這是聖地，不能爲人們的足跡所玷汙。他說他們如今是在雅典境內的科羅諾斯，並已來到復仇女神們的聖林。現在伊底帕斯知道他已到達流亡的終點，他的悲慘命運即將解除。

伊底帕斯的風采使村人轉念，決定讓外鄉人仍然留在這裡，只是將這事報告國王。

「你們的國王是誰呢？」伊底帕斯詢問，因他流浪了這樣久，早已不知道世上的事。

「你聽說過鐵修斯——我們高貴而威嚴的國王嗎？」村人回答道，「他的聲名已傳遍了全世界！」

「假使你們的國王真的這麼高貴，請將我的口信帶給他，請他到這個地方來。告訴他我將以最大的報酬酬謝他。」伊底帕斯說。

「一個瞎眼的老頭有什麼可以酬報國王的呢？」村民半可憐半嘲弄地說。「但是，」他又沉思道，「假使你不是雙目失明，你高大的身軀和莊嚴的面容是會引起我尊敬的。我願意將你的要求轉達給國王。請留在這兒，等待我的回音。」

於是，伊底帕斯與安蒂葛妮坐在原地靜候回音。不久，一個態度高貴的老瞎子坐在不許俗人停留的聖林裡休憩的消息傳遍全村，村裡的長老們都很吃驚。他們聚集在伊底帕斯的周圍，議論紛紛，深怕他汙瀆了聖地，神祇會降罪給他們，因此他們要求他立刻離開。

這時，安蒂葛妮看見一名女子向他們駕馬走來。「是我的妹妹伊斯梅妮！」她驚喜地叫著，「她將帶給我們家裡的消息！」伊斯梅妮下了馬，在他們面前站著。她特地來告訴父親兩個哥哥所面臨的災難。

原來，伊底帕斯的兩個兒子長大以後，不甘於將王位讓給舅父克里翁，兩兄弟爭相自稱有權登基。波里尼凱斯以長兄的權利首先作國王，年幼的伊特奧克雷斯不滿意他所建議的輪流辦法，就慫恿人民叛亂，奪取王位並驅逐他的哥哥。波里尼凱斯逃至阿高斯，在那裡娶了國王亞德拉斯圖斯的公主，得到朋友和盟國援助，正要興兵報復攻打底比斯。

同時一道新的神諭宣示：伊底帕斯的兒子們如無父親即毫無作爲。假使他們要求權力，即必須找回父親，無論他是死去或者還活著。

——這便是伊斯梅妮帶給父親的消息。村民們都愕然地聽著，伊底帕斯站起來。「原來是這樣！」他說，他瞎眼的面容上煥發著國王威嚴的光輝。「他們要求一個流亡者、一個乞丐的援助！現在，當我已成爲廢物，我會是他們所請命的人嗎？」

「是的，」伊斯梅妮繼續說著，「因爲神諭如此。舅父克里翁也會立刻來到這裡，他會盡力說服你，或者乾脆挾持你回底比斯，好滿足神諭的要求！」

「假使我已死了，他們會將我埋葬在底比斯的土地上嗎？」父親問。

「不，」女兒回答，「你血腥的罪惡使他們不會這麼做。」

「那麼，他們將永遠得不到我！」國王悲憤地說道，「假使我的兩個孩子貪求政權更甚於愛我，神祇便會使他們永久成爲死敵。假使他們要我裁決他們的爭端，現在執持王杖的人便應讓出王位，被逐出的人也不應當回歸故土。只有我的兩個女兒是我忠實的孩子。讓我的罪過不要連累她們罷！我爲她們祈請神祇降福，我爲她們請求你們的保護，請援助我們吧，你們的城也將得到報酬和光榮！」

伊底帕斯在窮困和放逐中仍然保持著國王的氣度，科羅諾斯的人民都十分尊敬這瞎眼的老人，但他無心的罪惡仍讓他們躊躇著是否應驅逐他。幸好，鐵修斯趕來了，他禮貌地走到這外鄉人面前。

「伊底帕斯，我知道你的遭遇。你刺瞎的眼睛已充分向我說明你是什麼人。你的不幸使我感動，現在請你告訴我，你召我來有什麼事？無論你要求什麼，我是不會拒絕你的，因爲我和你一樣，是在異地生長並歷盡了艱難和危險。」

「由你簡單的幾句話，」伊底帕斯說，「我已看出了一個高貴的靈魂。我有一個請求，而這個請求同時也是贈禮。我將把自己疲倦的身子交付給你，這是微不足道但卻寶貴的財產。請你埋葬我，你的仁愛和公正將得到豐裕的酬報。」

「你的要求是如此極輕微，」鐵修斯驚奇地說，「提出更多更大的要求吧，我會照辦的。」

「這要求並不如你想的那麼輕微，」伊底帕斯繼續說，「爲了我這具苦命老朽的骸骨，你將不得不進行一場戰爭。」於是他將自己遭到放逐的原委，以及他的親屬爲著爭奪王位企圖找到他的情況告訴雅典王。

鐵修斯用心傾聽著。「我歡迎每個朋友來到我的國家，」他誠懇地說，「更何況你是神祇指引來的賓客，我又怎能不接待呢？」

因此他請伊底帕斯自己選擇，是隨他回宮殿，或者就留在科羅諾斯做他的上賓。伊底帕斯選擇後者，因爲命運女神規定他要在那裡克服仇敵，並度過他高貴而榮耀的晚年。鐵修斯答應充分保護他，說完就回到城裡去了。

伊底帕斯的結局

不久，底比斯國王克里翁和武裝的隨從們侵入科羅諾斯，當即來到伊底帕斯那裡，意圖用武力劫走他。但科羅諾斯的人民保護著伊底帕斯，不讓他得逞。豈料，克里翁竟命隨從趁機將安蒂葛妮及伊斯梅妮從她們父親身邊拖走。

這時，鐵修斯聽說有武裝的人侵入，趕到這裡，即刻去追趕兩個被劫走的女孩，將她們安然救回。克里翁和他的隨從們被迫離開科羅諾斯。

但即使如此，伊底帕斯仍不得安寧。他的兒子波里尼凱斯已到達此地。

「除了仇恨之外，波里尼凱斯什麼也不配得到。我甚至不願再和他說話。」伊底帕斯惱怒地說。但安蒂葛妮卻喜愛這個哥哥，因爲他是兩個哥哥中比較溫和慈愛的。所以她勸父親不要再惱恨，至少聽聽他的來意。伊底帕斯請求村民保護他，然後召見他的兒子。

波里尼凱斯的態度與克里翁大不相同，他淚流滿面地在父親面前跪下。他抬頭看著父親，見伊底帕斯衣衫襤褸，兩個眼窩空洞，灰白的頭髮在微風中飄蕩，心中很是悲慟。他悲嘆地說：「我懺悔，因爲我忘記了自己的父親！假使不是妹妹侍奉他，他會變成什麼樣子！父親喲，你能饒恕我嗎？爲何沉默呢？父親，不要忿恨地轉過頭去！妹妹們，請幫助我，請父親張開嘴說說話吧！」

「先告訴我們你來這裡做什麼？」安蒂葛妮溫和地說，「也許你說出此行的目的會讓他打破沉默。」

於是，波里尼凱斯開始訴說自己的兄弟怎樣將他逐出底比斯，他怎樣逃到阿高斯，國王亞德拉斯圖斯怎樣招待他，並讓他和公主結婚，他又如何爭取到七位王子的軍隊和他結成聯盟，並且已圍困了底比斯城。他來請求父親和他同歸，只要他那可惡的兄弟被推翻，他願意將王冠奉還父親。

但波里尼凱斯的悔悟並不能使伊底帕斯回心轉意。他大聲叱道：「當王位和王杖在你們的手裡，你們驅逐自己的父親。你讓他穿上這身乞丐的衣服，到現在，當你遭遇同樣苦難的時候，你才爲它所感傷。你和你的兄弟不是我的眞兒子，神祇的懲罰正等待著你們。你和你的兄弟必死在自己的血泊裡！」

波里尼凱斯惶恐地站起來並畏縮地後退。安蒂葛妮立刻走上去求他：「你聽我的勸告，將你的軍隊撤退到阿高斯去！不要給你的故鄉帶來戰爭。」

「這是不可能的，」波里尼凱斯躊躇了一會兒回答，「退避對我不僅是恥辱，而且是毀滅。我寧可兩敗俱傷，絕不願兄弟和好。」他逃脫妹妹的擁抱，懷著苦惱的心情離開。

伊底帕斯就這樣拒絕了兩方親人的誘惑和恫嚇，而將他們委之於復仇的神祇。此時，伊底帕斯的命數要終盡了。雷霆一陣陣地轟鳴，伊底帕斯了解這是來自天上的聲音，他急切地呼叫鐵修斯。暴風雨之前的黑暗籠罩大地，他戰慄著恐怕自己會來不及跟鐵修斯道謝。

但這時鐵修斯已經來到，伊底帕斯向他說出對於雅典城的祝福。最後他請求鐵修斯領他到他可以死去的地方，並永遠不可說出他的墳墓所在，因爲這樣可以防衛雅典，比利矛堅盾更能抵抗敵人。

他的兩個女兒和村民被許可陪送他一程。他們魚貫而行，走入復仇女神聖林的濃蔭。任何人都不准碰觸他，一直被引到此地的盲人突然好像可以看見了，他昂然而強健地走在行列的前面，領頭向命運女神所指引的目的地走去。

復仇女神聖林中的大地裂開，開口處有著青銅的門檻，由許多彎曲的小道通到那裡。據古代的傳說，這地洞便是地獄的入口。伊底帕斯自己選擇了一條迂迴的小道，沒有讓同去的人走到洞口。

他停在一棵空心樹下，坐在石頭上，解下束縛著襤褸衣衫的腰帶，用泉水洗去長久流亡的滿身泥土，然後穿上女兒爲他準備的華服。他神清氣爽，精神抖擻地站立起來，地下傳來隆隆的雷聲。安蒂葛妮和伊斯梅妮驚恐地依偎在他懷裡。他親吻她們，並說：「別了，我的孩子。從今天起，妳們便是孤兒了。」但當他仍緊緊抱著她們的時候，一種金屬的巨響不知從天上還是地底傳來。

伊底帕斯聽著，知道神祇在叫喚著自己。他拉著女兒們的手，將它們放在鐵修斯的手裡，表示今後把她們交託給他。然後他吩咐所有人離開，只許可鐵修斯一人走到銅門檻那裡。

眾人走了一程才回頭看望。這時奇蹟出現了，國王伊底帕斯已經消逝。不再有電火在空中閃擊，不再有雷霆的轟震，不再有暴風雨橫掃樹林，空氣寧靜而澄清。地府的門無聲地張開，解脫了老人的一切苦痛和悔恨，好像被載在精靈的翅膀上，降落到地府的深處去了。

鐵修斯獨自伏在地上向著天上地下的神祇祈禱。做完祈禱，他向伊底帕斯的兩個女兒走來，向她們保證自己一定會保護她們。他心中充滿了感慨，一言不發地回到雅典去。

6 七雄攻打底比斯的故事

阿高斯王亞德拉斯圖斯有五個孩子，其中有兩個女兒即阿爾姬亞和德伊皮蕾。她們有過一種奇特的神諭，說她們之中的一個必許配給獅子，一個必許配給野豬。亞德拉斯圖斯思索著這奇特的預言，不明白是什麼意思。當兩個女兒長成，只想著盡速爲她們擇配，期望這可怕的預言不會實現。

這時，兩個流亡者從不同的地方來到阿高斯。一個是底比斯來的，即被兄弟伊特奧克雷斯逐出的波里尼凱斯；另一個是從卡里頓來的堤丟斯，他在一次狩獵中誤殺了親人，所以逃到阿高斯來。兩個人在阿高斯王宮前相遇，一言不和，大打出手。亞德拉斯圖斯聽到廝殺聲，忙走出宮來，將他們分開。但當他看到這兩個壯健的英雄時，卻好像看到怪物一樣，大吃一驚。因爲波里尼凱斯崇拜海克力斯，因此他的盾上刻繪著獅子頭；而堤丟斯則刻著野豬，以紀念狩獵卡里頓野豬的故事。

亞德拉斯圖斯恍然大悟，就把這兩個流亡者招爲女婿，將年長的女兒阿爾姬亞許配給波里尼凱斯，年幼的女兒德伊皮蕾許配給堤丟斯，亞德拉斯圖斯並答應用武力援助他們復國。

第一次的遠征先以底比斯爲目標。亞德拉斯圖斯召集國內的英雄，連他一起共有七位王子，帶著七隊大軍。這七位王子的名字是：亞德拉斯圖斯、波里尼凱斯、堤丟斯、亞德拉斯圖斯的姐夫安比阿拉奧斯，姪兒卡帕紐斯、國王的兩個兄弟希波美頓及帕爾特諾派奧斯。

其中國王的姐夫安比阿拉奧斯是個預言家，他預言這次征戰必然失敗。起初他企圖說服眾人打消主意，後來知道這不可能，就自己隱藏起來，除了他的妻子愛麗碧蕾，沒有人知道他的藏身處。

但因爲國王視安比阿拉奧斯爲軍隊的耳目，缺他不可，所以想盡辦法尋找他。後來波里尼凱斯想到一個辦法，終於將安比阿拉奧斯找出來參加出征的行列。

原來，當初波里尼凱斯被迫離開底比斯時，他曾隨身帶著家傳的寶物，即哈爾摩妮亞與底比斯的開創者卡德摩斯結婚時，美神贈給她的項鍊。但這件東西對於佩戴者是充滿凶殺之禍的，它已經使底比斯家族多人接連死於非命。

最後享有這條項鍊的人是波里尼凱斯的妻子阿爾姬亞，而她也將是要飲盡生命的苦杯的，現在她的丈夫決定用這條項鍊賄賂愛麗碧蕾，要她說出丈夫藏身的地點。愛麗碧蕾早就嫉妒姪女擁有這件寶物，所以當她看到這閃閃發亮的寶石項鍊時，根本拒絕不了誘惑，馬上領著波里尼凱斯去找丈夫。

安比阿拉奧斯迫於無奈，只好配上武器，集合他自己的戰士，準備出征。於是七雄整合，蓄勢待發。

英雄們出發

號角吹起，由七位英雄率領的七隊人馬雄心萬丈，充滿希望的離開了阿高斯城。

但出發不久，災難就突擊他們。當大軍抵達尼梅亞大森林時，所有的泉水、河川和湖泊全部乾涸，他們苦於焦渴和炎熱。沉重的盔甲壓在肢體上，手中的盾也愈來愈重，沙塵紛紛落在他們焦枯的嘴裡。馬匹的涎沫也在嘴唇上枯乾了，牠們張大鼻孔，啃著馬口鐵，舌頭也渴得腫脹起來。

亞德拉斯圖斯急忙率領著隨從四處尋覓溪流和泉水，就在這時，他們遇見一名氣質高雅卻悲愁的婦人，她坐在樹蔭下，懷中抱著一個小男孩。

亞德拉斯圖斯很吃驚，他想這必是森林女仙，所以向她跪下，請求她解救焦渴的人馬。但這婦人低垂著眼皮，謙遜地回答道：「外鄉人喲，我不是女神。我是希普西碧蕾，從前我是蘭諾斯島婦人國的女王。後來我為強盜所擄，經過難以言喻的苦難後，被賣為尼梅亞國王的奴隸。我所撫育的這個孩子不是我自己的。他叫做奧佩爾特，是國王的兒子，我被派來看護他。對於你們，我極願幫助你們獲得所需的東西。在這寂寥的荒原上，僅有一處泉水，除我之外無人知道這祕密。那裡有足夠的泉水可以解決你們全軍人馬的焦渴。跟我走吧！」

這婦人站起來，輕輕地將孩子放在草地上，唱著歌催他入睡。

亞德拉斯圖斯帶領全部的人馬，追隨希普西碧蕾擠在樹林中的小道上。他們穿過灌木林，來到一處大峽谷。只見峽谷上浮動著一片清洌的水霧，霧氣吹在他們乾熱的臉上，流泉傾瀉在岩石上的聲音已愈來愈響。

「水呀！」他們都歡欣鼓舞地叫著，聲音在流泉上面響震著，飛岩上激起歡呼的回聲。大家迫不及待地伏在溪邊的草地上，大口大口地飲著這甘甜清涼的泉水。

不久，所有的人馬都恢復了精神。希普西碧蕾領著他們回到大路上，忽然一陣小孩子驚恐的哭叫聲鑽入她的耳中，她飛快地趕到原來哺育孩子的地方，但孩子已經不見。她著急地四處搜索，突然看見在離樹不遠的地方，有一條大蛇，鼓著大肚子，懶洋洋地盤在地上睡覺。希普西碧蕾驚惶地尖聲哭嚎，明白孩子已慘遭橫禍。

英雄們聽到她的叫聲都趕來營救她。最先看到這條大蛇的是希波美頓，他立刻用他的長矛投向這怪物，正中牠張開的大嘴，矛尖從後腦穿出，腦漿濺滿草地。蛇身緊緊地在矛杆上纏繞，並嘶嘶地叫著，漸漸無力死去。

希普希碧蕾鼓起勇氣，追蹤著地上的血跡，最後，在離樹身很遠的地方，她發現這可憐孩子一堆被啃光的骨頭。她跪在地上，將骨頭拾起，交給亞德拉斯圖斯。他埋葬這爲他們而犧牲的孩子，並爲他舉行一場莊嚴的葬禮。爲了紀念他，他們創立尼梅亞賽會，並崇拜他如同一個半人的神祇，稱他爲阿耳刻摩洛斯，意即「早熟的人」。

希普希碧蕾後來沒有逃脫王后由於喪子之痛而生的憤怒，她將她囚禁在監牢裡，並立誓要凌遲她至死。但由於神祇的護佑，不久，希普西碧蕾的兒子就將她從奴隸的束縛中解救出來。

英雄們到達底比斯

「這是一個不祥的預兆啊！」安比阿拉奧斯看到奧佩爾特的殘骸時憂鬱地說。但其他的人只注意到大蛇被殺害，以爲這是一種勝利的象徵。又因爲全部人馬剛剛從焦渴中恢復過來，大家都精神飽滿，並不去注意這不祥的嘆息。幾天以後，他們到達底比斯城外。

底比斯國王伊特奧克雷斯和他的舅父克里翁準備長期頑強地守衛這座城。

伊特奧克雷斯對人民號召：「記著，公民們，你們得感謝這城。這城如慈母一樣，養育你們，並使你們成長，成爲堅強的戰士。所以我號召你們全體，都來保衛你們故鄉神祇的聖壇，你們的父母、妻子和你們所立足的這塊自由的土地！」

當伊特奧克雷斯正動員著人民，安蒂葛妮則站在宮殿的陽台上，身旁有一個老人，這是從前她的祖父萊奧斯的衛士。自從她父親死後，她和妹妹伊斯梅妮因爲十分渴念故鄉，所以謝絕鐵修斯的保護而回到故鄉來。雖然她們並不贊成大哥波里尼凱斯的圍城，但她們仍決心分擔她們所熱愛的城市的命運。而克里翁和伊特奧克雷斯更是張開雙手接受安蒂葛妮，因爲他們認爲她是自投羅網的人質，是個受歡迎的中間人。

這天，她爬上古老宮殿的樓梯，站在陽台上傾聽老衛士對於敵人陣勢的說明。龐大的軍隊駐紮在城牆周圍的田地裡，沿著伊斯墨洛斯河，並環繞著自古即已著名的狄爾刻泉水。勇士們在移動著。他們在調度隊伍，遍地閃爍著兵器，安蒂葛妮很驚恐，但老衛士卻安慰她：

「我們的城牆高大而堅固，並有不畏惡戰的鬥士們保衛著。」他說，「妳看，那個戰盔在日光中發亮、輕鬆地揮著晶亮的盾、走在隊伍前頭的，是希波美頓王子，他生長在邁錫尼，身軀高大得如同從泥土出生的巨人！再右邊一點，妳看見了嗎？那騎著馬躍過狄爾刻泉水的人，穿著類似野蠻人的盔甲——那是堤丟斯，歐伊紐斯的兒子，他拿著沉重的大盾，以善用標槍著名。」

「那青年英雄是誰呢？」安蒂葛妮問。「年輕卻有鬍鬚，他的眼神好兇猛！」

「那是帕爾特諾派奧斯，」老人告訴她，「他是女英雄亞塔蘭特的兒子。但妳看到在墳墓附近的另外兩個人嗎？年長的是亞德拉斯圖斯，他是這次遠征的統帥；年輕的一個——妳還認識他嗎？」

「那是我大哥波里尼凱斯！」安蒂葛妮懷著悲苦的激情回答。「但願我能夠飛，像一片雲霞一樣飛到他那裡，雙手擁抱著他……但那是誰？那麼堅定地執著韁繩，駕著一輛銀白的戰車？」

「那是預言家安比阿拉奧斯。」

「那環繞城垣走著，在測量它，尋找最適宜進攻地點的人是誰呢？」

「那是傲慢的卡帕紐斯，他根本不把我們的城放在眼裡，還威脅要擄去妳和妳的妹妹，送到湖沼區去作奴隸。」

安蒂葛妮臉色慘白，要求帶她回去。老人攙扶著公主下樓回寢宮。

同時，克里翁和伊特奧克雷斯在舉行軍事會議，決定派遣七名領袖分別把守底比斯的七道城門。

但在開戰前，他們希望城內的盲眼預言家特瑞西阿斯能先推測出未來的結局。於是，克里翁派遣他的小兒子梅諾凱斯引導這年老的預言家到王宮來。

不久，特瑞西阿斯來到國王面前。他沉默了好一會兒，最後帶著悲哀的語調說，「伊底帕斯的兒子們，對自己的父親犯下大罪，他們將帶給底比斯城苦惱和憂愁。阿高斯人和卡德摩斯的子孫相互屠殺，兄弟死於兄弟之手。雖然我知道拯救這城的唯一辦法，但這個辦法是極可怕的，我不敢說出來。再會吧！」說完轉身就走。

克里翁攔住他，嚴厲地要求他說出來，最後特瑞西阿斯終於讓步。「你一定要聽嗎？」老人嚴肅的問，「那麼，我只好說出來。但先告訴我，你的兒子梅諾凱斯在哪裡啊？」

「他就站在你身邊。」克里翁說。

「那麼在我還沒說出神祇的意願前，叫他趕快跑開吧！」

「爲什麼呢？」克里翁不解地問。「梅諾凱斯是我忠實的兒子，他不會洩露的，而且讓他知道可以拯救我們的辦法也是好事。」

「也罷！」特瑞西阿斯嘆道，「神諭說幸運女神會再度降臨底比斯，但卡德摩斯後裔中最小的那一個必得死亡。在這次的會戰中，唯由於他的死，你才可以得到勝利。」

「你要求我的兒子梅諾凱斯死亡嗎？」克里翁又驚又怒，「胡說八道！滾吧，沒有你的預言，我也一樣會打勝仗。」

「因為親情使你悲愁，你便覺得它是無用的嗎？」特瑞西阿斯嚴肅地說，「這種犧牲是不可免的。在毒龍曾經棲息的狄爾刻泉水那裡，必須要流著這孩子的血。從前大地曾用毒龍的牙齒把人血注射給卡德摩斯，現在你必須血債血還，使牠接受卡德摩斯親屬的血，牠才會與你友好。假使梅諾凱斯同意為全城犧牲自己，他將由於他的死而成為全城的救主，亞德拉斯圖斯的軍隊便不能平安回去。現在只有這兩條路，克里翁，請你選擇吧。」特瑞西阿斯說完，就離開宮殿。

克里翁深深地沉默著，最後他痛苦地大聲喊道：「如果我自己為祖國而死，我是如何地高興啊！但要我獻出兒子……唉，去罷，兒子，快離開這個被詛咒的地方！」

「好的，」梅諾凱斯說著，兩眼閃著光輝，「給我在路上所必需的東西，我自會謀求生路。」克里翁對兒子的恭順感到欣慰，趕緊離開去準備物品。

這時，梅諾凱斯伏在地上，對神祇們祈禱：「請原諒我說謊話來免除父親的恐懼！神祇啊，我將以一死拯救國家，逃避太可恥了，我將爬上城頭，並跳到深邃的毒龍之谷，因為據預言家說，這樣我就可以拯救底比斯城。」

梅諾凱斯匆忙走到宮牆的最高處，略略看了一眼敵人的陣容，口中說著對他們的詛咒；接著抽出短刀，割斷自己的喉嚨，從城頭上滾下去。他粉碎的肢體，正好落在狄爾刻泉水的邊上。

開戰

神諭實現了，克里翁強忍自己的哀慟。伊特奧克雷斯則積極安排守衛城門的七隊人馬，企圖防守得滴水不漏。不久，城外的號角嗚嗚響起，敵人的陣營呼聲震天，七雄率著勇士跨過平原向前推進，暴風雨般的攻城戰開始了。

首先，女英雄的兒子帕爾特諾派奧斯領著他的隊伍，以密集的盾牌掩護，向一座城門突進。他的盾牌上刻著母親用飛矢射殺野豬的圖像。預言家安比阿拉奧斯向第二道城門進軍，他的武器沒有裝飾，盾牌是光亮而空白的。希拉美頓攻打第三道城門，他盾牌上的標記乃是百隻眼睛的阿古斯。堤丟斯領著隊伍向第四座城門前進，他左手執著的盾上繪著一隻毛毵毵的大獅子，右手憤怒地揮舞著一把大火炬。從故國被放逐的波里尼凱斯則向第五座城門的進攻，他的盾牌的徽章是一隊怒馬。

卡帕紐斯的目標是第六座城門，他誇耀著自己可與戰神阿利斯相匹敵，他的盾牌上刻劃著一個巨人舉起一座城池，並將它扛在肩上——這在卡帕紐斯心中是象徵底比斯城所要遭逢的命運。最後一道城門則由亞德拉斯圖斯負責，他的盾牌乃是一百條巨龍用巨口啣著底比斯的孩童們。

這七位英雄逼近城門，以石頭、弓箭、戈矛開戰，但底比斯人頑強地抵抗他們的攻擊，他們被迫後退。經堤丟斯大聲疾呼，他們又鼓舞起來，全軍人馬如浪濤似地洶湧前進，結果也如第一次攻擊一樣，守城者予以迎頭痛擊，他們死傷狼藉，成隊的人死在城下。

這時，帕爾特諾派奧斯形如疾風般衝出，要用斧頭砍劈城門。守城將領看見他來勢洶洶，即刻推動一塊城牆上的巨石，只見轟隆一聲，帕爾特諾派奧斯已被壓得粉碎。堤丟斯見狀，暴怒地揮舞著盾牌衝過來，整隊的人馬將矛如同雹雨一樣地投擲到城上，使底比斯人不得不從城牆邊沿後退。

此刻伊特奧克雷斯率領著援軍趕到。卡帕紐斯正抬著雲梯攻城，並誇口說即使宙斯也不能阻止他將底比斯城夷爲平地。他一面狂妄的挑釁，一面冒著矢石的暴雨順著雲梯往上爬。就在他剛剛從雲梯上躍到城頭時，等候在那兒的宙斯用一陣雷霆將他殛斃。這雷霆的威力甚至使大地也爲之震動，他的四肢被拋擲在雲梯周圍，頭髮被焚，鮮血濺到梯子上；手腳如同車輪一樣飛滾著，身體在地上焚燒。

亞德拉斯圖斯知道這是諸神之父反對他這次侵略的兆示。他率領著人馬離開城壕，下令撤退。

底比斯人看到宙斯所給予的吉兆，從城裡衝出來，與阿高斯軍隊混戰。車轂交錯，屍橫遍野，底比斯人大獲全勝。

兄弟鬩牆

大軍的將領只剩下亞德拉斯圖斯、安比阿拉奧斯和波里尼凱斯了。爲了避免更多的死傷，波里尼凱斯提出由他和伊特奧克雷斯單獨交鋒來決定王位繼承問題，伊特奧克雷斯勇敢地接受挑戰。

頃刻間，號角吹響，宣布戰鬥開始。兩兄弟向前衝出，互相突擊，如同齜裂著獠牙爭鬥的野豬一樣。他們各抽出利劍相對砍殺，盾牌碰擊盾牌叮噹有聲，空氣亦爲之震盪。兩兄弟相持不下，兇猛的惡鬥看得旁觀者汗流浹背。

突然間，伊特奧克雷斯冷不防地一踢，一劍刺穿他哥哥的腹部。他的哥哥沒有防備這突如其來的襲擊，重創倒地，躺在血泊中。伊特奧克雷斯相信自己已經獲勝，丟下寶劍，向著垂死的哥哥俯下身去，但波里尼凱斯緊握著劍柄，掙扎著一刺，刺入伊特奧克雷斯的心臟。他隨即倒在垂死兄長的身旁死去。

波里尼凱斯望著已死的弟弟流淚，他喃喃地對安蒂葛妮說：「從前我和他互相友愛，後來成為仇敵，現在我即將死了，才發現自己是如何地愛著他！將我葬在故土吧——至少，我還能分享一點故土。」隨後死在妹妹的懷裡。

然而雙方的軍隊卻因意見不合而大聲鼓譟，底比斯人相信他們的國王伊特奧克雷斯是勝利者，同時阿高斯軍隊則以為勝利應屬於波里尼凱斯，戰火再度蔓延，底比斯人即刻全副武裝，趁勝追擊，阿高斯軍隊則因失去了將領，到處奔突亂竄，結果成千上萬的人都死於底比斯人的槍下。

安比阿拉奧斯乘戰車奔逃到伊斯墨洛斯河邊，因阻於河水，馬匹不能前進；這時，一支矛幾乎刺著他的後背。然而宙斯不願讓這個他曾賦與預言天才的人不光榮地死去，所以他用雷霆把大地一劈為二。大地張著黑暗的大嘴，將預言家連人帶車都吞食進去。

七位攻城的英雄，除了亞德拉斯圖斯以外全都戰死。

英雄們的埋葬

因爲伊底帕斯的兩個兒子都已戰死，所以他們的舅父克里翁成爲底比斯的國王。他即時爲保衛城池的伊特奧克雷斯舉行一場極享哀榮的葬儀，卻申令所有攻城的敵方屍首均不能安葬，而波里尼凱斯的屍體更被棄置荒野，任其被鳥雀和野獸啄食。

處罰死者的報復乃踰越神法，違反正義法則。未曾安葬的亡魂無法越渡冥界四周的河流，要漫無終止地飄蕩，成爲遊魂野鬼。安葬死者是最神聖的職責，不僅對自己的親人，還包括一切遇見的異鄉人。如今克里翁卻下令，凡是埋葬波里尼凱斯的人一律處死。

安蒂葛妮和伊斯梅妮驚訝於這可怕的命令。伊斯梅妮雖然很驚慌，對可憐的死者及無家可歸的陰魂感到苦惱，可是除了默認之外，別無他法。但安蒂葛妮卻決定冒死也要去埋葬哥哥。

數小時以後，一陣騷動聲傳到宮內：「有人違抗您的旨意，波里尼凱斯已被安葬了。」

克里翁十分憤怒，他威脅看守屍體的人，要即時交出罪犯，否則他們全得被絞死。不一會兒，守衛拖拽著被捕的安蒂葛妮來見國王。

「蠢孩子呀！」克里翁喊道，「現在妳垂頭喪氣地站在那裡，是懺悔還是否認妳的罪行呢？」

「我承認是我做的。」安蒂葛妮倔強地瞪視著她的舅父。

「妳難道不知道我的命令嗎？」國王繼續審問她，「爲什麼如此大膽地違抗法令？」

「那是你所定之法，而非神定的公義眞理。」安蒂葛妮從容堅定地回答，「沒有人可以違犯天道倫常而不引起神祇憤怒的！也就是這種神聖的命令讓我不能令我的兄長曝屍不葬。」

克里翁惱羞成怒，大聲叫道：「好呀！假使妳必定要愛護他，那麼到地府去愛護他吧！」他正要吩咐僕人們將她拖下，伊斯梅妮怒氣沖沖地衝進宮來。她勇敢地站在姐姐身旁說：「我是共犯。」要求和安蒂葛妮一起赴死。可是安蒂葛妮不承認，她告訴克里翁說：「不，她並未參與。」同時叫妹妹別再多言，「妳的選擇是存活，而我，選擇死亡。」

安蒂葛妮最終還是被處死，她的死亦結束了伊底帕斯這個不幸家族的故事。而伊斯梅妮從此消失，沒有任何一個故事或一首詩提及到她。

關於攻打底比斯的七位英雄，只有亞德拉斯圖斯倖免於難，他乘著海神波塞頓與農產女神迪密特所生的有翼的飛馬阿里翁飛奔逃脫，平安地到達雅典，寄住在一所神廟的聖殿。他前去求見雅典王鐵修斯，懇求他勸服底比斯人讓死在城外的英雄們安葬。

鐵修斯答應了他的請求，並伴隨他回到這座城池。克里翁並不接受他們的要求，因此，雅典人進軍底比斯，獲得大勝，驚慌失措的城民擔心會慘遭殺害或奴役，只得同意讓他們帶回死者安葬。

亞德拉斯圖斯爲死去的英雄們舉行尊榮葬儀。當卡帕紐斯的屍體在火葬場熊熊燃燒時，他的妻子歐阿德妮，縱身跳入火中自焚而死。

獲悉孩子們的靈魂最後終得安息，英雄們的母親心中感到無比寧靜。但死者之子則不然。當火葬堆熾燃時，他們誓言長大後定要向底比斯復仇。他們說：「亡父在墓中安眠，但其所受冤屈永不會安息。」

十年後，他們進軍底比斯，獲得大捷，慘敗的底比斯城民落荒而逃，底比斯從此夷為平地。雖然七雄的兒子成功地完成父親們未竟的偉業，人們還是稱他們「耶比哥尼」，即追隨者。

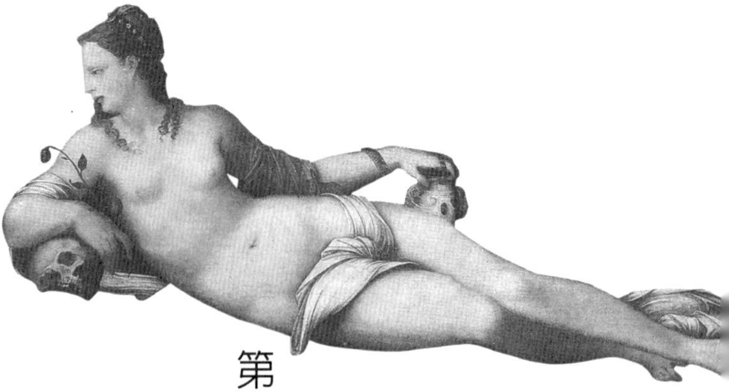

第

四

篇

史詩篇

古代希臘人遺留下來了「伊里亞特」和「奧德賽」兩部偉大的史詩，這是世界上最可貴的文學遺產。關於這兩部史詩的作者，一般人都認為是出於大詩人荷馬之手。

「伊里亞特」是以特洛伊的圍城之役為大背景的故事。而「奧德賽」則是描述特洛伊戰爭結束後，奧德修斯在回國途中的各種奇遇，故事雖然包含許多驚險的情節，卻是非常寧靜優美。

1　特洛伊戰爭 Trojan War

在很古老的時候，宙斯與一位海洋仙女所生的兩個兒子伊亞勳和達爾達諾斯統治著愛琴海的一座島嶼。伊亞勳因爲自恃是神祇的子孫，所以敢於覬覦農產女神迪密特；他的父親爲了懲罰他的狂妄，用雷霆將他殛死。達爾達諾斯十分悲痛兄弟的死，因而放棄王位，遠離國土，旅行到亞細亞大陸，至謬西亞的海岸。

這地方的國王是特克洛斯。特克洛斯的祖先是從克里特島遷移過來的，他的人民一直是遊牧民族，因他而得名被稱爲特克里亞人。這國王熱情地接待達爾達諾斯，並將女兒許配給他爲妻，且賞賜他一塊土地。後來他的兒子艾里克托尼奧斯繼他爲王，並生子特洛斯，從此以後這個國家遂被稱爲特洛阿德，都城則稱爲特洛伊。

特洛斯死後，長子伊羅斯、孫子勞梅頓相繼爲王。就在勞梅頓國王執政時，他爲了要確保特洛伊城的安全，想要興建城牆來圍繞它。這時，阿波羅和波塞頓正因爲反抗眾神之父被逐出天國，在下界流落無依。宙斯令他們幫助勞梅頓建築特洛伊城牆，使這座由他保護的城可以抵禦外來的侵略。

當築城剛開始的時候，命運女神便將這兩位飄泊的神祇帶到特洛伊城區。他們向國王自薦並要求得到一定的薪給。國王同意，於是遂開始了他們的服役。波塞頓幫助著建築城牆，在他的指導下，寬闊而威嚴的城牆建築起來，成爲這城池堅固的防禦。

同時，阿波羅則在樹木繁茂的峽谷和草原中爲國王放牧牛群。他們服役的期限訂爲一年。十二個月過去了，這壯麗的城牆已完工，但無信的國王卻不給他們酬勞。他們爲此爭論時，國王將他們驅逐，並威脅著要捆縛太陽神的手腳，並要割掉他們的耳朵。兩位神祇懷著嗔忿離開國王，並從此對勞梅頓和全特洛伊人民有了不可和解的敵意。

天后希拉和雅典娜在後來也加入仇恨這個都城的行列，所以特洛伊這座剛剛建立了壯麗城牆而得到安全保障的城池，如今在宙斯的默許之下，連同國王和人民都被棄置，任憑諸神毀滅。

海倫被拐

邪惡的紛爭女神厄莉絲在奧林帕斯山很不受歡迎，當眾神有宴會的時候，也都不希望她在場。她對此非常憤怒，因此決定製造麻煩。

一天，國王佩遼斯與海洋女神特蒂絲結婚，所有的神都接到參加婚禮的邀請，唯獨遺漏了厄莉絲。厄莉絲盛怒之下，便在婚宴上丟下一顆金蘋果，上面刻有「獻給最美麗的人」字樣。三位一向自命美麗的女神希拉、阿芙蘿黛緹和雅典娜都爭著要這顆金蘋果，最後只好要求天帝宙斯裁決，但是宙斯不願得罪任何一位女神，便叫她們去伊德山找特洛伊王子帕里斯。

帕里斯是當時的特洛伊王普里亞摩斯和王后海卡貝所生的幼子。在海卡貝懷著帕里斯的時候，曾經作了一個可怕的夢，她看見自己誕生一枝熊熊的火炬，燃燒著整個特洛伊城，並將它燒成灰燼。驚怖中她將這事告訴丈夫，普里亞摩斯即刻便召來預言家。不料，預言家宣稱海卡貝將誕生一個兒子，這兒子將引致亡國，因此他勸告在這孩子出生後就將之遺棄。

不久，海卡貝王后果眞生了一個兒子，爲了國家安全，她同意普里亞摩斯將新生兒交由一個牧人棄置在伊德山。這牧人的名字叫做亞格勞斯，他如命將嬰兒棄置荒山，但一隻母熊卻哺乳這幼兒，五天之後亞格勞斯回到原地去，看見幼兒仍躺在草地上吃得飽飽的，便將他抱回來，取名爲帕里斯，作爲自己的兒子撫養。

在牧人的看顧下，王子在貧苦艱辛的環境長大，成爲一位強壯又英俊的美少年。他保護著牧人們反抗在伊德山上出沒的強盜，因此人們尊稱他爲亞歷山大，即「人類的救助者」。

有一天，帕里斯正在山上牧羊的時候，忽然聽到震動大地的神祇腳步聲。他還沒來得及回神，就已看見使神漢密斯飛近，在他後面還跟著三位美麗的女神。帕里斯目瞪口呆，但漢密斯卻呼喚他：「別害怕，這三位女神走向你來，是宙斯要你來評判她們當中誰是最美麗的。」

漢密斯說完便鼓動著雙翼，飛出山谷。帕里斯聽到漢密斯的話，鼓起勇氣，抬頭看著站在面前的三位女神，她們都有著神聖的尊嚴和美麗，在等候他的決定。但在帕里斯看來，好像每一個人都可以稱是最美麗的，他遲遲下不了決定。

「我是天后希拉。」三人中最驕傲的女神對帕里斯說：「如果你同意給我金蘋果，那你便可以統治大地上最富有的國家。」

「我是智慧女神雅典娜。」第二個說，「假使你贊成我是勝利者，那麼你將擁有智勇無敵的能力。」

第三個人眨著她的美目，說道：「我要將世界上最美麗的女人給你作妻子。我是阿芙蘿黛緹，是愛情的女神呀！」

帕里斯的審判

克爾阿那赫　約1530年，哥達．蘭達博物館

因爲她的賄賂所眩惑，帕里斯將那個金蘋果遞給了阿芙蘿黛緹。希拉和雅典娜嗔怒地背轉身去，並誓言由於他的不公平，她們定要向特洛伊報復。從此以後，特別是希拉，成了特洛伊人的死敵。

當三位女神走了之後，帕里斯如夢方醒，也忘了阿芙蘿黛緹給他的承諾。不久，他娶了奧伊諾妮爲妻，她生長在當地，據說是河神與一位仙女所生的女兒。在她的陪伴下，帕里斯在荒漠的山坡上度過許多快樂的日子。

一天，帕里斯聽到其他的牧羊人在討論特洛伊國王舉行的競技大會，大家都慫恿他下山去參加比賽。帕里斯也想一試身手，便離開撫養他的亞格勞斯，獨自下山去與全國勇士競技，最後他不但把所有的戰士都打倒，連國王的幾個兒子都不是他的對手。正巧，卡桑德拉公主經過此地，她曾被神祇賦與預言的才能，因此一眼就看出帕里斯是她的哥哥。這時國王與王后也喜不自禁地向前相認，並恢復他王子的地位。

就這樣，帕里斯從牧野荒山回到錦衣玉食的王宮。不久，機會到了，國王委任他一項任務，讓他走上旅途，但他並不知道這一去會獲得愛情女神所許諾給他的禮物。

在國王普里亞摩斯的童年時代，海克力斯曾救過他的姐姐海西奧妮並將她贈給他的朋友特拉蒙爲妻。數十年過去了，即使海西奧妮已貴爲莎拉米斯國的王后，但普里亞摩斯仍然不能捐棄這種仇恨，因此，他派遣帕里斯率領一支艦隊將海西奧妮公主帶回。

大艦隊向著希臘的基特拉島航行，帕里斯想從這裡到斯巴達去和卡斯托耳及波里德凱斯交涉，要求歸還他父親的姐姐。在此同時，島上的人民也將這支艦隊的到來報告朝廷。這時因爲國王美尼勞斯在外，政事由王后海倫一人主持。海倫是宙斯與麗達所生的女兒，是卡斯托耳和波里德凱斯的妹妹。據說，她的美貌能與阿芙蘿黛緹相比，是當時世上最美麗的女人。

在海倫還是少女的時候，曾爲鐵修斯搶走，但由於她兩個哥哥的追究，終於將她要回。後來她在後父斯巴達國王丁達雷奧的宮中長大，她的美麗吸引著大批求婚的人，國王爲了要攏絡諸國，便向所有的求婚者宣布不管海倫嫁給誰，誰都不得反對，並且還要保護她和她的丈夫。丁達雷奧讓所有的求婚者都發了誓，然後選擇阿高斯國王亞特遼斯的兒子美尼勞斯作他的女婿，並讓他統治他的王國。

這時，美麗動人的海倫正獨處宮中，抑鬱寡歡，忽然聽說一個外國王子帶領著強大的軍隊來到基特拉島，就滿懷好奇地想看看這位王子。

帕里斯一看見海倫，心中充滿了驚喜，因爲她簡直是愛情女神阿芙蘿黛緹的翻版！他突然非常清楚地知道這便是愛情女神爲了報酬他的評判而贈給他的女人，剎那間，他父親所委任給他的使命、他的遠征計畫、他的軍隊，都已在心中煙消雲散！

海倫看著這從遠方來的王子，年輕英俊，穿著講究，風度翩翩，舉止文雅，也隱不住心中歡喜。她丈夫的身影已在她的記憶中消失，眼前這位俊美的王子瞬間取代了她的丈夫。

「爲了妳，我冒著狂風惡浪到這裡來。和我們一塊走吧，這是阿芙蘿黛緹的旨意啊！」帕里斯要求著海倫。他言詞的溫雅甜美和熱烈的愛情，使海倫不能自制，她努力地想抹去這個罪惡的念頭。但當帕里斯看出她心中的信念已經動搖時，他即召集隨他來到希臘的勇士，用富麗的劫掠品誘惑他們，說服他們同意援助他，完成他心中的願望。然後他襲擊國王的宮殿，掠奪了美尼勞斯的財富和珍寶，並劫走美麗的海倫。

船艦駛過愛琴海，疾風止歇，匆遽奔逃的船隻如今航行在平靜的海面上。在載著帕里斯和海倫的船隻前面，海浪分劈開來，年老的海神尼遼斯從浪花中出現，艦隻如同釘在海面上一樣，一動也不動。

「不祥的惡鳥從你們面前飛過，你們是被詛咒的人喲！阿高斯人會帶著大軍追來，他們將拆散你們這種罪惡的結合，攫走你們並粉碎普里亞摩斯的古國。唉唉，我看見多少馬匹！多少戰士！爲你們要犧牲多少達爾達諾斯的子孫！雅典娜已戴上戰盔，執著盾，並揮著她憤怒的武器。血流成河，大屠殺要經過多少年月，只有一位英雄的憤怒可以延緩你們城池的毀滅。但當指定的時日來到時，阿高斯人的火燄將吞食所有特洛伊人的家宅！」海神說完預言就沉沒到海裡去。

帕里斯惶恐地聽著。但當和風再起，海倫的纖纖玉手又緊握在他手裡時，他立即忘卻他所聽到的警告。後來艦隊在克拉尼島停泊，在新婚的快樂中，兩個人都忘記了自己的家園。他們在這裡依靠他們所帶的財富逍遙度日，好多年以後才航海回到特洛伊城去。

海倫與帕里斯 雅克－路易・大衛 1788年，巴黎羅浮宮

希臘聯軍

帕里斯的行爲馬上激怒了斯巴達國王美尼勞斯。他的兄弟——全希臘的盟主、邁錫尼王阿伽門農也火冒三丈，於是兩兄弟登高一呼，要求所有王子參加對抗特洛伊人的戰爭。

最先接受這個要求的人是羅德斯島的國王特雷波雷摩斯，海克力斯的兒子，他願裝備九十隻戰船遠征叛逆無道的特洛伊城。其次堤丟斯的兒子狄奧美德斯也來參加，他願意獻出八十隻船。很快地，全希臘的城邦紛紛響應，各國王也樂於派兵支援。然而，此時卻有兩個國王還在猶豫不決。

其中之一是足智多謀的伊薩卡國王奧德修斯，他不願爲斯巴達王后的不貞而遠離自己妻子和襁褓中的兒子。因此當歐玻亞王子帕拉美德斯來勸進他時，他假裝發瘋，駕著一牛一驢極不調和地耕田，並用鹽巴代替種子播種，但精明的帕拉美德斯一眼看穿他的詭計。帕拉美德斯祕密潛入王宮抱來嬰兒，放在要耕種的犁道上，果然，這個作父親的馬上轉了犁田的方向，這證明了他是完全清醒的，無論多麼地不情願，他仍然必須守誓加入軍隊。

另一個尚未答應參加並不知去向的王子則是阿基里斯，他是佩遼斯與海洋女神特蒂絲所生的兒子。特蒂絲知道兒子長大後如果前往特洛伊的話，注定會死於該處。所以在阿基里斯九歲時，便偷偷地潛入她丈夫的宮殿，讓他穿上女孩的衣服，然後將他帶給史基羅斯島的國王李科梅德斯。國王不明就裡，將阿基里斯當作女兒養大。但當這孩子長大成人，他向國王美麗的女兒迪達梅雅揭示自己的祕密，兩人之間遂發生戀情，這時島上的人民還以爲阿基里斯是國王的一名女眷，實際上他已是迪達梅雅的丈夫了。

此時，奧德修斯與狄奧美德斯奉命去邀請阿基里斯加入作戰。但當他們被引進謁見國王和公主、女眷們時，仍無法從大批女子中將他找出。於是奧德修斯使出詭計，他將一矛一盾放在女眷們的屋子裡，然後命令一個侍從吹響號角，狀似大敵迫近的樣子。聽到軍號一響，女孩們都倉皇逃離，只有阿基里斯勇敢地拿著矛、盾站在原地。當他看出他的僞裝已被發覺時，便忘了母親的叮嚀，隨奧德修斯去了軍營。

另一方面，在遊說英雄們共襄盛舉的同時，阿伽門農決定先採取和平手段，派遣使者向普里亞摩斯國王抗議帕里斯的破壞法紀和強劫斯巴達王后，並要求歸還海倫及美尼勞斯的財寶。

特洛伊的國王和人民對於這些使者乘著這麼巨大而華麗的船艦到來，都感到驚惶失措。因爲此時帕里斯仍留居在克拉尼島，國內完全不知道他的消息，因此他們完全不知道這是怎麼一回事。國王在聽完和平使者的控訴後，認定帕里斯統率著去要求歸還海西奧妮的艦隊必然遭到攻擊，全軍覆沒，所以阿高斯人才會傲慢地渡海來示威。和平使者悻悻然地無功而返，一場戰爭無可避免地一觸即發。

這時，希臘聯軍已齊集了戰艦一千艘、戰士十萬人，等候在奧里斯港，準備橫渡愛琴海，攻向小亞細亞的特洛伊城。萬事皆備，就等刮風便可揚帆出發。

聯軍統帥阿伽門農每天早晨都視察天空。然而，幾天過去了，海上風平浪靜，海面如鏡，大艦隊滯留在水面上。希臘聯軍等得心急如焚，阿伽門農更是感到沮喪，他渴望知道眾神為什麼不讓他乘風破浪去攻打特洛伊，於是他派人去把預言家卡爾卡斯叫來問清原委。

「你不必找原因了。」預言家說，「原因就是你自己，是你令眾神停息了對你有用的風，因為你曾在林中射殺了狩獵女神阿緹密斯的赤牝鹿而冒犯了宙斯的女兒。她發誓要停息天空的風，直到她息怒為止。你只有把你的女兒伊碧格妮亞獻祭給阿緹密斯，女神才會息怒。那時將吹起一陣順風，神祇再也不會阻礙你們遠征特洛伊了。」

聽著聽著，阿伽門農不禁淚流滿面，因為他既愛自己的女兒，也愛自己的軍隊。他想，如果我拒絕犧牲自己的女兒，各城邦領袖和戰士們會怎樣看我呢？他們熱血沸騰，要到特洛伊去懲罰誘拐希臘婦女的蠻族人；如果我不服從眾人的意志，他們一旦知道狩獵女神的要求，就會把我的女兒抓去斬首交給祭司。想到這些，阿伽門農便決定派使者送信給他的妻子克麗泰梅絲特拉，說是阿基里斯王子向他們的女兒伊碧格妮亞求婚，要她們日夜兼程地趕到奧里斯港來完婚。

伊碧格妮亞滿心歡喜，很快就和母親帶著嫁妝，乘馬車來到奧里斯。一天，克麗泰梅絲特拉正好面對面地碰到阿基里斯，她認為他既是自己女婿，便毫不遲疑地詢問他婚禮的細節。

阿基里斯聽得一頭霧水，忙說：「我沒有向妳的女兒求婚，阿伽門農也從來沒有鼓勵我這麼做過呀！」克麗泰梅絲特拉知道事有蹊蹺，馬上去質問丈夫。當她得知阿伽門農竟設下圈套要來殺害自己的女兒，悲憤得不能自已，而伊碧格妮亞更是又哭又喊，為即將要失去年輕的生命而痛苦。

阿伽門農左右爲難，不知如何是好。這時，他們突然聽到兵器響動的聲音。「那是阿基里斯！」克麗泰梅絲特拉驚喜地叫起來。

「王后！」阿基里斯帶著一批武裝戰士衝了進來，「軍隊都公開叛亂。他們要求犧牲妳的女兒，我只好帶這少數的親信來保護妳們。請妳們母女緊抱一起，我將用我的身子屏障妳們，看看他們是否膽敢攻擊我這個與特洛伊的命運息息相關的人！」

克麗泰梅絲特拉聞言頗感欣慰，覺得還有一絲希望。

但伊碧格妮亞卻掙脫母親的懷抱，昂著頭，勇敢地走到眾人面前。「聽我說罷，」她毫不猶豫地說，「親愛的母親，妳不要生父親的氣，因爲他無力扭轉眾人的決定。我已經考慮好了，我願意獻出我的生命。美麗的希臘國土上所有的眼睛都望著我，這大艦隊的出發，特洛伊城的攻破，阿高斯婦女們的光榮都繫在我一個人身上。我的名字將被稱頌。」伊碧格妮亞說著，哽咽地望向阿基里斯，「就讓這個祭典成爲我結婚的盛宴吧！」

她的這番話讓阿基里斯動容，他大聲地喊道：「多想想吧，死是可怕的，我願意讓妳成爲我的新娘，帶領妳走向生命和快樂呀！」

伊碧格妮亞微笑地回答：「由於海倫，女性的美麗已經引起了屠殺和戰爭，你不應當爲我而殺伐。如果我能夠，就讓我來拯救希臘吧！」

說完，伊碧格妮亞從容地跟隨著執行者走入聖林中，希臘聯軍都已集中在那裡。當阿伽門農看到自己的女兒走向祭壇時，他立即轉過身去，默默流淚。女兒來到他面前說道：「親愛的父親，我遵從神諭，並爲阿高斯軍隊、爲祖國的幸福獻出我的生命。預祝你馬到成功，平安回到邁錫尼。」

看到她的無比勇敢，擁擠的人群沸騰起一陣驚異而同情的呼聲。傳令使立即站起，要求全體肅靜並做祈禱。預言家卡爾卡斯抽出一把鋒利而雪亮的刀，放在神壇前面的金匣子裡。在這莊嚴的肅穆中，阿基里斯突然全副武裝，揮舞著手中的利劍走來。只是一看到伊碧格妮亞聖潔的模樣，他的決心動搖了。他將利劍投在地上，跪在地上喃喃祈禱：「啊，阿緹密斯，偉大的女神呀！請接受希臘聯軍和阿伽門農王獻給妳的這份祭品，請讓我們的戰船乘風破浪，一舉攻陷特洛伊城吧！」

全體戰士低頭默哀，在一片沉寂中，卡爾卡斯持著寶刀，唸著禱詞，準備往女孩的脖頸砍去。大家都分明聽到他揮刀的聲音，但這時卻發生了一個奇蹟，一瞬

獻祭伊碧格妮亞　巴提斯塔　1553年

間，伊碧格妮亞在全軍的面前突然不見，而在原地方卻出現一隻美麗的赤牝鹿在神壇前面的血泊中掙扎。原來阿緹密斯已憐憫並赦免了伊碧格妮亞，將她攝走了。

「阿高斯的領袖們，」卡爾卡斯在驚駭稍定以後喊道：「你們都已看見了女神送給我們的祭品，阿緹密斯恢復了對我們的喜愛，她將使我們航行順利並保佑我們征服特洛伊。奮勇前進吧，就在今天，我們就可以離開奧里斯港。」他一面說，一面注視著獻祭的牝鹿在火燄中焚燒。

當火光熄滅，寧靜的空氣中傳來刷刷的風聲。所有的眼睛都望向海港，他們看見大風激盪著海浪，船隻在海面上搖簸著。戰士們都大聲歡呼著離開聖林，各就各位，整裝待發。

爭執

雖然特洛伊人還不知道強大的艦隊已逼近海岸，但自從希臘使者走了以後，城裡人心惶惶，恐懼著戰爭的來臨。就在這時，帕里斯已帶著海倫回來。

國王並不喜歡這個不祥的兒媳，立刻召集王子們商議對策。但帕里斯的兄弟們都為他帶回的大批財富和海倫帶來的美麗侍女所誘惑，再加上大部分的王子都很年輕好戰，因此討論的結果是將海倫安置在宮殿裡，絕不歸還阿高斯人。

但在民間情況卻恰恰相反！人民因恐懼圍城，並不歡迎帕里斯和他所搶劫來的美女。當帕里斯帶著海倫去見國王時，許多人在路上唾罵他，甚至朝他丟擲石頭，然而，迫於對國王的尊敬和不願違法，特洛伊人並沒有將海倫逐出。

就這樣，帕里斯和海倫在特洛伊宮殿裡安適地生活了一段時間，人民漸漸讚美海倫的美麗可愛，故此當敵人的大艦隊出現在特洛伊的海岸時，人們倒是沒有像以前那般的恐懼了。

特洛伊的將領陣容也很堅強，雖然普里亞摩斯國王已年邁不能作戰，但他有五十個強壯兒子。長子赫克托是全軍的統帥，其次執掌大權的是女婿愛涅亞斯。另一支部隊則爲里卡翁的兒子潘達羅斯所統率，他的弓是阿波羅給的神弓，以善射著名。其他還包括了亞德拉斯圖斯等領導的同盟軍，他們一致認爲不管在戰士人數和裝備上都能與敵軍相匹配。同時由於神祇的保佑，他們自信能守得住城，並在一段不太長的時間內將敵人擊退。

在此同時，希臘聯軍已在西革翁和洛特翁兩半島間的海岸登陸。他們把船艦整齊地排列成行，並在岸上盤營駐紮，把特洛伊城團團圍住。

然而，特洛伊城深溝高壘，要攻進去實在並不容易，戰事往往都在城外發生，一攻一防成了一場耗時費力的拉鋸戰。九年過去了，不少冤魂提早被送入黑地斯的地府裡，而希臘聯軍依然無法攻破特洛伊的城牆。

戰爭第十年初，希臘聯軍因多年在外，糧秣匱乏，於是就留下一部分軍隊繼續圍城，另外派部分士兵到附近的城市搶劫，搜刮戰利品，因而更激化了兩個民族之間的仇恨。

另一方面，神祇們也公開加入作戰，希拉、雅典娜、漢密斯、波塞頓和黑法斯托斯站在希臘人這一邊，同時戰神阿利斯和阿芙蘿黛緹則幫助特洛伊人。所以，在圍城的第十年，即最後一年，可歌可泣的事卻十倍於之前的九年。因此詩歌之父荷馬就以這個時期發生的事——阿基里斯的憤怒和這偉大的英雄所帶給希臘人的苦難來開始他的史詩。

話說希臘聯軍洗劫特洛伊沿岸的商港克里塞城。城中有一座阿波羅神廟，廟中祭司負責掌管祭祀。希臘人在分配戰利品時，把祭司的女兒克里塞伊絲贈給了阿伽門農，祭司克里塞斯就跟到希臘人的營地，獻出巨額贖金，要求歸還他的女兒。他向阿基里斯和全軍提出要求說：「請你們收下贖金，放了我的女兒吧！願奧林帕斯山的眾神助你們攻下特洛伊，保佑你們平安回返故鄉！」

大家都贊成他的話，也打算收受贖金，釋回他的女兒。但阿伽門農堅持不肯。他大發雷霆，罵道：「老傢伙，你滾出去吧！不要再讓我看見你在我的船艦邊出現，否則，不管你是什麼祭司，你都要倒楣。等我攻下特洛伊，我就要把你的女兒帶回邁錫尼。」

老祭司嚇得膽顫心驚，急忙跑出來。他悲傷地來到海岸，舉手向天，向著阿波羅請求道：「太陽神啊！請聽我懇求，我為你修建過一座神廟，向你獻祭過無數肥美的牛羊，請為我復仇，把你的羽箭射向這些希臘人吧！」

阿波羅一聽到有人竟敢對他的祭司這麼無禮，不禁大感憤怒，立刻從奧林帕斯聖山飛下來。他帶著陰沉惱怒的臉色趕到希臘人的軍營，走近他們，連連從銀弓上發射神矢，弓弦颼颼地響著。無論誰，只要為這不可見的神矢射中，就會患上瘟病而死去。士兵人們一個個倒下去，火葬場上的燄火也日夜不斷地燃燒著。

足足九天，瘟疫在希臘的軍營中漫延著。到了第十天，阿基里斯召集希臘人舉行了一次會議。原來這是希拉憐憫希臘人，看見他們一一死去，心中不忍，才吩咐他開這個會議的。

大家都到齊後，阿基里斯站了起來，對阿伽門農說道：「如果不想在這裡全部病死或陣亡的話，我們現在就應該回去了。不過，我們應該先問問祭司或預言家，阿波羅爲什麼對我們如此憤怒。」

這時，軍營中的預言家卡爾卡斯走來，宣稱只要阿基里斯保護他，他願意說出阿波羅爲什麼對希臘人發怒。阿基里斯答應支持他，於是他說：「阿波羅不是爲了我們許願獻祭的事而憤怒，他的憤怒是由於阿伽門農不尊敬他的祭司。他將繼續對我們降災，除非我們將克里塞斯的女兒無條件地送還她的父親，並以百倍的贖罪禮品送到克里塞去。這是唯一可以停止這場瘟疫的辦法。」

阿伽門農一聽，勃然大怒，雙眼爆發著憤怒的火花，他向這預言家喝斥：「你這算什麼先知，從沒有對我說過好話，現在又來叫我放棄這個女人！好，就這樣辦吧，我不想眼看大家死掉，不過，你們必須另外給我一份戰利品。身爲全軍的統帥，卻只有他得不到戰利品，那可太不像話了。」

阿基里斯叫道：「不行，阿伽門農統帥，你太貪心了，我們沒剩下什麼東西可以拿出來賠償你，因爲我們從那些城市掠來的戰利品早已平分完了！我看這樣好了，你先釋放那女人，等攻下特洛伊，我們自然會加倍補償你。」

但是阿伽門農說道：「不行，阿基里斯，你用不著這樣欺騙我。你們如果肯給我一份令我滿意的賠償，我沒話說；如果不肯，我就要親自動手搶一份過來，不管那是你的，還是奧德修斯的，反正我必須要有一份。這問題我們以後再討論，現在，我們先把這女人送回去。叫人準備一艘船給她坐，由你來負責押運。」

阿基里斯的眼珠憤怒地冒火，他回答道：「你眞是太貪心了。你這麼自私，戰士們怎麼會願意服從像你這樣的統帥呢？特洛伊人從沒有蹂躪過我的牛羊，但我仍追隨你，幫助你來爲你的兄弟美尼勞斯報仇。我征服一城又一城，但我所分得的戰利品總是不如你多！我一向拚死戰鬥，但當分戰利品時，你卻取得最好的一部分，而我戰鬥得筋疲力盡回到船裡，只能得到很少的一點點。現在連這一點東西，你也要拿了去！我決定退出，不想再爲你累積財富、自取侮辱了。」

「好吧，請便。」阿伽門農回答，「沒有你，我還有別的將領，跟你一樣有本事，但是他們可不像你，他們都很尊重我，隨時都準備爲我出力。不過，我得先告訴你，我準備將克里塞斯的女兒歸還她父親，但同時我要從你的屋裡取得布麗賽施作爲補償，並以此教訓你，讓你知道我比你偉大，也好教大家知道我是希臘大軍的最高統帥。」

阿基里斯激憤地嚷道：「你這個色厲內荏的無恥之徒！你從來沒有想到自己應該在生死搏鬥的戰場上與英雄們一起殺敵，反而讓一個最勇敢的希臘將領蒙受恥辱！算了，你想怎麼做都隨便你，只是別夢想我會服從你。從此時起，你休想我會重新回到戰場上。你將會看到兇狠的赫克托如割草般地屠殺希臘將士，到那時你休想叫阿基里斯出來。」

就這樣，阿基里斯在摯友帕特羅克洛斯陪同下，和他的部下一起離開了希臘聯軍，回到自己的營帳裡。阿伽門農將克里塞斯的女兒和獻祭的一百隻聖羊載上船艦，由奧德修斯押送回去；然後，他召來兩個傳令使，命令他們到阿基里斯的營房將布麗賽施帶來。

兩個傳令使到了阿基里斯的營房前，卻不敢向他說明來意，因爲他們看到阿基里斯氣得板著臉孔。「請你們過來，」阿基里斯看到他們那副驚恐的樣子便開口道，「阿伽門農派你們來搶奪布麗賽施，你們把她帶走吧。但是，你們可要知道，我發誓，不管希臘聯軍遇到什麼災難，從今天起我退出戰鬥，以後再也不提任何建議。這是不可收回的誓言。」接著他又對朋友說：「帕特羅克洛斯，你去將我的女俘叫出來，把她交給這兩位傳令官。」

帕特羅克洛斯將布麗賽施領出，她勉強地跟著兩個使者走了，因她已愛上溫和的主人。她走後，阿基里斯一個人坐在海

阿基里斯與布麗賽施 龐貝壁畫

邊流淚，望著深幽的大海，無法得到安慰的痛苦使他不時悲嘆。

海洋女神特蒂絲看到自己的兒子滿臉愁容，就從大海裡浮出水面，走到阿基里斯的身邊，用手撫摩著他，問道：「兒子，你爲什麼這樣悲痛？告訴我，怎樣才能減輕你的痛苦。」

阿基里斯回答母親，請求母親要求宙斯保護特洛伊人，直至凌辱他的希臘人到他的營帳向他賠禮道歉，向他求援且懺悔他們的錯誤爲止。這時，特蒂絲離開兒子，如輕煙似的升起，來到奧林帕斯山上。她抱著天帝的雙膝，一手撫摩著他的下頷，向掌管雷電的主神哀求。宙斯聽後向她點頭，表示會滿足她的要求。接著，他讓阿伽門農作了一個甜蜜的夢。

當時正是夜深人靜，阿伽門農在營房裡睡得正香。他在夢中看見他最敬重的老將納斯佗，站在他的床頭對他說話：「你還在睡覺嗎？亞特遼斯的兒子。一個眞正的統帥可不能整夜睡大覺啊！你起來吧，立即武裝英勇的希臘將士，準備打仗。眾神和你一起，他們決定讓你今天攻下繁榮的特洛伊城。」

阿伽門農一覺醒來就立即起床。他穿上王袍，荷劍執杖，在清晨的霧靄中大踏步向希臘聯軍的船隊走去。他叫來傳令兵，命令全體將士立即集合。

「朋友們，」阿伽門農高聲說，「眾神希望今天是決戰的日子。請各位馬上磨利自己的長矛，備好盾牌和戰車，準備與特洛伊人決一死戰。根據我昨天夜裡作的夢，我們將在今天日落前把普里亞摩斯的宮殿摧毀。」

阿伽門農說完後，官兵們摩拳擦掌，高興得又喊又叫。他們紛紛拿起武器，阿高斯軍營裡到處都是嘈雜聲，猶如海浪拍擊懸崖。過了一會兒，太陽從東方升起，萬丈光芒照耀著大地，使希臘聯軍的盾牌、長矛熠熠生輝。將士們越過原野，將領們雄糾糾地指揮部隊向前推進，希臘人整齊畫一地往前走，揚起的塵土遮天蔽日。

帕里斯和美尼勞斯的決戰

這時，特洛伊人得到宙斯的使者彩虹女神伊麗絲的報信。在統帥赫克托一聲令下，立即準備反擊希臘人。特洛伊人把城門全部打開，勇士和戰車像潮水般往外湧出，聲勢浩大。

當兩軍逼近，即將交鋒時，拐走海倫的帕里斯突然從隊伍中躍出，他揮舞著兩支銅尖的長矛，向希臘勇士挑戰。美尼勞斯一見到帕里斯，興奮得如同餓獅遇到了羚羊一樣，馬上從他的戰車上跳下，迫切地要懲罰這掠奪了他妻子的無恥賊徒。

帕里斯看到這樣的對手，感到惶恐起來，就好像看見毒蛇一樣，陡然面無人色，退到人叢中去。赫克托看見他瑟縮退回，憤怒得大叫：「兄弟，你空有英挺的外表，心裡卻如此怯懦，除了做個拐騙的能手之外，你簡直一無長處。我眞寧願你在向海倫求婚前就死了！你有沒有看到希臘人都在訕笑你？因爲你竟不敢和對手決戰。現在你應當知道自己所侵犯的是什麼樣的人吧！此刻，即使你受傷倒地，我也不會同情你的！」

「赫克托，」帕里斯回答說：「我並不是缺乏勇氣和力量。如果你要我去戰鬥，那就請你把部隊停下來，向特洛伊人和希臘人講清楚，為了爭奪海倫，讓我帕里斯和美尼勞斯決一雌雄。兩個對手誰要是贏了，就可帶走海倫。」

聽了帕里斯這些話，赫克托高興極了，他站到兩軍中間，大聲喊道：

「聽我說，特洛伊人和希臘人，引起這場漫長而痛苦的戰爭的帕里斯提出要求，讓他和英勇的美尼勞斯兩個人比個高低，以決定海倫的歸屬，決定之後大家將平和的收兵回國。讓我們獻祭並且立誓，然後開始戰鬥。」

大家聽到這話都十分歡喜，因為他們都渴望著戰爭的結束。雙方駕駛戰車的人都勒著馬頭，英雄們也躍下戰車，解下他們的盔甲放置在地上。雙方都同意由他們兩人進行決鬥。

這時，赫克托和奧德修斯劃了一塊空地作為決鬥場，並在青銅的戰盔裡拈定誰是首先向對手擲矛的人。赫克托搖動戰盔，結果先拈出帕里斯的名字。兩個英雄隨即緊束鎧甲，大步走到兩軍陣前，他倆都佩戴著胸甲和戰盔，手中執著長矛。兩個人的眼中都蘊蓄著怒火，雙方的人見他們走出時都驚怖地看著。他們面對面地隔著一定的距離站立，傲岸地高舉著長矛。

帕里斯首先投出他的長矛，但長矛尖投中美尼勞斯的盾牌，矛尖彎曲如同刺在鋼鐵上一樣。然後美尼勞斯向對方投出他的武器，它穿透帕里斯的盾牌，刺穿他的胸甲，並刺破他的衣服。接著，美尼勞斯拔出寶劍，往不共戴天的仇人頭上砍去，由於他用力過猛，寶劍噹的一聲折斷。

「殘酷的宙斯呀，爲什麼你不願我勝利？」美尼勞斯叫著，撲上去抓緊帕里斯，把他打翻在地，抓住他的戰盔把他往希臘隊伍這邊拖。

這時，阿芙蘿黛緹看到帕里斯危險，暗中割斷了皮帶，免得他被勒死。美尼勞斯一轉頭發現自己抓到一頂空無一物的戰盔，馬上抓起一支長槍，向帕里斯猛撲過去。但阿芙蘿黛緹卻降下濃霧遮蔽著帕里斯，使他突然無影無蹤，接著又把他送回到海倫的房間去。

當時海倫正在城樓上觀看爲爭奪她而舉行的決鬥，接到女神的通知，說帕里斯已退出戰鬥，正在家裡等著她。她趁別人不注意偷偷離開，回到自己的寢宮，果然看見帕里斯舒適的躺在床上。

海倫面對著他坐下，看見他從容不迫的樣子，不覺心中有氣。她斥責道：「從決鬥中回來嗎？我寧願你死在那個強而有力的英雄——我的前夫手下。剛才你還誇口說你能夠用自己的手臂和長矛征服他，那麼去吧，再去和他挑戰呀！」

「請不要譏諷我，」帕里斯回答，「如果美尼勞斯勝過我，那是因爲雅典娜幫助他。下一次我會戰勝他的。因爲神祇們沒有拋棄我們。」後來還是阿芙蘿黛緹令海倫心軟，使她仍然愛著她的丈夫，並親吻他。

在戰場上，美尼勞斯仍然瘋狂地在軍隊中尋覓帕里斯，但雙方都不知道他在何處。最後阿伽門農大聲叫道：「特洛伊人，運氣在我們這一邊，戰神在美尼勞斯這邊，他是勝利者。所以交出海倫和她所有的財寶，此後並永遠向我們納貢。」

阿伽門農簡短的話引起了希臘軍隊的一片歡呼聲和掌聲。特洛伊人本已準備投降，但是，就在這個時候，宙斯和希拉決定毀滅特洛伊城。萬神之父命令雅典娜即刻到戰地上去鼓動特洛伊人破壞他們原本同意的誓約，並侮辱正在慶祝勝利的希臘人。

雅典娜變形爲特洛伊的盟軍，混雜在特洛伊人中間。她以榮譽和地位許諾神箭手潘達羅斯，要他把美尼勞斯殺死。潘達羅斯飛快地拿起弓，從箭袋抽出一支箭，扣緊弓弦，颼的一聲射中美尼勞斯的腰部，鮮血頓時從傷口飛濺出來。——這一箭射毀了停戰誓約，這顯然是背信棄義的行爲。

阿伽門農和其他希臘將領們都義憤塡膺，發誓要千刀萬剮背信者。他們立即拿起武器，排好隊伍，準備戰鬥。希臘大軍如同拍擊海岸的浪濤向前衝去，他們在將領的指揮下，井然有序地向前邁進，那亮晃晃的武器組成了一片刀光劍影的海洋。

特洛伊人則像一群小鳥亂成一團，大叫大嚷，他們趕忙拿起盾牌，揮舞著長槍。戰神阿利斯站在他們這一邊煽風點火，女戰神雅典娜則在希臘軍隊中推波助瀾。

兩軍大戰

雙方的軍隊向前猛攻，面對面地交戰。盾牌碰擊，長矛交錯；到處都是擾攘的人聲，有的悲號，有的歡呼。鮮血一時流成小河一般。這兩支軍隊互相廝殺，喊聲振天，就像兩股洶湧的泉水匯合起來，聲音大得連遠處山林裡的牧人都聽得見。

最先倒下的英雄是特洛伊的艾刻波羅斯，他被安提羅科斯射穿腦門，如巨塔一樣倒下。希臘王子艾雷佩諾斯即刻搶上前去，倒拖著他的腳，想要奪下他的盔甲。可是當他彎下身時，特洛伊人亞格諾爾投了一槍過來，刺中了他的腰。一場爭奪屍首的大戰，打得非常猛烈。戰士們如同飢餓的狼群一樣互相撲殺著。

普里亞摩斯的兒子安提福斯一槍刺死了奧德修斯的副將遼科斯，奧德修斯勃然大怒，立刻舞著長矛，跳到陣前。特洛伊人看見了他，都嚇得到處躲藏。他投去一槍，殺死特洛伊王子得摩科翁。一時，赫克托和特洛伊的前鋒略略後退。這時，希臘大軍大聲歡呼，推開屍體，更深入特洛伊的陣地。這使阿波羅很惱怒，他策動特洛伊人前進。「進攻吧！特洛伊人！希臘人不是石頭做的、鐵打的，他們是可以刺穿的。要知道偉大的阿基里斯今天並沒有參加戰鬥啊！」在另一方面，雅典娜也鼓舞希臘人的士氣，一時間，屍橫遍野，鮮血染紅了黑色的土地，雙方死傷慘重。

接著雅典娜給予提丟斯的兒子狄奧美德斯超凡的強力和勇氣，她使他的戰盔和盾牌像秋天夜空的星星那樣閃閃發亮，然後驅使他闖入敵人的核心。

首先和他對陣的，是火神黑法斯托斯的祭司的兩個兒子，比格斯和伊戴奧斯。他們駕著戰車直衝向狄奧美德斯。比格斯先投槍，從狄奧美德斯的肩頭擦過，沒有傷到他。狄奧美德斯回敬他一矛，正好刺穿他的心窩。伊戴奧斯見他的兄弟倒下，轉身就跑，幸虧黑法斯托斯即刻降下黑霧救走他。特洛伊人看見老祭司的兩個兒子一個陣亡，一個逃跑，心裡都很懊喪。

這時，雅典娜拉著戰神阿利斯的手說道：「我們走吧！讓希臘人和特洛伊人自己去打。宙斯願意把光榮賜給誰，都隨他的高興。」阿利斯聽她的話，和她一起離開戰場，讓人們自己去戰鬥。但雅典娜知道她所寵愛的狄奧美德斯仍是用她所賦與的強力在繼續殺敵。

狄奧美德斯奮勇地在敵人隊伍中衝擊，如同爆發的山洪一樣。當他隨著戰爭的浪潮前進時，潘達羅斯向他放了一箭，正好射在他的右肩上。潘達羅斯喊道：「衝上去吧！特洛伊的勇敢子孫，我已射中希臘人中最英勇的領袖，不久他就會倒下！」

他高傲地叫道，可是他的箭並沒有射倒狄奧美德斯。狄奧美德斯從車上跳下來，叫他的軍士拔出那支箭，傷口噴出了一股鮮血，於是，狄奧美德斯向雅典娜禱告說：「女神啊！妳過去曾保護我的父親，現在也請妳保護我！請妳助我的矛能殺死那個射傷我的人！」

雅典娜聽到他的禱告，就賜他手腳一股力量，並且站到他身邊，說道：「狄奧美德斯，你鼓起勇氣作戰吧！我已使你的傷口癒合，並使你擺脫了肉眼的翳障，現在你可以在戰場上看出誰是神祇、誰是凡人，假如來了什麼天神，你不要和他作戰，只有阿芙蘿黛緹來到戰場上時，你才可以把她刺傷。」狄奧美德斯聽到這話，鼓勇向前，如同猛獅一樣，因為他的勇氣和力量陡然增加了三倍。他殺死了許多人，所到之處，特洛伊人即披靡後退。

普里亞斯摩斯國王勇敢的女婿愛涅亞斯看見，想阻止他那銳不可擋的氣燄，於是就從大軍中跑過去，找到潘達羅斯說道：「潘達羅斯，你的弓呢？你那無人可匹敵的箭和榮譽呢？快瞄準這個特洛伊人的敵人，將他射死！」

於是潘達羅斯跳上戰車，兩人直向狄奧美德斯衝去。斯特尼羅斯看見他們奔來，就警告他的伙伴。「注意呀！兩個無畏的人正向著你奔來，一是潘達羅斯，一是阿芙蘿黛緹的兒子愛涅亞斯。對於他們，你的勇敢和力量將沒有多大的用處。我們不如乘車逃跑！」

但狄奧美德斯卻皺起眉頭，說道：「不要和我談什麼恐懼不恐懼！畏縮和退卻不是我的道路。我是個戰士，我要和這兩個傢伙拚個你死我活！」這時，潘達羅斯的槍已向他擲來，穿過他的盾，卻被他的胸鎧擋回去。

「你投偏了，根本就沒有刺中我！」狄奧美德斯一邊說，一邊也投去一槍。這支槍從潘達羅斯的面頰穿過，正好刺在他的喉管上，他砰地一聲從車上倒栽下來，連鎧甲也摔碎了。

愛涅亞斯立刻跳下車來，在死者的身旁巡迴，如同暴怒的獅子。他持矛執盾守護著他朋友的屍體。但狄奧美德斯舉起一塊巨石朝他扔去，正好擊中他的腿骨，將它擊得粉碎，筋脈折斷，這英雄跌在地上，失去知覺。

這時，他的母親阿芙蘿黛緹立即跑來，以她的銀袍裹著他，帶他離開戰地。狄奧美德斯不甘心讓敵人逃走，他知道女神不會打仗，就衝上去刺傷她的手，使她的手腕流了許多血。受傷的女神尖聲喊叫，縮手就把兒子給扔下了。幸虧阿波羅將他抱起來給他蓋上一層黑霧，才沒有被希臘人發現。

狄奧美德斯追趕著阿芙蘿黛緹，說道：「妳快離開戰場吧！妳這欺騙的婦女已經欺騙得夠多了。」阿芙蘿黛緹狼狽地逃出戰場，她連忙去找阿利斯，求他把馬借給她。她很快地回到奧林帕斯山，去找宙斯哭訴。

「這就說明了妳爲什麼不能現身戰場了。妳只要管愛情和婚姻就行了，戰爭的事都交給阿利斯和雅典娜去管吧！」宙斯微笑地說道。

但希拉和雅典娜卻斜著眼看她並嘲笑她。「怎麼回事啊？」她們惡意地詢問，「那個從希臘來的美麗而無信的女人必定也誘惑了我們的妹妹到特洛伊去。看吧！她撫摸那女人時，卻給針刺傷手了。」

同時在人間戰場上，狄奧美德斯已撲到愛涅亞斯的身上。他知道阿波羅在旁邊，可是他一點都不怕，一心只想殺死那個英雄，奪下他的盔甲來。他三次撲上去，三次都讓阿波羅用盾給擋了回來。到了第四次，阿波羅嚴重地警告他說：「你這凡人，不要冒險和神祇抗爭！」狄奧美德斯聽了感到羞愧和畏縮，即刻退了下來。

阿波羅帶著愛涅亞斯離開戰地，放在自己的神廟裡，由母親莉托和妹妹阿緹密斯療傷。這時希臘人和特洛伊人仍然在爭奪他的屍首，其實這屍首是阿波羅放在那裡的假象而已。

後來，留基亞國王薩爾佩頓跑去見赫克托。「你著名的勇敢跑哪兒去了？」他斥責道，「你從前不是誇口說不要任何同盟軍的幫助，只要有你的兄弟和妹夫幫助你作戰，就能保住特洛伊。可是現在我沒看見他們當中有一個在戰場上。他們全都像讓獅子嚇壞了的狗一樣躲了起來，逼得我們同盟軍孤軍作戰。」

這番話深深刺痛了赫克托的心，他立即從戰車上跳下來，跑到隊伍中去鼓勵大家英勇作戰。這時希臘人也已經擺好了陣勢，準備廝殺。阿利斯已把愛涅亞斯的傷口治好，讓他恢復了勇氣和力氣，並且把他送回了戰場。他的伙伴看見他回來都萬分高興，他們又打了一場出色的仗。

赫克托帶著特洛伊的勇士衝出，戰神在他前後護衛著。狄奧美德斯因爲眼睛有了神力，看得見天神，因此他招呼著自己的軍隊退後。說著，特洛伊人逼近，一陣矛雨射下，光是赫克托獨自一人就已殺死六個希臘英雄。

希拉和雅典娜在奧林帕斯山看著特洛伊人在阿利斯的幫助之下兇猛地屠殺希臘人，都非常憤怒，於是備好戰車，與雅典娜並排站立，揮動金鞭，驅策馬兒朝天宮的大門跑來。

這時，宙斯坐在聖山的絕頂上，希拉暫時勒住馬頭對他說：「你的兒子阿利斯違抗命運女神的意願壓迫希臘人，你不感到憤怒嗎？阿芙蘿黛緹和阿波羅也得意忘形，因爲他們鼓動戰神來達到他們的意願。現在請你許可我對這狂妄的惡徒予以打擊，令他飛快地離開戰場！」

「你可以試試，」宙斯從山峰上回答，「派我的女兒雅典娜與他對陣，因她英勇有力，知道如何作戰。」

戰車立即在空中飛馳，上方是星光閃爍的青天，下面是大地，最後她們降落在戰鬥的核心，在那裡，一群戰士正包圍著狄奧美德斯搏鬥。希拉變形爲聲音宏亮的斯特尼羅斯，大聲喊道：「可恥啊！

希臘人，只有阿基里斯和你們一起戰鬥時，你們才能抵禦敵人嗎？現在因爲他留在船艦上，你們便注定要失敗！」她的責罵激勵著希臘人的士氣。

雅典娜則逕自去找狄奧美德斯，他正在包裹著潘達羅斯所受到的創傷，雅典娜對他說：「堤丟斯的兒子比他的父親眞是差多了，堤丟斯個子雖然不高，但卻是一個勇敢的戰士。可是你呢？——我不知道你是疲倦了，還是因爲害怕而四肢麻痺了？無論怎樣，在我看來你簡直不是兇猛的堤丟斯的兒子。」

聽到她的話，狄奧美德斯抬起頭來，回答道：「不，偉大的女神，我並不是因爲疲倦或害怕而留在後方，我是服從妳的命令。因爲妳吩咐過我，除了阿芙蘿黛緹，不可攻打任何天神，所以我才退下來，因爲我看見對方的軍隊是由戰神指揮的啊！」

這時雅典娜回答：「從現在起，你不用畏懼阿利斯和其他天神，因爲有我和你在一起。驅策著馬匹勇敢向憤怒的戰神衝去吧！」說完，她就把他的馭手推下車，自己執轡揮鞭，和狄奧美德斯一起向特洛伊人衝過去。雅典娜爲了不讓阿利斯看出她是誰，而戴上了一頂隱身頭盔，無論誰戴上那頭盔，別人就都看不見。

戰神阿利斯遠遠看見狄奧美德斯沒命地衝上來，就朝他投來一槍，雅典娜用看不見的手將槍撥轉到另一方向，沒有命中目標。接著，雅典娜使狄奧美德斯的矛正中阿利斯的小腹。戰神大聲咆哮，就如同千萬人的吼聲合在一起，希臘人和特洛伊人都嚇得發抖，以爲這是晴天霹靂。只有狄奧美德斯看見阿利斯乘雲直升到天上，如同駕馭著一陣急風似的。

天上，阿利斯坐在宙斯旁邊，將創口給父親看。宙斯嚴厲地看著他，並對他說：「我的兒子，別抱怨我！在所有奧林帕斯山的神祇們中，你最不討我的喜歡。你總是喜愛戰爭和搏鬥，而你的頑強和違拗的態度則更像你的母親，是她把你寵成這樣的。老實說，你要是別的天神的兒子，我早就叫你到冥府地牢去了！」

阿利斯離開戰場後，希臘人開始轉敗爲勝，特洛伊的盟軍節節敗退，漸漸招架不住。

赫克托和艾亞斯決鬥

當特洛伊人抱頭鼠竄，紛紛逃避到城裡去的時候，預言家赫雷諾斯跑去見赫克托和愛涅亞斯並對他們說：「快把大軍撤回城邊，到隊伍裡去

雅典娜參與特洛伊之戰 達維 1771年，巴黎羅浮宮

鼓舞一下士氣。然後赫克托，你回到城裡去，叫你母親帶著特洛伊婦女到雅典娜神廟裡，將最尊貴的衣袍獻在她的膝上，並許願以十二頭純淨的小母牛獻祭她的神壇，求她悲憫特洛伊城的婦孺和城池，幫助士兵抵禦堤丟斯這可怕的兒子。」赫克托隨即從戰車上跳下，從部隊中大踏步走過去，並鼓舞士兵的勇氣，然後急忙趕回城裡去。

赫克托飛快地穿過西城門，去找他的母親海卡貝王后。

「母后，」赫克托對母親說，「請妳和所有的特洛伊貴婦們都手持薰香，到雅典娜的神廟去，將妳最華貴的衣袍獻在女神前面，並許願獻祭十二頭小母牛，請她憐恤我們。同時我還要去找帕里斯出戰。他這個人眞是生來要使我們全城毀滅的，但願大地立即將他吞沒。」

海卡貝王后趕忙照兒子所說的去做。不過海卡貝的禱告，雅典娜卻是拒絕的。這時候，赫克托已到了帕里斯那裡。帕里斯正在把玩著他的弓，美麗的海倫坐在他旁邊。

赫克托一看見他，就斥責他不應該在這緊急的時刻偷懶。帕里斯回答說：「哥哥，請等我一下，容我穿上鎧甲，或者你先去，我隨後就來。」

赫克托沒有回答，海倫謙恭地對他說：「哥哥，抱歉我帶來了災禍，我寧願在到達這裡的海岸之前就被海浪捲走。但事已至此，我願我的丈夫爭氣點，希望他重視自己所受的侮辱和輕視。但他卻沒有骨氣，他的怯懦以後一定會引致不幸的！但你，赫克托，請你進來休息一會兒，爲了我和我懶怠的丈夫，你辛苦了。」

「不，海倫，」赫克托回答，「我絕不能休息。我的心渴望著援救特洛伊人，妳的任務是激勵帕里斯作戰，讓他快點振作起來，在我出城前與我會合。但是我現在得先去看望我的妻子，擁抱我的兒子，因爲誰也不知道，我這次出戰是否還能回來擁抱他們。」

赫克托飛快地回到家，他的妻子安德洛瑪凱立即向他走來，懷中抱著星星般燦爛的幼兒亞斯提亞那克斯。父親對著幼兒微笑，安德洛瑪凱卻淚流滿面，拉著丈夫的手說道：「親愛的赫克托，你的勇敢會把自己葬送掉的。請留在城裡，千萬不要出去送死！」

「愛妻，」赫克托回答說，「如果我臨陣退縮，我便是一個懦夫，我絕不做這樣的事。雖然我也預感到，不久之後神聖的特洛伊城將會淪爲廢墟。但我必須這樣做，不只是爲了特洛伊人民，也是爲了我的父親、母親，但主要還是爲了妳；因爲到那一天，希臘人會把妳擄走，帶妳到希臘當奴隸，到那時候，別人見到妳就會說：『那是赫克托的妻子呀！』我寧願死去，也不願看見這麼一天。」

他一面說著，一面伸手擁抱幼兒。但孩子驚叫著，躲藏在媽媽的懷裡，因爲他害怕父親閃亮的黃銅盔頂和頂上高聳的馬鬃盔飾。赫克托微笑著將戰盔摘下，親吻孩子，並祈禱眾神保佑他，然後把孩子交回他母親手裡。

赫克托悲愁地撫拍妻子的手，對她說：「不要難過，除非命中注定，誰也不能把我置於死地。沒有人能逃脫他的命運，妳還是去做自己的事，織布、安排侍女們的工作，至於戰爭，則交給男人來計劃。」於是赫克托戴上戰盔轉頭離去，與帕里斯會合後，兩兄弟出了城門，直奔希臘大軍。這次他們異常勇猛，殺了許多希臘名將。

雅典娜看見希臘人紛紛死在赫克托手下，感到十分痛心。她再次從奧林帕斯山下來，想要幫助希臘人。阿波羅遇見她，說道：「雅典娜，妳仍固執著非要特洛伊陷落不可嗎？我們今天暫且休戰！以後再讓他們繼續打，一直打到特洛伊毀滅吧！」

雅典娜問道：「可是我們要怎樣使戰鬥停止呢？」

阿波羅說：「我們可以讓赫克托向最勇敢的希臘人挑戰，讓他們單獨決鬥。」

預言家赫雷諾斯的心靈聽到了神祇這談話，飛快地跑去見赫克托並對他說：「你快叫兩軍停戰，然後要求和希臘英雄中最勇敢者單獨決鬥來確定這次戰爭的勝負。你一定不會戰死的，因為天神已經為你安排了這樣的命運。」

赫克托聽了很高興，於是他喝止特洛伊軍隊，橫矛站在陣前。雙方停止了戰鬥，阿伽門農也命令他的軍隊停止前進。阿波羅和雅典娜則變作兩隻鷹棲息在聖櫸樹上面，欣賞著這裡的雜沓和紛亂。最後大家都靜下來，聽赫克托發言：「各位，我提議派出一名英雄和我單獨決鬥以決勝負！」

但所有的希臘人都保持沉默，因為要拒絕這挑戰是可恥的，而要接受這挑戰又是危險的。最後，美尼勞斯站了出來，他說，「就讓我來和他決一死戰，反正誰勝誰負都要由天神來決定！」說著，他束緊鎧甲，準備戰鬥。但希臘的王子們都驚跳起來，將他拖回，否則他必死無疑。

這時，老將納斯佗故意嘆道：「假使我當年的精力還在，那麼我一定立刻去和那強大的赫克托決戰。」

艾亞斯立即站出來，他束緊金光燦爛的鎧甲，大步走到戰場，嚴肅的面孔上露出可怕的微笑，手中揮舞著沉重的矛。所有的希臘人看到他都歡呼，而特洛伊人的隊伍則爲之悚懼。甚至勇敢的赫克托也怦怦心跳，但他既已提出挑戰，當然不能後退。

兩位英雄打得難分難解，不分高低。直至夜幕降臨，仍分不出勝負。於是雙方協議暫時休戰，希臘人回到船上去，特洛伊人則回到城裡。

這時雙方對這場漫長殘酷、毫無結果的戰爭產生了厭倦的情緒，謹慎的希臘人聽從老英雄納斯佗的意見，決定加強防衛。爲了防止敵人對艦隊發動突擊，他們連夜修了一道很長的圍牆，牆的兩旁有城樓，牆邊挖了一條深溝，溝裡打上木樁。

特洛伊人看見希臘人在離城牆不遠的地方修建了牢固的防禦工事，心裡異常恐慌。他們預感到特洛伊城可悲的前景，紛紛要求把海倫及其財產交還給斯巴達國王。帕里斯雖然反對把海倫還給希臘人，但他仍然同意派出使者到希臘聯軍去，請求暫時休戰，以掩埋陣亡將士的屍體，並建議把跟海倫私奔時帶走的財物還給希臘人。

希臘人拒絕接受收回被劫的財物，但他們同意暫時休戰以掩埋壯烈犧牲的勇士遺體。第二天，全城即刻動員。有的搬運屍體，有的砍伐山坡上的樹林。在阿高斯的軍營中也同樣忙碌著。

在拂曉的陽光中，敵對的人彼此和平相遇，各從對方的陣地尋覓本國人的屍體。因爲死去的戰士都血肉模糊，根本分不清誰是敵人，誰是朋友。特洛伊人洗滌著屍體上的血漬，他們哭紅了眼睛，因爲特洛伊人的死者是遠較阿高斯人爲多的。

大家悲泣著將屍體搬到車上，送上火葬堆，直到最後的火光熄滅時才各自回去。阿高斯人在火葬了死者後開懷痛飲，特洛伊人也希望從戰爭的疲勞中得到恢復。惟宙斯不讓他們休息，整個夜晚他始終斷斷續續地以轟隆的雷聲恐嚇他們，每一雷聲都彷彿預兆著新的災禍。

出使阿基里斯營中

第二天早晨，宙斯在奧林帕斯山的最高峰召集眾神舉行會議，對他們說道：「今天，你們之中有誰敢援助特洛伊人或希臘人，我就將這叛逆者丟到黑暗的泰他羅斯陷坑裡，使他永遠不能再看到奧林帕斯聖山的天光。」

眾神都畏服宙斯的力量，因此不敢發言。最後還是雅典娜說道：「父親，我們當然知道您的力量是無限的，可是我們同情希臘人，很怕他們會被殺伐殆盡。我們願意聽從您的吩咐，不過問他們的戰事，但我想給他們一點勸告。」

宙斯微微一笑，答應了她，於是，宙斯就乘上他的雷霆金車飛馳向伊德山，那兒有著獻祭給他的聖林和神壇。他坐在山頂上十分威嚴地觀察特洛伊城和希臘大軍。

這時，希臘人和特洛伊人都穿上鎧甲，戴上頭盔，拿起武器準備決一死戰。特洛伊的人數比敵人少，士氣卻很高昂，因爲災難已迫在眉睫，他們必須爲妻子兒女拚一死戰。城門一打開，他們就像潮水般地向城外衝出來。

兩軍相遇，短兵相接，長槍和盾牌互相撞擊，士兵們大聲地叫嚷和吶喊，一時驚動天地、撼動山嶽。這天早晨，雙方不分勝負，各有死亡。但當午間太陽當頂時，宙斯拿出他的金天平，在兩邊放上死亡砝碼，一個代表希臘人，一個代表特洛伊人。他拿住天平的正中央，把它懸起來，代表希臘人的一邊垂了下來。於是，他拿起霹靂棒，從伊德山直向人叢中打過去，大家都嚇得心驚膽顫。

人群如覆水一樣四面逃散。特洛伊人在英勇赫克托的指揮下加強了攻勢，希臘人損失慘重，留下一千多具屍體，被迫退到他們修起來的溝濠旁邊。希拉看到這一情景，爲之大驚失色，她想策動海神波塞頓援救希臘人，但沒有成功，因爲他不敢反對比他更有威力的宙斯。

此時宙斯又煽動著特洛伊人的勇氣，赫克托眼中放射著兇燄狂暴地追擊著希臘人，就如同在山林中追擊野豬的猛犬。希臘人紛紛後退，被困在圍牆外狹小的防禦工事裡，痛苦地向他們的神祇祈禱。希拉聽到了他們的祈禱，激起了她心中的憐憫。她轉身向雅典娜。「希臘人危急了！」她說，「不是已到我們援助他們的時候嗎？看看赫克托如何追擊他們，他大肆地殺戮呀！」

雅典娜回答道：「這還不是因爲特蒂絲請求宙斯賜給阿基里斯光榮，而父親聽了她的話。妳快把馬準備好，我要親自到伊德山去勸說父親。」

宙斯預見到她的來意。他皺著眉，吩咐使者伊麗絲如急風般地飛到奧林帕斯聖山的天門，阻止兩位女神的車輛前進。隨即宙斯自己乘上雷霆金車，整個聖山因他的返回而震撼著。雖然他的妻子和女兒對他哀求，他也沒有動心。

「明天特洛伊人將得到更大的勝利！」宙斯對希拉說，「英勇的赫克托將不停追擊，直到阿基里斯從自己的屋子裡挺身站出。這是命運女神的決定。」希拉沉默著，面容憂鬱。

天已黃昏，船艦周圍的戰鬥漸漸沉寂。赫克托將他的戰士們召集起來。

「特洛伊人和所有的盟友們！」他說，「我本來打算在今天殲滅希臘人，凱旋特洛伊城，可是黑夜的降臨延誤了計畫。我們順從黑夜的安排，你們解開戰馬，把牠們餵飽，再派人回城裡運些飲食過來，我們就在這裡紮營。在箭樓和高地上點起營火，千萬不要讓希臘人趁夜逃跑。明天拂曉，我們將繼續戰鬥，在宙斯的庇護下，明天我們一定要把希臘人消滅乾淨。」

特洛伊人心裡充滿希望和驕傲，他們通宵達旦不離武器，等待著黎明的戰鬥。

特洛伊人從田野到海邊一共點起了一千堆營火，煙霧騰騰，直衝雲霄。此時，希臘人卻充滿憂慮，甚至連最勇敢的將領也恐懼不安。阿伽門農無比焦慮，他派傳令官去通知軍隊的主要將領到他的帳篷裡來。

「朋友們，」阿伽門農流著淚說，「宙斯把我們推向災難的深淵，特洛伊城永遠也不會被攻下。因此，爲了避免遭受更大的損失，我們還是離開這地方吧。」

聽到這些喪氣話，希臘的英雄都默不作聲。後來狄奧美德斯站起來說：「國王啊，宙斯使你高踞王位，卻沒有給你為王者應有的勇氣。如果你渴望回鄉，請你自己回去就是。路敞開著，你的船艦也準備在那裡。至於我們，特洛伊被攻下以前，我們是絕對不走的。」

狄奧美德斯的話贏得了希臘各族英雄的熱烈掌聲。這時納斯佗站起來說：「英勇的阿伽門農，你是希臘各族人民的領袖，宙斯讓你作萬民之王，你就應該好好對待你的人民。你應該記得阿基里斯吧？你曾傲慢地把他的布麗賽施搶走而激怒了他。難道你不認為，我們非要有他的支援不可？現在，我們必須設法讓阿基里斯息怒。」

「你說的是，」阿伽門農回答，「我承認是我的錯。我願意向他道歉，我還要把布麗賽施還給他，如果眾神庇佑我們，讓我們攻下特洛伊城，他可以任意取金子和青銅，可以挑選二十個最美麗的特洛伊女子。」

與會者對阿伽門農的禮物感到滿意，他們當即決定派使者去找阿基里斯商談。大家一致推舉聰明的奧德修斯、英雄艾亞斯和阿基里斯的老師納斯佗去作說客。

於是，一行人沿著波浪咆哮的海岸走去，一邊虔誠地向海神祈禱，請求他打動阿基里斯的心。他們來到密爾米頓人帳營的時候，看見一切都在沉睡中，只有阿基里斯沒有睡覺，他獨自坐在他的好友帕特羅克洛斯身邊彈著豎琴，一邊哼著歌頌古代英雄戰績的歌聊以自慰。這位英雄一看見這幾位朋友，便放下豎琴，向他們迎上去。

「你們好，」阿基里斯邊說，邊和他們握手，「我想你們來必有所求，但你們都是我的朋友，所以即使在惱怒中我仍然歡迎你們。」

說完，他又招呼他們坐下，招待他們喝酒飲宴。當酒醉飯飽，奧德修斯便站起來，對阿基里斯說：「謝謝你，阿基里斯。這美酒佳餚眞是豐盛極了。但我們到這裡來並不是貪圖豐盛的享受；我們已經面臨了存亡的關頭，如果你不肯出力，我們不知是否能保得住我們的船隻。特洛伊人已迫近圍牆和船艦，赫克托兇燄逼人，他有宙斯撐腰，放肆橫行。在這最後關頭，拯救希臘人吧，我們的命運已瀕絕境。」

但阿基里斯回答說：「不，阿伽門農令我憎惡，無論他或任何人，都再也不能引誘我重新回到你們的隊伍去。我曾經日夜操勞，流著如雨的血汗為那個不義的王子爭奪一個女人，並將所獲得的財富交給他。可是他貪得無饜，連我最微小的戰利品也要奪去。為著這理由，

阿基里斯與說客　安格爾　1801年，巴黎國立美術學院

我堅持自己的誓言，什麼禮物我也不要，我絕不為你們出力。」幾位說客聽了阿基里斯這番斬釘截鐵的話，只好帶著沉重的心情辭別回去，把阿基里斯的話告訴了阿伽門農王。

阿伽門農心裡非常煩惱，他朝特洛伊城望去，看見許多燈火，又聽見悠揚的笛聲、嘈雜的人語聲，不覺大吃一驚。他轉頭望望希臘船隊，想起他的士兵不知會遭到什麼樣的災難，就扯著自己的頭髮，悲從中來。他認為最好還是去找納斯佗商量一下，也許兩人可以想出有效的辦法。於是他來到納斯佗的帳篷。

「阿伽門農王，」納斯佗從夢中驚醒說道，「我們先叫醒其他將領吧，因為我們的共同命運正處於千鈞一髮的時刻。」

納斯佗又去叫醒了奧德修斯和狄奧美德斯等人。眾英雄經過研究，決定派人到特洛伊營地去捉一名俘虜回來，或者去竊聽他們的會議、探明動向。狄奧美德斯和奧德修斯自告奮勇去執行這項危險的任務。

在特洛伊人方面，赫克托也同樣警惕，他也派了一名探子悄悄來到希臘艦隊旁邊，偵察希臘人是否像往常一樣守護船隻，還是疲憊不堪，準備起錨從海上逃跑。但是偵察兵多隆沒能帶消息回去給赫克托，他在供出特洛伊的軍情後，被奧德修斯殺死。

狄奧美德斯和奧德修斯根據多隆提供的情況潛入特洛伊盟軍色雷斯人的營地。當時營地一片寂靜，色雷斯人正沉入夢鄉。狄奧美德斯如獅入羊群，左右斬殺，劍鋒所到之處，只聽見一片垂死的呻吟，地上流滿了鮮血。當他殺死第十三個人——色雷斯國王時，雅典娜走來警告他，要他快逃。狄奧美德斯立即躍上一匹馬，奧德修斯和他並轡而馳，飛快地奔回自己的陣營。

特洛伊人的保護神阿波羅看見雅典娜和狄奧美德斯一起，這使他十分惱怒。他降落在特洛伊人的軍隊中間，驚醒色雷斯國王的朋友希波科翁。當他看見人們在血泊中裡掙扎，他悲哀地呼叫著他的朋友。特洛伊人隨即湧來援助他們的同盟軍，一看見這種慘狀都爲之發怔。

激戰城牆邊

第二天，天剛濛濛亮，阿伽門農就穿上他的鎧甲，率領大軍越過壕溝，在戰車的掩護下向前挺進；而戴著閃閃發亮的胸甲的赫克托也已經集合特洛伊部隊，離開營地向平原進發，準備迎接希臘軍隊的挑戰。兩軍一相遇，就立刻廝殺起來。戰鬥持續了一個上午，雙方不分勝負，死傷同樣慘重。可是，到了正午，希臘人突破了特洛伊人的防線。阿伽門農首先攻破了這道缺口，希臘軍隊蜂擁而入，特洛伊人被打得潰不成軍。

從血流成河的混戰中，宙斯親自指引赫克托逃脫，並保護他不被流矢傷害，讓他向城裡奔逃。接著，在赫克托的指揮下，特洛伊人在城門重整旗鼓，重振軍威，繼續和希臘人交戰。

正當阿伽門農要打退敵軍的反擊時，一支長槍向他飛來，正扎在他的手臂上。阿伽門農雖然手臂上鮮血直流，仍然奮勇用槍、用劍和石頭作戰。但血流如注迫使他離開戰場。他即刻乘上戰車，吩咐馭手驅車回船艦去。一陣塵土飛揚，戰車飛快地奔向阿高斯的營帳。

赫克托看見強大的阿伽門農離開戰場，便立即大喊：「衝上去！勇敢的進攻吧，希臘人的統帥已經逃走，宙斯要讓我們獲勝了！」他一面叫喊，一面如同風暴一樣領頭衝擊。不久就有九個希臘英雄和許多士兵在他的突擊下死亡。他幾乎要將阿高斯人趕回他們的船上了。

這時狄奧美德斯挺身出戰，試圖頂住特洛伊人暴風般淩厲的攻勢，可是，拐騙海倫的帕里斯向他放了一箭，正射中他的腳踝。奧德修斯趕忙過來掩護他坐上戰車回到船艦上。

現在只有奧德修斯一人還在敵人陣中，他腹背受敵，猶如被飢餓的獵犬包圍的野豬。但奧德修斯堅定的站著，不久就有五個特洛伊人被殺死在地。突然，一支呼嘯而來的長槍刺穿了他的盾牌和鎧甲，扎在他的腰部。奧德修斯受了傷，特洛伊人看他鮮血直流，就更逼近地包圍著他，他只得後退並大聲呼叫求援。

美尼勞斯和艾亞斯聽到他的呼聲，趕快奔到奧德修斯面前，這時他正揮擊著長矛抗拒無數的敵人。艾亞斯持盾站立著如同巨塔般，令特洛伊人都恐懼得發抖。美尼勞斯乘機扶奧德修斯乘上戰車。

過了一會兒，軍醫瑪岡被一支三尖箭射中受傷，納斯佗連忙把他扶上戰車，奔回船艦。他們的馬匹從蹙眉注視的阿基里斯面前經過。他正站在船尾看望著特洛伊人追擊著他的同鄉人，心中隱然湧起一股凶兆。於是，他叫喚帕特羅克洛斯：「去問問納斯佗，他從戰地帶回來的是誰？不知爲什麼，我的心突然對阿高斯人發生憐憫之情。」

帕特羅克洛斯來到納斯佗的帳篷前，老人從椅子上站起來，拉著他的手，請他坐下。

「尊敬的長者，」帕特羅克洛斯問，「阿基里斯叫我來看看受傷的將領是誰？」

納斯佗用感慨的語調回答：「唉，我的孩子，我軍正遭受慘重傷亡，狄奧美德斯受到箭傷，奧德修斯和阿伽門農被矛擲中，而我剛剛帶回這人，即軍醫瑪岡，也被箭頭所傷。阿基里斯是無情的，是不是他要等到我們的船艦都被火焚，我們也全都死在血泊中才甘心呢？請你把這些情況告訴阿基里斯，說服他，使他回心轉意。如果他不願披掛上陣，就請他讓你率領他的部隊參加戰鬥，把他那令人喪膽的武器和鎧甲借給你到戰場上去。特洛伊人一見到你，一定會以爲是英雄阿基里斯來了而停止戰鬥。這樣，喘不過氣的希臘人就能重振軍威，在恢復士氣的部隊支持下，你就可以輕而易舉的把敵人趕回城裡去。」

納斯佗的這番話使帕特羅克洛斯聽得怦怦心跳。在此同時，戰爭逼近到營盤附近，阿高斯人害怕赫克托的兇猛，都密集著緊靠他們的船艦。赫克托如同雄獅一樣率領著他的隊伍前進並命令他們越過壕溝；但是馬匹都畏縮不前，因爲壕溝寬闊陡峻，壕邊且栽有尖頭木樁，只有步兵可冒險通過。

於是他們當中一些人牽住嘶叫著的戰馬，另一些人手持盾牌，越過壕溝徒步前進。希臘人看到特洛伊人試圖突破他們的防線，便馬上到圍牆上去，把大塊大塊的石頭像冰雹一樣朝特洛伊人擲下，箭像雨點般向他們射去。戰鬥異常激烈，雙方死傷慘重，有些人像石塊一樣從圍牆上掉到血泊中，還有些人緊捏著雙手，躺在地上呻吟。

特洛伊人儘管死傷慘重，但他們卻佔領了圍牆邊的一塊高地，赫克托以非凡的力量舉起一塊巨石，用它來敲擊門樞，結果門閂給打斷了，營門終於被打開。赫克托披著燦亮的青銅甲胄，令人望而生畏，他圓睜兩眼，揮舞著兩支發光的長槍，閃電一樣地衝進去。他的戰士們蜂擁在他的後面，同時攀登上圍牆的戰士也有好幾百人，接著是一陣巨大的咆哮，特洛伊人齊聲吶喊衝進圍牆，希臘人紛紛向後方的船艦奔逃。

當宙斯使特洛伊人贏得這一幸運的發展後，便將視線從船艦移開。同時波塞頓卻已忙碌起來。他坐在樹林茂密的山峰，在他的眼底是伊德山、特洛伊城和希臘船艦。他悲愁地看著希臘人被特洛伊人所擊敗。於是，波塞頓離開嶙峋的山岩，以一種使山林震動的神祇步履，四步就走到埃該附近的海岸，那裡洶湧的海浪下巍立著他輝煌而不朽的黃金宮殿。他穿上黃金鎧甲，套上他的銀鬃馬匹，執著發光的金鞭，跳上戰車，從海浪中駛過。海怪們知道這是牠們的國王，都從岩石的縫隙中湧出，在他的周圍游泳。海浪自動分開讓他通過，沒有一滴水沾上青銅的車軸。他飛快地來到希臘人的船艦，投身於戰鬥的怒火中。這時特洛伊人正如濃雲一樣集結在赫克托的周圍，準備佔領船隻。

波塞頓化身爲戰士的模樣直衝上戰場，他一面奔跑，一面向希臘人大聲吶喊，他的聲音有如千萬人的呼聲，使得每個英雄的心情又重新振作而堅定。阿伽門農、奧德修斯和狄奧美德斯不顧傷痛，負傷回到隊伍裡繼續戰鬥。被打散的希臘人又重新組織起來，在他們的指揮下，大家勇敢向前。大地的震撼者走在前頭，右手執著三叉戟，爲大家開路，擋在他前面的人紛紛潰敗，無人敢和他正面作戰。

當他前進時，海浪和潮水也在希臘人的船艦後面洶湧沸騰。

希拉在奧林帕斯山的最高峰觀戰，她看見波塞頓援助她的朋友們，忍不住也採取行動。她溫柔地召回宙斯，假意和他談心，再示意隱藏在後的睡神壓住宙斯的眼皮。宙斯還來不及發現詭計，就睡眼矇矓地倒在希拉懷裡，深沉的睡去。

剎那間，希臘大軍如同燒山的野火捲過峽谷，反敗為勝。赫克托並不畏懼，他仍然勇往直前。雙方軍隊又發生大戰。赫克托最先以艾亞斯為目標，投出他的槍。但別的英雄則用盾保護住艾亞斯的身體。赫克托惱恨失去了他的武器，退入特洛伊人的隊伍中。這時，艾亞斯從他後面投來一塊巨石，他跌落地上，槍、盾和戰盔都向四方飛散，他的青銅鎧甲也叮噹作響。希臘人高興得大聲喊叫，矛如雨點般投來，並衝過來要將赫克托拖走。特洛伊眾英雄見狀，趕忙用盾牌掩護著他，抬上戰車，送回城裡。

當希臘人看見赫克托負傷逃走，更合力追擊敵人。這時，特洛伊人紛紛你擁我擠地從營門往外逃遁，如果不是宙斯醒來，特洛伊城可能當天就被攻陷了。

宙斯一躍而起，看到特洛伊人在奔逃，而赫克托口吐鮮血，奄奄一息。他恍然大悟，鐵青著臉責備希拉，並喚來伊麗絲帶著他的命令要波塞頓退出戰場。海神悶悶不樂的服從，戰況再一次轉為對希臘人不利。

同時，阿波羅也奉了宙斯的命令，走到赫克托身邊，讓他恢復元氣。「放心吧，」阿波羅對他說，「我將保護你這座神聖的城池。赫克托，快去鼓勵你的將士，要他們回船邊長驅直進，我在前面爲你們開路，並幫助你驅逐阿高斯的隊伍。」

這時，赫克托渾身是勁，猶如一匹長期被綁的戰馬擺脫了束縛一樣，立即重返戰場。希臘人看見這突如其來的變化，就好像一群追趕鹿的獵人忽然看見一頭獅子走過來似的，全都著了慌。他們越過壕溝，撤退至船艦去。同時特洛伊人以密集的隊伍衝鋒。阿波羅隱身在雲霧裡，指引著赫克托前進。弓弦颼颼地響著，矛如雨點一樣射在空中。特洛伊人越過壕溝，把希臘人逼退到船艦旁。

於是，爭奪船艦的戰爭又重新爆發，希臘人寧死不退，而特洛伊人個個摩拳擦掌，希望縱火焚燒敵人的船艦。大家短兵相接，用戰斧、刺槍和利劍對砍，有多少利劍從死者的手中滑落，或從戰鬥者的肩頭落下，地上血流成渠。赫克托緊緊地攀住船尾，他大聲命令著特洛伊人放火燒船，說今天正是宙斯讓特洛伊人得勝的日子。

甚至艾亞斯也不能抵抗赫克托的攻擊。矢石來得太緊、太厲害了。他略略後退，但他仍毫不停息地掄起手中的長槍，要阻止抱著柴火逼近船艦的特洛伊人。他大聲地向希臘人喊道：「希臘人啊！我們應該誓死抵抗！我們已經沒有援軍，背後也沒有圍牆了。我們不像特洛伊人一樣有城池可以逃避。我們是在敵人的土地上，後面就是大海，祖國離我們很遙遠。我們的安全得全靠自己的力量呀！」他一面說著，一面用槍刺殺每個跑上來放火燒船的敵人，因此不久就有十二具屍體躺在他面前的地上了。

帕特羅克洛斯之死

當希臘戰士正在爲保衛船艦做生死搏鬥時，帕特羅克洛斯離開了英勇的傷兵們去見阿基里斯。他一進到他的屋子就淚流不止，阿基里斯同情地望著他，問道：「怎麼啦？你就像一個拉著母親衣裙要母親抱的孩子一樣。告訴我，什麼事使你這樣難過？不要對我隱瞞。」

「阿基里斯，」帕特羅克洛斯嘆氣著回答說：「我爲在艦隊旁犧牲的希臘人而悲痛。我們最英勇的將領都受了傷，躺在船艦裡，敵人馬上就會放火燒掉我們的艦隊。情況如此危急，你卻還是無動於衷，我想，你必定是從黝黑的大海和岩石所生，所以才這麼冷酷。好罷，如果你不願伸出援手，那麼至少讓我和你的戰士同去，讓精疲力盡的希臘人能喘一口氣。讓我穿上你的鎧甲，也許特洛伊人看見我會以爲是你，因而停止進攻，讓我們有時間整頓隊伍。」

阿基里斯皺著眉頭，冷冷地說：「我不去作戰的原因，是生氣阿伽門農，但是我從未有意要永遠懷恨在心，我老早就打定主意，當戰爭逼近船艦時要將這些事情忘卻。雖然現在我還無心作戰，但你可穿上我的鎧甲，率領我的戰士，全力衝向特洛伊人，將他們從船艦趕走吧！」

由於寡不敵眾，艾亞斯這時已支持不住。赫克托見敵人已經不支，於是舉起利劍將他的青銅槍尖砍落地上，艾亞斯手上只握著一截槍杆，絕望地節節後退。赫克托和他的戰士趁勢將一個大火把扔到船上，熊熊的火燄瞬間籠罩船尾。

阿基里斯看到熊熊的火燄，一顆頑固的心頓時感到劇痛。「啊，帕特羅克洛斯呀！」他喊道，「別讓敵人佔領我們的船艦，你快去吧，我將親自去召集我的戰士們。」

帕特羅克洛斯很高興，飛快地將阿基里斯的鎧甲穿在身上，肩上背負著他的寶劍，頭上戴著他的戰盔，左手持著他的大盾，右手執著兩根長槍。他當然希望拿著阿基里斯的那根大矛，但那是過去馬人凱龍贈給佩遼斯的，矛杆是用佩利翁山上的一整株白楊樹削成，既大而又沉重，除阿基里斯外沒有別人可以使用。

隨後，帕特羅克洛斯套上美人鳥波達爾格爲西風之神所生的兩匹神馬，同時阿基里斯已召集他的密爾米頓戰士，他們都如餓狼一樣，每船五十人，從五十艘船艦奔來。

「士兵們，」阿基里斯對戰士們說，「你們等待已久的決戰之日終於來到了。在帕特羅克洛斯的指揮下，你們要勇敢地前進，狠狠地打擊特洛伊人。」

於是，密爾米頓戰士如同蜂群一樣跟在領袖帕特羅克洛斯的後面，奔向敵人。當特洛伊人看到身穿阿基里斯鎧甲的帕特羅克洛斯時都心驚肉跳，以爲他是阿基里斯。他們絕望的四顧，尋找逃亡之路。密爾米頓戰士趁他們心懷恐懼的時候，像餓虎撲羊般地衝來，特洛伊人嚇得魂飛魄散，紛紛逃離艦隊。

許多特洛伊戰車傾覆在壕溝裡，勇士喪生希臘人的槍下。赫克托已感覺到勝利不再屬於特洛伊人，但他仍堅定作戰，邊打邊退，希望至少可以救援和保護他的戰友。

帕特羅克洛斯大聲地呼吼著在後追擊，他鞭策著神馬躍過壕溝，追逐著赫克托飛奔的戰車。他如風暴一樣地往前衝，沿途殺死了無數的將士。留基亞的薩爾佩頓看到這情形很氣憤，跳下戰車朝帕特羅克洛斯撲來，兩個英雄纏鬥著，最後帕特羅克洛斯一槍刺在薩爾佩頓的心窩上。

特洛伊人見到薩爾佩頓慘死，都很悲慟。但悲慟激發了勇氣，他們由赫克托率領著衝向希臘人。而帕特羅克洛斯也不甘示弱，鼓舞著他的神馬飛奔前進，他兇猛而準確地使著槍，接連三次爬上城牆去。但阿波羅三次都用神手執盾抵禦，並大聲喝道：「退下去！」帕特羅克洛斯知道這是神祇的命令，只好退回。

天晚時希臘人逐漸獲勝。帕特羅克洛斯又倍加兇猛地衝向特洛伊人，接連三次衝鋒，試圖粉碎特洛伊人的反抗。當他做第四次屠殺時，死神已在近旁窺伺，因爲阿波羅親自出來作戰。帕特羅克洛斯看不見阿波羅，因他隱在雲霧裡。阿波羅站在帕特羅克洛斯背後，用手掌打了他一下，他的眼前立即一片模糊。然後神祇敲下他頭上的戰盔，戰盔叮噹地隨著馬蹄滾轉，羽飾全爲泥土和血漬染汙。太陽神又使他手中的槍折斷，解開他的護心甲，他失神地站在那兒，這時年輕的特洛伊戰士歐波爾普斯趁機投來一槍，正中在他背上。帕特羅克洛斯想逃回自己的隊伍裡去，可是赫克托看見了他，狠狠刺來一槍，刺穿他的肚子。

帕特羅克洛斯死了，美尼勞斯衝上來要奪回好友的屍體和鎧甲。他怒火中燒，持著盾牌，揮舞著長槍，和特洛伊人展開了爭奪帕特羅克洛斯屍首的惡戰。由於寡不敵眾，加上猛將赫克托帶了援軍向他衝殺過來。他不得不退了回來，到處尋覓艾亞斯，要求他協助奪回帕特羅克洛斯的屍首。

兩人走近屍體所躺著的地方時，看見赫克托已將死者的鎧甲剝下，正在割取死者的頭顱並將屍體丟給狗吃。當赫克托看見艾亞斯氣勢洶洶地衝過來，立即把阿基里斯的鎧甲取下，交給可靠的勇士帶回特洛伊城作為一種光榮的紀念品。同時，艾亞斯保護著屍體，如同猛獅保護著幼獅一樣，美尼勞斯在他的身邊守望著。

赫克托生怕失去他那漂亮的戰利品，中途趕上戰友，換上阿基里斯的鎧甲，那是眾神於佩遼斯和海洋女神特蒂絲結婚時贈給他的。後來佩遼斯年邁，他將它給與他的兒子，但可惜他的兒子卻命定地不能穿著它活到老年。

宇宙之王宙斯從天上俯視，看到赫克托正緊束著阿基里斯神聖的鎧甲。他嚴肅地搖頭，並在心裡說：「不幸的赫克托，你殺死那令萬人發抖的英雄摯愛的好友，你剝去他身體的鎧甲，從他頭上劫取戰盔，現在你昂首闊步地穿著女神之子的甲冑，可惜死神卻已站立在你的身旁了！唉，因為你將不能從這次的戰鬥歸來，你的妻子幼兒將再也看不到你，我將使你有一次最光榮的勝利。」

宙斯的話剛剛說完，赫克托的四肢馬上充沛著威勢與活力。他大叫一聲，統率著同盟軍，和他們一起衝向敵人。

這時爭奪帕特羅克洛斯屍體的戰爭重新爆發，希臘英雄以青銅盾牌團團保衛著帕特羅克洛斯的屍身，特洛伊人越發加緊壓迫，屍體幾乎被他們從人叢中拖去了。雙方戰士們都汗流如雨。

「我們寧可讓大地把我們活活吞下去，也不願將這具屍體委棄給特洛伊人，空手走回船去。」希臘人喊著。

「即使我們死得只剩最後一人，」特洛伊人也在對面吼叫，「也絕不後退！」

阿基里斯的神馬站在一旁，牠們知道帕特羅克洛斯已經喪命，便不肯再參加戰鬥。馭者無論怎樣打牠們，或向牠們說好話，馬兒都不肯再移動一步。牠們像墳墓上的石碑似的立在那裡，低著頭，流著眼淚。長長的鬃毛上佈滿塵土。

「可憐的馬兒喲，」宙斯同情地說，「爲什麼我要將你們交給凡人呢？大地上生息活動的一切，再也沒有比人類更苦惱的！赫克托想馴服你們爲他拖拽戰車，那是徒然的。我絕對不容許這麼做。他已佔有阿基里斯的盔甲，不是足夠了嗎？」

於是宙斯又使神馬充滿勇敢和力量。頃刻間，牠們搖著頭抖去鬃毛上的灰塵，飛快地拉著戰車馳到激戰處；艾亞斯則大力地將屍體扛起，駕著戰車返回船艦。

阿基里斯為友復仇

阿基里斯忐忑不安地踱著步。當他看見一個希臘人向船艦奔來，他感到惶恐，「爲什麼希臘人從戰地跑回來，好像潰敗逃回營帳似的？帕特羅克洛斯在那裡？爲什麼看不到他？」

這時，安提羅科斯來到他身邊，淚流滿面地說：「帕特羅克洛斯已經陣亡了，赫克托已剝去他的鎧甲，現在他們正爲他赤裸的屍首爭鬥著。」

阿基里斯悲慟欲絕，他倒在地上，大聲號哭，且用力扯自己的頭髮。

海洋女神特蒂絲聽見兒子悲痛的哭聲，難過的說：「我是如此地不幸，雖然生了這麼一個勇敢俊美的兒子。但卻親自送他去參加特洛伊戰爭，他將永遠不會回到佩遼斯的宮殿來了！唉，我一定要去看看我珍愛的孩子，聽聽他遭到的悲痛。」說著，女神升到水面，波濤自動分開，讓出一條路來。她來到海岸上，看見兒子坐在船艦前面悲泣。

「爲什麼哭泣呢？我的孩子？」她輕撫著他的頭，「誰使你傷心了？都告訴我，一點也不要隱瞞！」

阿基里斯帶著深沉的嘆息回答：「母親，這一切算什麼呢？那位我愛他甚於愛自己的帕特羅克洛斯已被敵人殺死，我借給他的鎧甲也給赫克托奪去了！啊！但願妳永久居住在海洋的深處！因爲假使佩遼斯娶的是一個人間妻子，妳便不會對一個

海洋女神 莫羅 1880年，巴黎

命定早死的兒子懷著永久的悲痛。我永不會回到故鄉去，因爲我的良心不容許我活在人間，除非我爲帕特羅克洛斯報仇，將赫克托殺死！」

特蒂絲含淚回答他。「我的兒子，」她說，「那時你青春的生命也將被斷送啊！因爲命運女神規定在赫克托死後，你的末日也近了。」

阿基里斯憤怒地叫起來，「我在戰場上比任何希臘人都勇猛，但我卻使帕特羅克洛斯在異鄉喪命，使無數被殺死的朋友們遭遇不幸，我簡直是人世間的贅物！可詛咒的憤怒呀，它無論在神祇或凡人心中，最初讓你感到甘甜如蜜，但後來卻苦澀難堪。」突然，他抑制著悲痛跳起來說，「過去的事都讓它過去吧！我這就去爲我所愛的朋友報仇。我要殺死赫克托，就讓既定的命運降臨到我的頭上來吧！親愛的母親，請不要阻止我！」

「你是對的，我的孩子，」特蒂絲回答，「你金光燦爛的鎧甲落在特洛伊人的手裡，赫克托矜傲地穿戴著它。但他囂張不了多久，明天日出時，我將帶給你新的武器，那是黑法斯托斯親手製造的。在我回來以前不要出去作戰！」女神說完，就即刻飛到奧林帕斯山去尋覓神祇的鐵匠黑法斯托斯。

同時特洛伊人緊追不捨，艾亞斯已無法再把赫克托打退，眼看帕特羅克洛斯的屍體馬上就要給搶去了。此時，希拉瞞著宙斯，派遣伊麗絲對阿基里斯說，「快起來吧！佩遼斯的兒子，再慢一步，帕特羅克洛斯就要成爲狗的食物了。」

阿基里斯照她的話大步走了出去，雅典娜親自將她的盾掛在他的肩頭，又使他頭上現出閃爍的光輝，就像夜晚點起來的烽火一般。他走到壕溝上，聽從他母親的指示，沒有加入戰鬥，只是遠遠看著並且吼叫，雅典娜也附和著跟他一起吼叫。那聲音就像號角一樣，特洛伊人聽見了都嚇得心驚膽跳，各自勒轉戰車和馬頭。阿基里斯吼叫三次，特洛伊人就潰亂三次，他們嚇得魂飛魄散，四散逃跑，一路上槍傷馬踩，自相踐踏，竟因此折損了十二員大將。

帕特羅克洛斯的遺體已不復爲矢石所能及，英雄們將他放置在櫬車上，大家圍繞著默致哀悼。阿基里斯又一次回到希臘大軍中，他伏在死屍身上痛哭著。

另一邊，特洛伊人召開了會議。赫克托堅毅地對大家宣示，天明時將繼續攻擊敵人，不管阿基里斯是否重回戰場，他都要堅持下去，直到勝利爲止。

同時，特蒂絲已來到黑法斯托斯爲自己所建的銅宮，他正在風箱前流汗工作。當火神看見海洋女神，歡喜地大叫：「我多高興啊，神祇中最高貴的特蒂絲降臨到我的屋子。我出生時，因爲是跛子，被自己的母親丟到海裡，要不是妳將我救起並在海中的石洞撫育我整整九年，我一定會悲慘的死去。爲了報答妳的救命之恩，即使付出生命我也願意。」

他把工具放下，洗淨手，拄了一根枴杖，走進屋子，坐在椅子上說：「敬愛的女神，妳不輕易到我這裡來，爲什麼今天大駕光臨呢？告訴我妳的來意，我必盡我所能爲妳效勞。」

於是特蒂絲告訴他她的憂愁，並請求他爲她注定即將死亡的兒子阿基里斯製造一頂戰盔和一面盾，一具胸甲和一副脛甲。

「請放心。」黑法斯托斯說，「我將爲他製造一付堅固壯麗的鎧甲，令所有人看了都會覺得驚奇。如果我能救妳的兒子免於死亡，那該有多好啊！」

說完他就走進鍛冶場，立即鼓動風箱，使十二座爐子烈火熊熊。他一手握著鐵鉗，一手舉著鐵錘，開始在鐵砧上鍛打青銅。他先鍛了五塊銅板，然後拼成一個寬闊的盾牌，周圍鑲上金邊，上面飾上表示戰爭的殘酷與和平歡樂的畫面。接著他又鍛製了一付比火光還要亮的胸甲、一個金頂的頭盔和一對錫脛甲。當一切完工，他將它們放置在阿基里斯的母親面前。她深深感謝這位鐵匠，然後用纖美的雙手將這金光燦爛的盔甲帶走。

天剛曙曉，特蒂絲就趕到她的兒子那裡，這時阿基里斯仍然守著帕特羅克洛斯的屍體悲泣。

「我的兒子，」她說著便把閃光的神奇鎧甲放在他腳邊，「請把火神爲你製作的這付鎧甲收下，凡夫俗子永遠也不能穿戴這樣的鎧甲。」

看見這付鎧甲，阿基里斯爲亡友復仇之心驟增。他大步走向海岸，並用雷霆一樣的吼聲號召著希臘人。凡是能站立起來的人，聽

特蒂絲將火神打造的武器交給阿基里斯

阿提卡瓶畫　西元前575～前550年，巴黎羅浮宮

到他的號召都奔來了，就連原來留在船上作舵手和廚師的人也跑了出來。狄奧美德斯和奧德修斯即使受了傷也跛著腳拄著槍向他走來，甚至阿伽門農也來了。

阿基里斯起立發言：「阿伽門農，我們應該捐棄前嫌，團結對敵，我將帶領密爾米頓縱隊打前鋒，你快下令全體將士發動進攻吧！殺害帕特羅克洛斯的凶手馬上就會成爲禿鷹的食物。」

他話音剛落，阿伽門農就說道：「阿基里斯，我要向你賠禮道歉，把不久以前我答應你的東西全都給你。」

阿基里斯回道：「王啊！你要給我也好，你自己留下來也可以。我們還是趕快作戰吧！」

希臘人再度向戰場開拔，大地閃著刀光劍影。阿基里斯一面束緊他的鎧甲，一面切齒憤恨，眼裡射出兇燄。他腳上帶著那雙美麗的脛甲，胸前戴上胸甲，肩上掛著一支劍，手裡拿著燦亮如同月亮的大盾，然後他戴上頭盔，上面的鬃飾微微飄動。他把那鎧甲檢查了一下，很合身，它輕捷得如同鳥翼，使他急欲飛翔。最後他從架上取下他父親的大矛，再對他的馬說道：「神馬呀！今天你們要保護主人，不許像對待帕特羅克洛斯那樣將他委棄在戰場啊！」

說完，他就揚鞭策馬，帶領全軍向前開進。閃閃發亮的銅盔、長槍和鎧甲在陽光的照射下，形成一條閃光的長河。

衆神大戰

這時，宙斯召集眾神集議，許可他們憑自己的心願援助特洛伊人或希臘人。因爲如果沒有神祇們參加作戰，阿基里斯必然會違反命運女神的規定而征服特洛伊城。

當眾神知道自己可以自由行事，立即壁壘分明分爲兩派：希拉、雅典娜、波塞頓、漢密斯和黑法斯托斯趕到希臘人的船上去；阿波羅、阿利斯、阿緹密斯以及他們的母親莉托、阿芙蘿黛緹和斯卡曼德羅斯河神，則動身到特洛伊人那裡去。

在兩邊的神祇還沒有加入正在前進的隊伍以前，希臘大軍因有阿基里斯在其間，都顯得士氣高昂，而特洛伊人遠遠地望見阿基里斯，都感到膽顫心驚。但現在神祇們已加入雙方的隊伍，勝負的結果又未可預測了。

雅典娜在壕溝外面和海岸邊來回指揮，到處高聲吶喊。在另一方面，阿利斯有時在城牆高處，有時飛奔在隊伍中間，吼叫著激勵特洛伊人。紛爭女神厄莉絲則如風暴一樣流竄在雙方軍隊中。戰爭的支配者宙斯從聖山絕頂發出雷霆；波塞頓搖晃著大地，使所有山嶽的高峰都震動起來。

希臘士兵的方陣　希臘壁畫

不一會兒，神祇們已先開戰了：阿波羅箭射波塞頓，雅典娜力戰阿利斯，阿緹密斯彎弓搭箭正瞄準著希拉，漢密斯和莉托交鋒，黑法斯托斯和河神廝殺。

當眾神正熱烈作戰的同時，戰場上也擁擠著戰士們，青銅鎧甲和戰車閃射著光輝，大地在他們的足下隆隆震響。不久，雙方隊伍躍出兩名英雄，一個是阿基里斯，一個是愛涅亞斯。

「愛涅亞斯呀，是覬覦特洛伊的王位？還是想殺死我，好從你的岳父那裡得到一塊土地？沒有這麼簡單！你不記得自己曾經是我的手下敗將嗎？」阿基里斯大聲喝道。

愛涅亞斯反駁道：「佩遼斯的兒子，你休想用言語恫嚇我，我也是女神的兒子呢！」說著就投出他的矛，射在阿基里斯的大盾上，噹的一聲連空氣都震動了。但那盾牌是天神所賜的寶物，凡人是刺不透的。

隨後阿基里斯也投去一槍，當矛穿過盾面並射到愛涅亞斯身後的地上時，愛涅亞斯恐懼得執著盾蹲下去，爲這次的危險而戰慄著。但阿基里斯已執劍奔來，愛涅亞斯見狀連忙拾起一塊大石頭向他拋過去。這時候，神祇們突然想到將來延續普里亞摩斯家族的責任是落在愛涅亞斯身上，所以不能讓他死。於是，波塞頓迅速地將他抱起，帶他從隊伍上飛過去，遠離戰場。

當掩人耳目的濃霧散去，阿基里斯突然發現敵人已不見蹤影，很覺詫異。「是神祇庇護使他逃脫了吧？」他沉悶地自言自語，轉身鑽進特洛伊的大軍中，一路衝殺過去。赫克托本想和他交戰，但阿波羅在他的耳邊低語警告，赫克托聽了就回到隊伍裡去。

阿基里斯如風暴般衝向敵人，殺死了不計其數的人，其中有普里亞摩斯的小兒子帕蒙，他被刺中脊骨，痛楚地倒在地上。赫克托看見他幼小的弟弟被殺，不忍再站在一邊，立刻向阿基里斯衝上來。阿基里斯看見他很高興，暗自說道：「這就是殺死我朋友的人。」他對赫克托喊道：「你過來嚐一嚐死亡的滋味吧！」

赫克托毫不畏懼地回答：「阿基里斯，你休想用話來嚇倒我。你雖然比我強大，可是勝敗有天神作主，我手裡也有長槍。」說完，他朝阿基里斯投了一槍，可是雅典娜吹了一口氣，使它無力地落在阿基里斯的腳下。

於是阿基里斯勇猛向前，投射他的敵人。阿波羅以濃霧保護著赫克托，所以阿基里斯的矛三次都落空了。第四次他大聲喊道：「你這狗東西，有阿波羅幫你，你算是逃過了死亡。可是我總會和你決一死戰，把你殺死的。」說完，阿基里斯就以翻江倒海之勢轉向其他特洛伊人。他那嘶叫著的戰車踏過無數特洛伊人的屍首，戰車把特洛伊人的頭盔和胸甲輾碎，車輪沾滿了特洛伊人的鮮血。就這樣，阿基里斯如同烈風猛吹著山林中的野火一樣勢不可擋。

特洛伊人大敗而逃，潰不成軍。有的往城裡逃竄，有的逃到陡峭的斯卡曼德羅斯河邊。在希臘大軍的追擊下，那些逃到河邊的人紛紛躍入急流滾滾的河裡。瞬間河裡擠滿了人和馬，阿基里斯把長槍放在岸邊，拔出寶劍，跳進河裡，即刻河水變得殷紅；在他的突擊下，波浪中發出陣陣的呻吟聲和喘息聲。阿基里斯殺得精疲力盡，活捉了十二個人，他打算將他們殺了獻祭給帕特羅克洛斯。

當這個英雄殺氣騰騰地再次衝到河裡去時，普里亞摩斯的兒子里卡翁正從水裡掙扎著浮上來。

「請饒了我吧！阿基里斯。」里卡翁哭著求他。

阿基里斯皺著眉，不耐煩地說道：「你這蠢才！在帕特羅克洛斯沒死之前，我願意饒恕你，但現在所有的人都得死，連你在內！」語罷，他殘酷地砍斷里卡翁的脖子，倒拖著屍體，將它投到水裡去，並嘲笑著叫道：「現在讓我看看你們常常獻祭的河流會不會救活你的生命！」

這話激起了河神斯卡曼德羅斯的憤怒。他原本就是站在特洛伊人這邊的，現在更是恨不得馬上打擊這兇殘的英雄並從那血腥的雙手中救出他所保護的人。

河神立即使年輕的戰士亞斯特羅派奧斯充滿驕傲和勇氣，他悲憤地看著阿基里斯的殘暴行爲，大無畏地向他走來。阿基里斯看見他，很覺驚異，就問道：「你是誰？竟敢出來和我對抗？」

亞斯特羅派奧斯回答：「我是河神的孫子，我率領同盟軍來援助特洛伊人。」

阿基里斯揮著他的槍朝他投來，沒有投中，卻大半截釘入地裡。亞斯特羅派奧斯想拔起來，但用盡力氣也拔不動，當他第四次拔它時，阿基里斯執劍一刺，他登時斃命。接著，阿基里斯奔向仍在河岸張皇失措的戰士，揮著利劍又連砍七人。這時，憤怒的河神斯卡曼德羅斯變形爲一個英雄，從滾滾的浪濤中衝上來，他大叫著：「佩遼斯的兒子喲，你的兇殘暴戾已大悖人性。我的河流已被死屍塡塞，幾乎不能暢流入海了。快給我滾開！」

「在我還沒有與赫克托較量以前，我絕不會停止對特洛伊人的殺戮。」阿基里斯邊說著，邊追擊著特洛伊人。

於是河流因憤怒而氾濫起來，將所有的死屍都推湧到河岸上。急流用力沖激向阿基里斯的盾牌，他緊緊地攀握著河岸上的一棵榆樹，然榆樹連根倒下，離河岸而去。他奮力躍上岸，兩腳行走如飛，奔馳在原野上，河神卻以狂濤巨浪在後面緊追。每當他企圖抵抗時，濤浪就湧過他的肩頭並將他腳下的土地沖洗開去。

最後這英雄向上天訴苦。「萬神之父宙斯呀，」他悲嘆道，「難道沒有一位神肯憐憫我，把我從河神的手中救出來嗎？」他正在悲號，波塞頓和雅典娜立刻化身為兩個凡人向他走來，握著他的手給他一股神力。阿基里斯縱身一跳，又重新站在陸地上。

憤怒的河神激起越來越高的浪頭，並大聲呼叫著他的兄弟西摩伊斯。「兄弟，快來！讓我們兩人合力制服這個強人，否則他今天就會將普里亞摩斯的城池夷為平地。召來山中的泉水，鼓舞一切的急流，並湧起你的狂濤巨浪吧！使他的力氣和鎧甲都無能為力。讓他深深地陷落在波濤裡，讓淤泥埋葬他！」他說完，就向阿基里斯湧來，攪和著水花、鮮血和死屍；同時他的兄弟西摩伊斯的河流也和他匯合，洶湧的濤浪淹沒了阿基里斯的頭部。

希拉看到這情景，驚恐得叫喊起來，立即對黑法斯托斯說：「你快來吧，除了你的火力，再也沒有任何東西能與河流的力量抗衡。快去援救阿基里斯的生命！我自己也將從海上鼓起西風和南風，來煽起你熊熊的火燄，消滅所有特洛伊人。」

黑法斯托斯聽從她的話，變爲火燄，飛翔在戰場上。首先他焚毀所有的死屍，隨即大地乾涸，洪流被阻。河岸上的榆樹、楊柳和叢草也開始燃燒。魚群在灼熱的空氣中喘息著尋求清泉。

最後河流也成了火流，河神屈服地叫道：「火神啊，我並不想和你作戰！畢竟特洛伊人與阿基里斯的相爭與我何干呢？」他祈求著，而他的河水卻如同熱鍋裡的油脂一樣吱吱作響。他又轉身向萬神之母哀求：「希拉，爲什麼妳的兒子這麼迫害我呀！難道我比別的援助特洛伊人的神祇更有罪嗎？只要他放過我，我會安靜下來。」

天后希拉見他這麼說，才喊著火神說道：「你可以住手了，黑法斯托斯。」

黑法斯托斯收去了火燄，河水這才恢復以往的樣貌。

這時，天神之間又起了另一場可怕的紛爭。他們分成兩派，互相攻擊，以致使大地變色，連天空也震得隆隆作響。宙斯坐在奧林帕斯山上看著神祇們互相爭鬥，心中不怒反樂。

首先出馬的是戰神阿利斯，他掄起長矛向雅典娜衝上去，罵道：「記不記得妳曾鼓動堤丟斯的兒子用槍刺我？我現在要報仇。」說著便攻向雅典娜的盾牌，雅典娜立刻搬起一塊巨石擲向阿利斯，阿利斯跌落地上，連頭髮都被泥土所汙。

雅典娜大笑並勝利地說：「傻子！你竟敢來和我較量！你不知道我比你強大嗎？你就倒在這兒受你母親的詛咒去吧！因爲你欺負希臘人，幫助特洛伊人，使得她非常生氣哩！」

阿芙蘿黛緹趕忙拉住阿利斯的手，想把他救走。當希拉看見她走近時，就對雅典娜喊道：「看吧！那位戀愛女神阿芙蘿黛緹是多麼勇敢地扶著兇暴的屠夫要離開戰場呢！快追上去，攔住她。」

雅典娜追上去，朝著嬌弱的阿芙蘿黛緹心窩上狠狠地一擊，她倒下，並將受傷的阿利斯也拖倒在地。「誰再敢援助特洛伊人，就會像這樣倒下！」雅典娜大聲喊道。希拉聽見她這麼說，嘴角露出笑容來。

這時波塞頓對阿波羅說：「動手吧，阿波羅。如果我們沒有較量一下就回到奧林帕斯山去，那是多麼恥辱的事！你為什麼要幫助那個狡猾國王的子孫？難道你不記得為了特洛伊，我們比別的天神遭受了更多的損失嗎？我們如何地為驕傲的勞梅頓國王服役，為他建築巍峨的城垣，而他卻不給我們所許諾的報酬？這些事你可能都忘得乾乾淨淨，否則你必定會和我一樣設法毀滅特洛伊。」

「海洋的統治者喲，」阿波羅回答，「假如我為了這些可憐的凡人而和你這樣一個令人尊敬的神祇戰鬥，那我便算是喪失了理智。」說著，阿波羅轉身離開，不願舉手反抗他父親的兄弟。

他妹妹狩獵女神阿緹密斯嘲笑他，侮蔑地對他說：「你這個神射手，難道你想逃走，讓波塞頓得勝嗎？你的弓箭是幹什麼用的？難道是孩子們的玩具嗎？」

希拉聽到她的嘲弄很不高興。「妳這個ㄚ頭，妳想反抗我嗎？儘管妳有那張弓，又有宙斯把妳寵成如此無禮，妳也休想敵得過我。我看我得給妳小小的教訓！」希拉一面責罵她，一面搶下她的箭袋，並用它狠狠打她耳光，她左右躲閃，箭袋裡的箭散落了一地。

阿緹密斯如同被鷹鵰襲擊的膽怯小鴿子一樣，丟下箭，哭泣著跑去找宙斯。

「我親愛的孩子，誰敢欺負妳？」宙斯慈愛地問。

「父親，」她回答，「是你的妻子希拉！她激起所有神祇們互相戰鬥！」但宙斯只是笑著，並輕輕地摩觸著她的面頰。

在山下，阿波羅已進入特洛伊城，因爲他恐怕阿基里斯會違抗命運女神的命運，在當天攻破特洛伊城。其他的神祇們則趕回奧林帕斯山，有的洋洋得意，有的充滿憤怒和悲愁，都圍坐在萬神之父宙斯的周圍。

赫克托戰死沙場

普里亞摩斯國王站在城樓上，他遠遠地看見勇猛的阿基里斯像追逐小鹿似的追擊著四處逃竄的特洛伊人，他悲痛欲絕，走下城樓，向守衛城門的將士下令：「快打開城門，讓我們逃跑的人回到城裡來。阿基里斯正朝我們撲殺過來，等我們的人一進城，你們立即關閉城門。」

普里亞摩斯的話音剛落，各城門立即打開，讓潰敗的特洛伊人回來避難。口乾舌燥、滿身塵土的特洛伊敗兵從戰地逃回。但阿基里斯仍如瘋子一樣執著槍追擊他們，要不是阿波羅奔來援助他們，阿基里斯就要踏平特洛伊城了。

阿波羅指使亞格諾爾向阿基里斯投去一槍，這一槍雖未刺中，但卻激怒了這位希臘英雄，他向亞格諾爾使勁刺去。說時遲那時快，阿波羅在亞格諾爾前面播下一股煙霧，讓亞格諾爾逃去安全的地方；接著，他又扮成亞格諾爾佯裝逃跑，讓阿基里斯追趕自己，以使特洛伊人贏得些許時間逃回城裡去。

阿基里斯中了阿波羅的緩兵之計，只顧追趕假亞格諾爾。當他發現自己受騙時，特洛伊人已經全部進入有堅固圍牆保護的城裡。只有赫克托一人留在城門外面，迎戰前來的阿基里斯。

阿基里斯因受騙而勃然大怒，他像一匹暴躁的戰馬，往城裡飛奔。最先看見他跑來的是年邁的普里亞摩斯國王。他站在瞭望台上遠遠望見阿基里斯的鎧甲在陽光下閃閃發亮。年老的國王用雙手捶擊自己的胸脯，焦急地呼喊在城門外等待敵人的兒子：

「赫克托呀，你還要魯莽地將自己投進這個凶手的虎口裡去嗎？他已吞食了我這麼多的兒子！快進城來吧，不要在無數的犧牲者之上又以你的死來增添阿基里斯的榮名。」國王仰天吶喊，「宙斯懲罰我，使我活到這樣老的年紀，遭受這種難堪的悲苦！我是不是得親眼看著我的兒子們被殺死，我的女兒們都被搶掠爲奴，我宏偉的宮殿被毀，年幼的孫子們被投擲在地下，兒媳們都被搶走？」

但父親的眼淚和哀求都不能使赫克托回頭。正當這位年邁的國王急得老淚縱橫時，阿基里斯已來到了城牆下面。他右肩扛著白楊木矛杆的長矛，青銅的武器燦爛得如同上升的朝陽。

赫克托看見他，不由自主地戰慄起來。他無心應戰，立即逃命。可是，阿基里斯像兀鷹追捕鴿子似的，緊緊地追著赫克托。一名高強的英雄在前面奔逃，另一名更高強的英雄在後面追趕。就這樣，他們圍繞著特洛伊城跑了三圈，奧林帕斯山的神祇們都懷著焦慮的心情往下注視著。

當他們第四圈圍繞著城垣跑時，宙斯站起身來，手中高舉著黃金天平，兩邊放上赫克托和阿基里斯的生死命運，將它們稱量。結果赫克托的一邊向著地府傾斜，即刻阿波羅離開了。而雅典娜走到阿基里斯身邊低語：「你自己鎮定下來，讓我去激勵你的敵人和你正面作戰！」阿基里斯立刻停止追擊，斜倚著他的大矛。

雅典娜變身爲赫克托的弟弟迪波普斯對他說：「讓我們兄弟倆合力擊退阿基里斯吧！」赫克托看到他的兄弟很高興，馬上拔出鋒利的寶劍，向阿基里斯撲過去。阿基里斯奮力一擋，打掉敵手的寶劍，接著擲出他的矛，但赫克托立刻蹲下去，所以矛從頭上飛過射落在地上。雅典娜緊握矛杆將它拔出，不讓赫克托看見，將它送回阿基里斯手裡。

赫克托也舉起槍憤怒地向敵人擲去，槍射中阿基里斯的青銅盾面被擋回來。赫克托很失望，因自己手上已沒有武器了，便回頭看他的兄弟，但他已不見了。這時赫克托陡然覺悟到是雅典娜欺騙了他，他的末日已到。他不甘心束手就擒，從腰上的劍鞘拔出利短刀，揮舞著奔向前去。阿基里斯也等不及再用大盾掩護著向前衝，他的戰盔上的羽飾飄動著，右手揮著大矛亮得如同星星。

阿基里斯尋伺機會，要給赫克托致命的傷害，但對方從頭到腳都用從帕特羅克洛斯身上掠得的盔甲保護著，只有在肩頭相連接的鎖骨地方有一點破綻。阿基里斯小心地把長槍瞄準他的喉嚨，然後狠狠地刺入。赫克托這一代勇將終於倒在塵土裡了。

赫克托氣息漸漸微弱：「阿基里斯呀，我請求你，別讓野狗將我吞食。任你要多少金銀都行，請將我的屍體送回特洛伊城，讓我的人民將我榮葬！」

阿基里斯惱怒地搖著頭：「你殺死了我最好的朋友，所以即使普里亞摩斯給我和你身軀相等重量的金子，你仍然難逃作爲野狗食物的下場！」

「我總算知道你是什麼樣的人了。」赫克托臨死時呻吟著說，「你心如鐵石，但是神祇會爲我復仇，當你被阿波羅的神箭射中，和我一樣地倒地死去時，你會記得我的話的。」他說完最後的預言，靈魂就離開肉體，飛降到地府裡去。

阿基里斯隨即大叫：「死亡！當宙斯決定我的命運時，我自會接受！」他說著，就從屍體上拔出長矛，動手剝去赫克托鮮血淋漓的鎧甲。

希臘人都圍上去，看見赫克托是那樣的魁偉英俊，都十分驚異。這時，阿基里斯站起來對他們說：「讓我們高唱凱旋歌，將這個敵人帶到我的朋友那裡去爲他的死雪恨吧！」說著，他把赫克托的踝骨穿孔，用皮條穿著綁在戰車上。

阿基里斯躍上戰車，揮鞭驅策馬匹將屍體倒拖著向船艦奔去。屍體的周圍揚起滾滾的塵土，死者的頭在剛才還這麼美麗，現在卻在沙地上拖出一條小溝，頭髮沾滿了塵土和汙泥。

海卡貝王后在城頭俯視著看見了兒子的死，她掩面痛哭。普里亞摩斯也悲痛地流淚，全城響震著特洛伊人及其同盟軍的哀號和哭泣。在悲痛和憤怒中，年老的國王禁不住要衝出城門來追擊屠殺他兒子的凶手。他倒在地上哭喊：「赫克托，啊，赫克托！你爲什麼不死在我的懷抱裡呀！」

赫克托的妻子安德洛瑪凱完全不知道她丈夫的死，因爲沒有人將消息透露給她。她寧靜地坐在屋子裡繡著一塊燦爛多彩的料子。她剛吩咐侍女們預備溫水給赫克托回來洗浴，這時她突然聽到碉樓上的號哭和悲嘆。她的心充滿著不祥的預感，心痛地跑出宮殿，登上碉樓，看見阿基里斯的馬匹正拖拽著丈夫的屍體在戰地上奔跑！她眼前一黑，暈倒了。她那美麗的頭髮上戴著的髮網、花冠，還有那鬃飾飄灑的赫克托當年迎娶她時，阿芙蘿黛緹送給她的金黃頭巾，全都落了下來。

帕特羅克洛斯和赫克托的葬禮

特洛伊人在城中哀悼赫克托時，希臘人已收兵回營，各自散開，回到自己的大船上。但阿基里斯卻要他的部隊騎著戰馬圍著帕特羅克洛斯的屍體繞三圈，向他致哀，然後，阿基里斯從戰車上跳下，把雙手放在早已停止跳動的好友的心窩上，說道：

「親愛的朋友，我已經實踐了對你許下的諾言，把赫克托的屍體拖來了。」

說完，他把滿身泥土、血肉模糊的赫克托屍首拖到帕特羅克洛斯的靈床前。接著，密爾米頓戰士們從馬上跳下來，圍坐在阿基里斯的船邊共進晚餐。這時，希臘聯軍各將領爲使阿基里斯節哀，特別舉辦了酒宴，親自來請他到阿伽門農王那裡宴飲。

富庶強大的邁錫尼王一看見英雄阿基里斯進入帳篷，立即叫僕人燒一大鍋水讓他清洗身上的血汙。阿基里斯固執地拒絕，並鄭重地發誓：

「宙斯在上，在我沒有將帕特羅克洛斯火葬之前，我不能用水洗浴。現在得舉行殯葬的宴會。而明天，阿伽門農國王，請下令砍伐林木，並做好一切準備，讓火燄將我朋友的屍體迅速焚毀。這事了結以後，戰士們便可繼續作戰。」

阿伽門農同意了他的要求。阿基里斯勉強吃了一點東西後，便起身告辭眾將領。他躺在金色的沙灘上，睡在密爾米頓人中間。疲勞使他忘卻了痛苦和勞累，他慢慢地睡著了。

這時，帕特羅克洛斯的靈魂在夢裡來看他。他俯身對他說：「你睡了嗎？阿基里斯呀，你已經忘記我了嗎？爲我造一座墳將我埋葬吧！我到現在還飄遊在地府的門外，因爲看守地府大門的鬼魂總是將我驅逐。除非我的屍體被火葬，否則我不能得到安息。我的朋友，你要知道命運女神已規定你也得死在特洛伊城外。所以造一座巨墳，使我們生時同居於你父親的宮殿，死後的骸骨也埋葬在同一墓穴。」

「我將按照你所說的去做，」阿基里斯說著，並伸手去擁抱那人形陰影，但它即刻如同靄霧一樣消沉到地裡去了。阿基里斯驚醒起來。他悲哀地對同伴們說：「原來這是眞的，靈魂在地府裡生存，因爲我夢見帕特羅克洛斯的靈魂，憂愁而悲痛，但一切都和他生時一樣！」他的話又引起人們對於這死去的英雄無限的懷念。

第二天剛曙曉，長長的隊伍就帶著鋒利的斧頭和結實的繩子，趕著騾子從營地出發，走上蜿蜒的山路到伊德山砍伐樹木去了。士兵們掄起斧頭，砍下巨大的橡木，削掉樹枝，把樹幹砍成小段。然後把砍下的木頭放在騾背上馱回營地火葬場。

當傳令兵前來報告說柴堆已準備好以後，阿基里斯便指揮密爾米頓人佩戴寶劍，套上戰車。戰車走在送葬隊伍的前端，後面是寂靜的步兵隊伍，幾位勇士抬著帕特羅克洛斯的屍床走在隊伍的中間，阿基里斯緊跟在後面，低著頭，雙手蒙著臉，沉浸在深沉的悲哀裡。

到了擇定的地點，送葬隊伍停了下來，勇士們把屍床放下，戰友們紛紛割下自己的頭髮撒在死者身上。阿基里斯也割下自己鬈曲的金髮，然後放在他最親密的朋友的手上。

在最後訣別的時刻，希臘全體將士心情都無比悲痛。阿伽門農下令戰士們各歸營房，只有王子們仍留下。他們將砍下的木材疊成一個大火葬堆，然後懷著沉重的心情將帕特羅克洛斯的屍體放在上面。

阿基里斯叫人宰了幾隻綿羊和幾頭牛，隨後又用利劍殺死從俘虜中挑選出來的十二名特洛伊貴族青年，以這恐怖的方式爲他的好朋友復仇。

然後他將火葬堆點上火，一邊呼喚著死者：「帕特羅克洛斯呀，願你在地府中也是幸福的。我向你許諾的都做到了，十二名俘虜已經殺死，並將和你一起火葬。只有赫克托的屍體不要燒毀，他的屍體將由野狗分食。」但神祇們的意願和他所說的相反。無論白天或黑夜，阿芙蘿黛緹都使野狗不能走近赫克托的屍體，她並爲他塗抹香膏，使他的傷痕消失。阿波羅也降下一層雲霧遮蒙著屍體放置的地方，不讓太陽光曝曬他的肌肉。

這時，火葬堆雖已點火，卻不燃燒。阿基里斯轉身向風神許願，請求他們吹揚起火燄。伊麗絲將這個消息帶給兩位風神，他們大聲喧嚷著越過大海，撲在火葬堆上。一整夜他們都在木材中間咆哮並煽起熊熊的火燄，同時阿基里斯不斷地灌酒於地，獻祭他的朋友。

漸漸地曙色在天空出現，這時才風止火熄，木材都化爲灰燼。在木炭和餘燼的中間躺著帕特羅克洛斯的骸骨，英雄們用葡萄酒將火燼澆熄，大家流淚收拾起他們同伴的白骨，將它盛在一只金甕裡，送到阿基里斯的營帳。然後在火葬堆的所在安置石基，壘土築成巨大的墳墓。

一切都完畢後，殯葬的賽會即行開始。在暴風雨般的掌聲中，希臘英雄先後表演了舉戰車、角力、拳擊、標槍、鐵餅等。優勝者的獎品有銅鼎、馬匹還有花枝招展的女奴。

當參加競賽的人散去之後，大家都飽食就寢。但阿基里斯不能入睡，他整夜輾轉反側，想念著已被埋葬的朋友。最後他從床上起來，套上馬匹，將赫克托的屍體綁在他的戰車上，拖拽著它在帕特羅克洛斯的墳墓周圍馳驅三匝。所有在奧林帕斯山的神祇，除希拉以外，看著這景象都十分悲痛。宙斯遣使將阿基里斯的母親特蒂絲喚來，命令她告訴兒子，神祇們都怒不可遏，因爲他這樣汙辱死者。

特蒂絲聽命來到兒子的屋子，溫和地撫摩他的頭髮，對他說：「你不眠不食，盡讓憂愁攻心，何必如此呢？你在人間的時間已經不多了，最好還是盡情快樂吧！聽著，宙斯要我告訴你，天神們都很生氣，因爲你扣留赫克托的屍體。我的兒子，還是讓它去吧，讓他的父親贖回去吧！」

阿基里斯回答道：「既然天神的意思如此，那麼我就這麼做吧！」

於是宙斯派伊麗絲去見普里亞摩斯王。伊麗絲走進特洛伊城，只聽到一片哭聲。宮殿的廳堂上，普里亞摩斯被他的兒子們包圍著，他們的長袍已爲眼淚所溼透。這老人木然無聲地坐著，肩上和白髮滿是塵土。

宙斯的使者輕輕地來到國王的面前，低聲對他說：「普里亞摩斯，你不要難過了。宙斯派我來見你，你趕快帶著阿基里斯喜歡的禮物，去贖回你愛子赫克托的屍體吧！你必須獨自一人去，不必帶任何隨從，只用一個年老的使者趕著騾車，將屍體帶回。你不必擔心會有危險，因爲宙斯會派漢密斯護衛你。此外，阿基里斯也會寬恕哀求的人，不使你受到傷害。」

老國王信從女神的話，命他的兒子們幫他套上騾車。車上放著一個裝滿禮品的大箱子。當一切準備就緒，普里亞摩斯即將動身時，王后海卡貝向他走來，遞給他一只盛滿甜酒的金杯，對他說道：「既然你一定要到阿基里斯那裡去，請先給天神奠祭這杯酒，祈求天神保佑你平安歸來。」

國王用淨水洗濯雙手，然後端著金杯，站立在廟堂當中，灌酒於地並高聲向宙斯祈禱。

「萬神之父宙斯，伊德山的統治者呀！」他祈求著，「願你使佩遼斯的兒子憐憫我且照顧我。請你現出預兆，讓一隻鳥在我右邊飛過，使我毫不畏懼地抵達希臘人的軍艦。」

他的話剛說完，就有一隻黝黑羽翼的大鷹展翅從右邊飛過城頭。特洛伊人看到這一吉兆都大聲歡呼，這老人也懷著信心乘上他的車子。他們出了西城門便揚鞭策馬向海邊走去，涉水過了斯卡曼德羅斯河之後，暮色就籠罩著原野。

這時，漢密斯上了國王的車，爲他執轡揮鞭，不久就來到壕溝和圍牆那裡。看守兵正在晚餐，但神祇用手一指，他們立刻沉沉入睡。他的手指輕觸著營門，門栓就自動推開。因此普里亞摩斯很安全地來到阿基里斯的屋子。

那是高大的建築，四周用梁木築成，頂上則用蘆葦遮蓋著。周圍有寬闊的廣場，場外並有嚴密的寨柵保護著。只有一個松樹的門栓門著大門，但是它是那樣笨重，需有三個壯士才能將它啓閉。除阿基里斯以外沒有人可以單獨推動它。然漢密斯毫不費力地將門推開，引普里亞摩斯進去。

老國王走到阿基里斯面前，跪在英雄的腳下，抱著他的雙膝，懇求道：

「阿基里斯，你像天神一樣偉大。你想一想你的父親，他像我一樣已到了暮年，剩下的日子屈指可數；然而，他在家裡很想念你，每天盼你從特洛伊戰場回到家裡去。至於我呢，我有五十個兒子，可是，我現在一個兒子也沒有了，剩下最後的一個爲了保衛特洛伊城和保衛我，已經被你殺死了。因此，我今天爲了他來請求你，讓我用重金贖回他的屍首。希望你想一想你年邁的父親，可憐可憐我這個兒子，也可憐可憐我吧！」

這些話令阿基里斯十分感動，他想起帕特羅克洛斯，想起家裡的老父親，眼淚不禁奪眶而出。普里亞摩斯想起兒子赫克托，也不禁放聲痛哭。阿基里斯看著白髮蒼蒼的普里亞摩斯，覺得十分可憐，就扶起他說：

「你怎麼敢跑到希臘人的船邊，跑到殺死你兒子的希臘人這裡來呢？你一定有顆鐵石般堅強的心！來，請坐下，讓我們把悲哀留在心裡吧，雖然它啃嚙著我們的靈魂。這是神祇們爲人類所規定的命運，而他們自己卻優遊自在的過日子。在宙斯的大門外有兩個罈子，其一盛著災禍，其一裝著幸福。那些他從兩個罈子裡各賜給一些的人，常常憂喜交集，但是那些宙斯僅給予苦惱的人，任憑他走遍大地，到處都是憂愁攻心。像我的父親佩遼斯，神祇給他富裕和權威，甚至還有一位女神作他的妻子；可是他也同樣地得到一份悲慘的命運，因他的獨生兒子命定得早死，不能奉養他的晚年。老人家，你也一樣，你從前有許多財產和權力，你統治著特洛伊，可是神祇也給了你一件禮物，那就是教你的城牆外永遠在打仗，永遠有死人。至於你這個兒子，他是再也不會復活了。」

普里亞摩斯回答：「宙斯的驕子喲，當赫克托的屍體還暴露在你的屋子裡，我不忍心坐下。請你收下禮物讓我立即贖回屍體吧！我求天神保佑你平安回到你的國土。」

阿基里斯聽到他的話，緊皺著眉頭。他說：「老人，別強迫我。我自願將赫克托的屍體歸還你，因爲我的母親已將宙斯的命令告訴我。我也在想怎樣將你的兒子還給你。」

說完，阿基里斯像獅子一樣衝出帳篷，他的戰士們跟在後面。他們卸下騾子，讓使者進屋，然後把車上的禮物搬走，只留下一件衣服和兩件披風，以便給赫克托裹屍。在這之後，阿基里斯命令將屍體洗滌，塗抹香膏，穿上衣服，並放置在靈床上。最後，阿基里斯便回到帳篷裡，坐在自己的椅子上。

「老人家，」阿基里斯對普里亞摩斯說，「你的兒子如你所希望，可以贖回。我們已將他收拾妥當，一待天明你就可以帶走他。你別哭了，和我一塊兒吃些東西吧！」

他們一邊吃飯喝酒，一邊交談，普里亞摩斯驚奇地看著阿基里斯，因爲他美麗強健得如同神靈一樣。同時，阿基里斯看到普里亞摩斯高貴的相貌，聽著他智慧的談吐，也暗暗驚詫。當飲宴完畢，普里亞摩斯說：「高貴的阿基里斯，讓我睡一覺吧，自從我兒子死後，我還沒有闔過眼。」

阿基里斯立即叫侍女預備床榻，鋪上紫色的墊席和柔軟的衾被。

「老人家，你現在去睡覺吧。」阿基里斯對普里亞摩斯說，「因爲如果你睡得很晚，經常來我這裡集議的王子就會看見你，萬一他們去報告阿伽門農，那就不好了。只是現在請再告訴我一件事，你打算用多長的時間來哀悼赫克托？我所以問你，是因爲在這期間我將不讓我的戰士向你的城池進攻。」

「如果你許可我以全禮安葬我的兒子，」普里亞摩斯回答，「那麼請給我十一天的期限吧。你知道我們居住在城裡，得到遠方去砍柴，因此我們的準備得用九天。第十天我們安葬，並舉行出殯的宴會；第十一天爲死者建築墳墓。到了第十二天，如果我們一定要繼續打下去……那就再作戰吧！」

「就這樣辦吧，我一定讓戰事停止這麼多天。」阿基里斯說著就拉住老人家的手，使他不再害怕。然後普里亞摩斯睡了，阿基里斯也睡在屋裡。

大家都睡熟了。漢密斯走到普里亞摩斯的床邊，對他說：「普里亞摩斯，你在敵人當中睡覺嗎？阿基里斯已經接受了那些贖金，可是如果阿伽門農發現你了，你剩下的兒子豈不是要爲贖你而付出三倍的贖金了！」

老人驚怖地坐起來，並喚醒使者。漢密斯親自駕車，他們悄悄地從敵人的營地馳過。天剛濛濛亮，就望見特洛伊城了。卡桑德拉公主等候在城樓上，遠遠地看見她的父親站立在車上，使者驅著騾車，騾車上載著赫克托的屍體。她不禁放聲大哭，使整座寂靜的城池都響震著她的悲聲。

這時，人們傾城而出，大家都湧到城外去，哭聲和喊聲混成一片。車子前面人山人海，好不容易才在人群中打開一條通道。騾子將赫克托的屍首拉回王室的庭園，人們把他停放在裝飾富麗的靈床上。霎時間，屍體周圍響起一片輓歌聲和哭喊聲。安德洛瑪凱、海卡貝，還有美麗的海倫都先後來到靈床前爲死者痛哭。全城爲他哀悼九天。

第十天的清晨，赫克托的屍體在一片哭聲中被抬出來。他們將他放在火葬堆上，然後點火。所有的人都站立在周圍，看著他焚化，直到成爲灰燼。最後，他的兄弟和伙伴把白色的骨骸拾起來，用柔軟的紫色布料將它包好，放置在金甕裡，然後埋入墳墓。墓上砌以大石塊，他們把土堆壘得又高又大，宛如一座小丘陵。

阿基里斯之死

赫克托的殯葬結束後，特洛伊城內仍然充滿對於已故英雄的哀悼，瀰漫著愁雲慘霧。

這時，出現了意想不到的增援。從遙遠的地方，亞馬遜女王彭特希利亞統率著她的女戰士來援助特洛伊人。她之所以航海遠來，一部分由於亞馬遜人喜歡危險和戰爭的天性，一部分是由於她在一次戰鬥中，誤殺了她的姐姐希波里特。因此無論她到哪裡，復仇女神總是追蹤著她，無論她做多少次獻祭都不能使她們息怒，現在她希望做一次令神祇歡喜的遠征可以爲她彌罪，所以她帶著十二個同樣渴求戰爭和危險的同伴到特洛伊來。

亞馬遜女戰士的到來，給被圍困的特洛伊人帶來了一點希望。彭特希利亞和她的隨從立即受邀飲宴。當晚，女王熟睡時，雅典娜化身爲彭特希利亞的父親——戰神阿利斯，慫恿她盡速和阿基里斯作戰。彭特希利亞信以爲眞，以爲自己當天就能完成對普里亞摩斯國王的誓約。

翌日，她醒來，立即穿上嶄新的鎧甲，鼓動特洛伊人重新拿起武器去戰鬥。特洛伊將領都聽從這位戰神的女兒，緊緊地跟隨在亞馬遜人的戰馬後面。彭特希利亞衝鋒在前，帶領著她的女戰士，猶如野火遇到秋風一樣向希臘營地撲去。

希臘人看見那些他們以爲怯戰的特洛伊人突然奔湧而來時，大吃一驚，趕忙執著武器迎戰。戰鬥打得十分激烈，不久就血流滿地。在亞馬遜女戰士和特洛伊人的刀槍下，希臘人像秋風中的落葉似般屍橫遍野，被特洛伊人的戰車和馬蹄蹂躪著。

彭特希利亞騎著一匹行走如飛的駿馬，她兩臂沾滿鮮血，卻始終在第一線戰鬥，左衝右突，揮動著她那柄紛爭女神給予的兩面斧。希臘人四處奔逃，馬匹和戰車狂亂地到處亂竄，戰地上響震著傷者的哀號和垂死前的叫喊。

漸漸地，特洛伊人來到希臘人的軍營，他們抵達船艦那裡並準備縱火焚燒。這時艾亞斯終於聽到了喊殺的聲音，他從帕特羅克洛斯的墳上抬起頭來對阿基里斯說：「我聽見武器的聲響和一陣陣雜沓喧嘩，好像戰爭正在附近進行。」阿基里斯這才站起來諦聽，他也聽到喧擾的聲音。兩人即刻束緊鎧甲，向著人聲鼎沸的地方跑來。

看見他們勇敢的英雄跑來，一線希望立即鼓舞著即將崩潰的希臘隊伍。阿基里斯和艾亞斯全心全意投入戰鬥，兩人分工合作，殲滅了大批敵人。彭特希利亞看到這情形，立即向他們衝來，如暴怒的豹子奔向獵人一樣。

彭特希利亞猛力向阿基里斯投去一槍，被阿基里斯的大盾擋了回來並且折斷。於是，她用第二支槍瞄準艾亞斯，並向兩人吼叫著：「雖然我的第一支矛失手了，但這第二支矛必定使你們兩個自誇爲希臘人中最英勇的人喪命！你們馬上就會知道，一個女子比你們兩個大男人加在一起還要高強。」她的話只是使兩位英雄覺得有趣，但她的矛投中了艾亞斯的脛甲。儘管她多麼盼望殺死他，但她的矛連艾亞斯的皮膚也沒有擦破，因爲它碰到金屬的脛甲就滑在一旁。艾亞斯並不把她放在眼裡，冷笑一聲向特洛伊人衝去，將彭特希利亞留給阿基里斯，因爲他相信他的朋友不需要別人幫助就可以將她殺死。

彭特希利亞看到她的第二支矛又失敗了，不禁長嘆一聲。這時阿基里斯打量著她，並對她說：「女人，告訴我，妳怎麼會有這膽量來反抗我們這些世界上最強悍的英雄？在我的面前，連赫克托都倒下了，妳必定是瘋了，所以敢來挑釁！不過妳的末日已到。」說著他就擲出他百發百中的長矛，一槍命中亞馬遜女戰士心窩的右上方。

鮮血噴湧而出，亞馬遜女王的戰斧從手中墜落，兩眼無光。但她仍竭力保持知覺，瞪視著向她奔來要將她拖下馬的敵人。她在這瞬間猶豫著要拔出利劍自衛，還是下馬向征服者討饒。但阿基里斯卻不讓她有時間選擇，他被她的傲慢激怒，連人帶馬一矛將她刺穿。女王和她的馬立即倒地斃命。

特洛伊人看見彭特希利亞落敗，紛紛退入城內，像自己的親人一樣地悲悼她。阿基里斯則爲自己的勝利而喜悅，他剝去彭特希利亞的戰盔，端詳著她的面龐。即使爲塵土和血跡所汙，她的面貌仍極美麗動人，希臘人都站在她屍體的周圍，驚嘆著她的美麗。她如同狩獵後疲憊熟睡在山坡上的阿緹密斯女神一樣。阿基里斯不能將目光從她的容顏移開，他愈來愈感到悲哀，後悔自己不該衝動地殺了她。

但彭特希利亞的父親阿利斯對她的死比別人更感到悲傷。他疾如閃電並發出雷霆的吼聲，穿戴全副武裝從

阿基里斯與彭特希利亞　希臘陶瓶畫　西元前540年

聖山下降並大步跨過伊德山的峰谷。山峰和溪谷都因他而震動。宙斯立刻從暴風的咆哮和雲中的轟隆喝退他，阿利斯遲疑了一下，最後終因懼怕萬神之父而停止他的腳步，否則他眞的會使希臘人全部毀滅。

由於對亞馬遜女王的惋惜，阿伽門農應普里亞摩斯的要求將她的屍體交回他，使他可以舉行盛大的殯儀，將她的骸骨葬入勞梅頓國王的墳墓裡。彭特希利亞很快地被榮葬，然而她的陣亡再度使特洛伊人陷入沮喪，將領們紛紛要求將海倫還給美尼勞頓，並雙倍償還海倫先前從斯巴達帶走的財物，以拯救這座苦難的城池。但帕里斯卻寧可激起軍隊的叛亂也不願放棄海倫。

就在雙方僵持不下的時刻，卻聽到衣索比亞國王孟龍到來的消息。彷彿暴風雨之夜天空出現了一顆明星，特洛伊人欣喜若狂，確信衣索比亞人的援助必使他們獲勝。

激戰中，孟龍殺了阿基里斯的另一個摯友安提羅科斯，於是他像一頭咆哮的獅子，衝向頑強的孟龍。經過一番兇猛的對峙，阿基里斯好不容易才找到機會把利劍刺進頑敵的胸膛。孟龍立刻口吐鮮血，結束了他年輕的一生。

衣索比亞勇士看見他們的統帥已倒地身亡，而阿基里斯又勢不可擋地向他們殺來，立即四散逃竄，這使特洛伊陣營出現了一片恐慌。這時，夜幕降臨，阿基里斯停止了追擊，戰敗的特洛伊人回到城裡爲孟龍哀悼，希臘人也回到他們的營帳，他們爲英勇的阿基里斯感到自豪。然而，高興和歡樂並沒有掩蓋他們的悲痛，因爲他們痛失了安提羅科斯。

第二天清晨，皮洛斯人將他們國王的兒子安提羅科斯的屍體抬回船艦，並將他安葬在海岸上。年老的納斯佗抑制他的悲痛，他的心情依舊堅定而平靜。但阿基里斯仍然不安，天剛破曉，對於亡友的悲憤驅使他又奔向特洛伊人。

希臘勇士個個勇猛殺敵，河裡、地上到處都是死屍，特洛伊人潰不成軍，到處奔逃，阿基里斯毫不留情地大開殺戒，率領部下將他們追殺至城門。

阿波羅俯視滿是屍體的平原，心中感到十分惱怒。如同一隻注視著獵物的猛獸，他從奧林帕斯山下降，肩上揹著盛滿神矢的箭袋。他走到佩遼斯的兒子面前，兩眼閃射著火燄，大地因他的步伐而震動。他用雷霆一樣的聲音威嚇著阿基里斯：「停止這場大屠殺！否則有一位神祇會要你的命。」

阿基里斯卻不畏懼，他漠視這個警告，回答道：「爲什麼你總是袒護特洛伊人，迫使我與天神作戰呢？過去你曾從我的手中搶走赫克托，引起我的憤怒。現在我勸你也回到神祇中，否則我的矛一樣會刺中你，哪怕你是位天神。」

說著，他離開阿波羅，繼續追擊特洛伊人。阿波羅極端憤恨，將自己隱藏在雲霧裡，然後開弓搭箭，從不可視見的雲霧中一箭射中阿基里斯的致命腳踝。

一陣疼痛從腳跟直冒心頭，阿基里斯像一座被人掘毀石基的巨塔一樣栽倒在地上。他躺在地上怒叫：「是誰放冷箭射我？如果他敢和我面對面作戰，我將挖出他的腑臟，流盡他可恥的血液，直到他的靈魂逃遁到地府裡去！唉唉！恐怕那是阿波羅，我的母親曾經告訴我，我將死於太陽神的神矢，現在恐怕這句話已經應驗了。」阿基里斯一面悲吼，一面從那不可治癒的創口拔出箭矢。他看見鮮血湧流，憤怒地將箭投擲在地上。

阿波羅從地上將箭拾起，又回到奧林帕斯山。希拉一見到他，就責罵他所做的事。但另一些神祇則衷心感謝他。

然而在下界，阿基里斯殷紅的血仍從肢體上直流。他渾身充滿著戰爭的狂熱，沒有一個特洛伊人敢逼近他，即使他已受傷。他從地上跳起來，揮舞著矛，直奔敵人。他擊中赫克托的朋友奧里托翁，矛尖從太陽穴刺入直貫穿腦門。接著他又用矛刺入希波諾奧斯的眼睛，刺中阿爾卡圖的面頰，並殺死很多人。突然，他感到一股冷氣通過四肢，他倚著槍站立著。但特洛伊人仍然從他面前逃避，因爲即使他的兩腳已不能追擊他們，他的吼聲依然令他們恐懼。

阿基里斯之死　魯本斯　1630年，倫敦

「竭力奔跑吧！」他咆哮著，「但這也救不了你們，我的武器一樣可以追上你們，因爲在我死

後，復仇的神祇仍要懲罰你們的！」說完，他倒在屍體堆中死去。大地震動，他的鎧甲鏗鏘響著。

最先看見他倒下的是帕里斯，他歡喜得將這事大聲告訴特洛伊人：「朋友們，快過來！快來爲赫克托報仇，把這個希臘殺人元凶的屍體拖回城裡，拿去餵狗和兀鷹。」

聽了帕里斯這番話，特洛伊人忘卻了原來的恐懼，向阿基里斯的屍首圍攏過來。這時，艾亞斯有如天神般神勇地向他們衝過去，把他們驅散，用長槍保衛了他朋友的屍體。但是，過了一會兒，特洛伊人又圍攏過來，就像密密麻麻的蜜蜂聚集在蜂巢周圍。艾亞斯儼如一頭受傷的猛獅，英勇地抗擊從四面八方圍攻過來的亡命之徒。無數的敵人死在他手下，但他也受了傷。

奧德修斯雖也受了傷，但還是衝過來與艾亞斯並肩作戰。正當帕里斯向奧德修斯彎弓搭箭時，艾亞斯立刻舉起一塊巨石擲了過去，擊碎帕里斯的戰盔，使他倒在地上；他箭袋中的箭矢散得滿地都是。他的屬下急忙將他扶上戰車，奔回特洛伊城。艾亞斯將敵人直追至城樓下，他踐踏著死屍和武器大步走回船艦，從特洛伊城垣直到海岸，滿地都是死屍。

同時，希臘王子們已將阿基里斯的屍體運到船艦，他的軍隊在屍床周圍大放悲聲。阿伽門農和艾亞斯帶頭向他致哀。其他希臘人也和他們一起哀悼。年老的福克尼斯更用雙手擁抱著阿基里斯的遺體哭泣。

希臘人的悲聲傳到了海底，使阿基里斯的母親特蒂絲和其他海洋仙女也悲痛得放聲哭泣，海岸響震著她們悲號的回聲。晚上，她們一齊出發，海浪從兩邊分開，在她們後面的海怪們也同情地發出悲聲和嘆息。特蒂絲擁抱著她的兒子，親吻他，哭泣著，直到地面爲她的眼淚所溼透。

希臘人爲他哀悼了十七天，沒有一個希臘人不爲失去這位英雄而落淚。後來，希臘人從伊德山的山坡砍伐木材，疊成火葬堆，把阿基里斯的屍體火化。吞噬阿基里斯的火在風中燃了一天一夜。漆黑的煙霧沖天而起，周圍的樹木被燒焦，黑色的灰燼飄落到附近原野。火化結束後，密爾米頓人撿起阿基里斯的屍骨，放進金鑲銀鍍的箱子裡，和他的朋友帕特羅克洛斯的屍骨埋在同一座墓裡。

爲了讓經過的船隻能看見這座墳墓，他們把墓安置在海岸最高處。

艾亞斯自盡

當阿基里斯的殯葬儀式結束後，特蒂絲獻出她兒子的鎧甲和武器作爲獎品：由黑斯法托斯精工製造的盾牌，雕刻著宙斯站立在天頂與泰坦神族作戰的戰盔，他自己親自用過黝黑而刀槍不入的胸鎧，以及他束在腳上輕如羽毛的脛甲；還有他那柄無堅不摧的利劍，它有著銀的劍鞘，黃金的劍托和象牙的劍柄；此外還有那支長如松樹的大矛，那上面仍然有著赫克托殷紅的血跡。

特蒂絲站在這些武器的後面，頭上戴著黑色的面紗。她悲愁地對希臘人說：「現在，請保護了我兒子屍首的勇士上來，我要把這些輝煌的武器送給他，宣布他是最勇敢的希臘人。」

這時艾亞斯和奧德修斯都走到她面前，要求得到這付眾神羨慕的鎧甲和武器。艾亞斯聲稱只有他才能穿這套寬闊的胸甲，也只有他才能使得動這些武器；奧德修斯則說，當特洛伊人來搶奪阿基里斯的屍首時，他身受重傷還奮勇搏鬥，所以他認爲這套鎧甲和武器應歸他所有。

爲了解決這個可能會引起內亂的問題，納斯佗建議由被俘的特洛伊人去評定這套武裝的歸屬，因爲他們對於這兩位英雄都沒有偏愛，也不會有所偏袒。艾亞斯和奧德修斯相互攻訐，久久不休。最後，被指定爲裁判的特洛伊人爲奧德修斯的能言善道所動，一致贊成給他阿基里斯的輝煌武器。艾亞斯聽到這判決，心情激憤，肺都要給氣炸了。他木然不動地站在那裡凝視著地面，他的朋友們好不容易才將他拖回船艦去。

夜幕時分，艾亞斯坐在屋子裡，他不吃不喝，也不睡眠。最後他穿上鎧甲，執著利劍，猶豫著是去將奧德修斯砍成碎片且燒燬船艦，還是去襲擊所有的希臘人？這時，保護奧德修斯的雅典娜卻使艾亞斯突然發瘋。他心裡極其苦惱，於是奔出屋子，衝入羊群，以爲那是希臘人的隊伍。牧人們見到他奔來都躲避到叢林中去，他狂亂地屠殺羊群，並攫獲一隻大公羊，以爲是奧德修斯，將牠帶回屋子裡，綁縛在門柱上，揮著鞭子，用盡所有的力氣抽打這可憐的動物。

這時雅典娜又來到他的旁邊，輕觸他的頭，使他清醒，不幸的艾亞斯這才明白過來，發現自己手中執著鞭子，呆呆地看著那隻皮開肉綻的公羊。鞭子從他的手中滑落，他精疲力盡地倒在地上，知道沒有贏得武器的恥辱遠小於他目前作爲的羞愧。

他深深地嘆了一口氣，說道：「唉，可憐的牛羊，被我毫無理由的殺死，而我卻獨自站在這裡，爲人神所共厭。此情此景下，只有懦夫才會偷生。一個人若無法高貴的活著，寧願高貴的赴死！」說著就向利劍撲去，自殺身亡。

當大家聽到他的死訊，蜂擁跑來，伏在地上痛哭。戰士們爲失去這樣一位英雄而流淚，阿伽門農爲失去這樣的勇士而哭泣，連奧德修斯都爲失去一個可敬的對手而落淚。火化艾亞斯的火燄熄滅了，戰友們用酒澆熄炭火，撿起英雄的骨骸放進銀罐，並把他的骨灰葬在丘陵上的土墓裡。

葬禮的第二天，霞光才剛開始閃照在天上，希臘人即開始加緊戒備。兩位無人可替代的英雄接連死去，使他們很惶恐，勝利似乎遙遙無期。這時，軍中的預言家卡爾卡斯走到前面來鼓勵官兵們，說道：「英勇的希臘戰士們，請聽我說。你們很清楚我能未卜先知。以前我曾向你們預言過，特洛伊戰爭的第十年，你們就會攻破美麗的特洛伊城。天神很快就會實現這一允諾。現在請派遣我們最勇敢的英雄狄奧美德斯，和最雄辯的戰士奧德修斯，盡速趕到史基羅斯島去尋找阿基里斯的兒子。有了他的幫助，我們很快就能征服特洛伊城。」

卡爾卡斯的這番話令希臘人高興得大聲歡呼，因爲勝利歸鄉的希望使他們長期壓抑的心情得到了舒展。兩位英雄立即乘船出發，留下的戰士則坐在海邊擦槍磨劍，準備迎接新的戰鬥。

在此同時，特洛伊人也在城裡摩拳擦掌，天神滿足了他們的要求，給他們派來了大英雄海克力斯的後裔歐律布勒斯。他率領大隊人馬前來支援特洛伊人。

由於國王不希望錯失良機，所以歐律布勒斯在到達城裡的第二天黎明就匆忙穿上閃亮的鎧甲。他那寬闊的盾牌上面畫著海克力斯的偉大功蹟，飾有羽翎的頭盔像金球一樣熠熠生輝。他像阿利斯一樣威武，像赫克托一樣神氣，走在隊伍的中間，激勵著士氣高昂的部隊。

帕里斯走在他的身邊，激勵他說：「我們把全部的希望都寄託在你身上，英勇的戰鬥吧，我以偉大的海克力斯的名義請你表現出他的力量和氣魄！」

這時，特洛伊軍隊在他們的指揮下，排成密集的隊形，步伐整齊地往平原挺進。希臘人則集合在阿伽門農周圍，在他的指揮下，向特洛伊人猛衝過去。戰場揚起一股塵土，密密麻麻的長槍閃閃發亮，喊殺聲和槍擊盾牌聲混成一片，戰鬥中，每個人都使盡渾身解數去殺敵。善於使矛的希臘人首先佔了上風，帕里斯受了傷，歐律布勒斯的手臂被一塊石頭打中而丟了長矛。但是，他很快地抽出利劍朝敵人砍去，殺死了許多希臘士兵。

夜幕降臨時，特洛伊人已攻到了希臘人修建的壕溝旁。由於天黑，他們無法繼續追擊，只好退到河口駐紮，在暮色蒼茫中張起營帳。而希臘傷兵則躺在船艦附近的沙灘上，因創口劇痛而呻吟，並悲悼著無數戰死的同伴。

第二天，天剛濛濛亮，激戰又響了。希臘人向前推進，他們向特洛伊人投擲了大量石塊和長槍，發射了密集的利箭。特洛伊人則力圖奪回前一天佔領的陣地。他們頂住了希臘人強大的攻勢。不久，力氣超人的歐律布勒斯手持長槍，衝鋒在前，攻破了希臘人的防線，殺出一條血路，踏過無數的屍體向平原挺進。希臘人都不敢與他交鋒，他們如同遭到暴風雪襲擊的羊群，紛紛往船艦逃去。

特洛伊人緊追不捨，希臘人在圍牆上展開了頑強的保衛戰，他們日夜戰鬥，血染圍牆。雖然付出了巨大的代價，但終於保住了營地，特洛伊人始終沒能接近他們的船艦。

在這期間，奧德修斯和狄奧美德斯平安抵達了史基羅斯島。在這裡，他們找到阿基里斯年輕的兒子皮洛斯，阿高斯人叫他作涅俄普托雷摩斯，意即「青年戰士」。

當時，皮洛斯正在練武，他們在旁邊觀察了一會兒，注意到他面部有著悲痛的表情，因爲他已經聽到了父親的死訊。奧德修斯和狄奧美德斯走近他，皮洛斯首先招呼他們。「歡迎啊，外鄉人，」他說，「你們是誰，從哪裡來的？」

「我們是你父親阿基里斯的朋友。」奧德修斯回答說，「你和他多麼相像呀！一樣魁梧、英俊，也一定像他一樣英勇善戰。我們到這裡來，是因爲預言家卡爾卡斯說，如果有你參加作戰，遠征特洛伊人的戰爭就可勝利結束。請你跟我們走吧！我願意將黑法斯托斯爲你父親所製造，後來又獎賞給我的那些武器，送給你。」

「既然眾神和希臘人都向我召喚，」英俊的皮洛斯回答說，「但願我不負他們的期望。明天我們就航海出發吧！」

翌日，太陽剛出來，皮洛斯就乘奧德修斯的船一塊兒出發了。他們靜悄悄地逼近海岸，這時爭奪船艦周圍的戰爭正在猛烈地進行。如果不是狄奧美德斯立即跳到岸上帶領其餘的人援救，歐律布勒斯眞的會把圍牆攻破。

奧德修斯把急於參戰的皮洛斯帶到自己的屋子裡，並對他說：「看，這就是你父親留下的武器，你用它把自己武裝起來吧！」

皮洛斯馬上束上他父親阿基里斯的鎧甲，在戰鬥異常激烈的關鍵時刻，出現在戰場中，他的長矛從不虛發，每次都射死一個特洛伊人，人們大驚失色，以爲是阿基里斯從墳墓裡活轉過來了。的確，他父親的靈魂正在那裡支持他，同時過去保護阿基里斯的雅典娜現在也轉而保護他的兒子。所以儘管敵人的矢石如同飛舞的雪片一樣向他擲來，但都不能傷到他。他爲他的父親報仇，接連殺了不少敵人，以致歐律布勒斯不得不下令退卻。黃昏時，阿基里斯的兒子已將敵人完全擊潰。

第二天曙曉，戰鬥重新開始。矛與矛相碰，劍與劍對擊，久久不分勝負。歐律布勒斯看見他的戰友一個一個死亡，更加憤怒。他向皮洛斯奔來，「你是誰？」歐律布勒斯問道，「凡敢於對抗我的希臘人沒有不死的，現在命運女神已驅使你來送命！」

皮洛斯回答說：「我是阿基里斯的兒子。這是我父親的矛，讓你認識認識它的力量吧！」說著就躍下戰車，高舉起矛。歐律布勒斯向他投來一塊巨石，投中他的金盾，但絲毫傷不了他。兩個人如同猛獸一樣地相互奔去，在他們的左右則是雙方大隊人馬在廝殺。

歐律布勒斯與皮洛斯繼續猛烈作戰，兩個神祇的子孫越戰越勇。最後皮洛斯刺中敵人的喉管，從致命的創口裡鮮血迸流，歐律布勒斯即時倒地死去。

特洛伊人立刻紛紛潰逃，如同遇到獅子的羊群一樣，幸虧兇猛的戰神阿利斯出來援救，他瞞著眾神，驅策著噴火的快馬，拖拽著戰車一直奔到戰地來。他高舉他那可怕的長槍，號召特洛伊人向敵人猛攻。這就給特洛伊人撐了腰，於是雙方又激戰起來。

阿利斯給他所庇護的人這樣大的鼓舞，使得希臘人的隊伍開始動搖了。然皮洛斯仍堅定不移地英勇作戰，戰神爲他的勇敢所激怒，正要從雲霧中衝出來與他單獨決鬥。這時雅典娜從奧林帕斯聖山下降，她的武器燦爛發光，盾牌上的蝮蛇噴著火燄；女神的兩足堅定地站立在地上，與阿利斯彼此對陣。同時，宙斯在天頂轟擊著雷霆警告他們，他們了解萬神之父的意願，阿利斯即刻退回宮殿，亞典娜也回到雅典。

此時，特洛伊人從戰神所獲得的強力已消退，他們撤回城，被希臘人一直追擊到城門。希臘人冒著城牆上的箭雨，奮力進攻用支柱頂住的城門。正當他們快要攻破時，宙斯突然降大霧包蔽著特洛伊城，天空不斷地電閃雷鳴。希臘人害怕宙斯生氣，趕緊撤回船艦。

神箭手菲羅克特特斯

第二天清晨，希臘人看見特洛伊這座美麗的城池，清晰地聳立在蔚藍的天空下。他們越來越感到特洛伊城是不可攻破的。爲了攻下特洛伊城，阿伽門農採納了預言家卡爾卡斯的建言，決定派奧德修斯與皮洛斯去找菲羅克特特斯，把這位百發百中的神箭手帶回希臘軍隊。

九年前，希臘人出征特洛伊離開家鄉後不久，在荒無人煙的蘭諾斯島，奧德修斯曾遺棄了患著不治創傷的菲羅克特特斯。他將他放置在一處冬暖夏涼的山洞裡，附近流著清新的泉水。兩位英雄很快地找著了這個地方，一切如舊，山洞裡卻沒有人。

奧德修斯派遣僕人去尋覓他，因爲他曾經把這位神箭手拋棄在荒島，所以怕對方會向他報復。

「趁他還不在這裡的時候，」奧德修斯對皮洛斯說，「最好我先避開，因爲他懷恨我。不過他不認識你，所以你可以輕而易舉地取得他的信任。你可以說些假話，甚至盡可能地在他面前誹謗我，無論如何你得拿到他的弓箭！」

皮洛斯打斷他的話。「說謊騙人，我連想都不願意想。我絕對不能偷盜他的弓箭。我父親和我都是生來不會用詭計的人。我願意用武力俘虜菲羅克特特斯，但請不要說服我用欺騙的方法爭取他。此外，僅僅一個孤單的人，而且他僅剩一條腿，又怎能勝過我們呢？」

「因爲他有弓箭呀！」奧德修斯冷靜地回答。「我知道你天生不會欺詐。我自己也有一個誠實的父親。在我年輕的時候，我也是手腳敏捷準確，說話卻遲滯木訥。但後來經驗告訴我，說話比行動更容易成功。假如你用心想一想，要征服特洛伊非用海克力斯的弓箭不可，而如果你能弄到它們，就在武功以外你還可以享受智謀的盛名，那時你當不會拒絕去使用小小的詐術了。」

皮洛斯聽從了這個比他年長的朋友的話，於是奧德修斯離去。不久以後，傳來了呻吟的聲音，菲羅克特特斯已經回來；他遠遠地看見一艘船停泊在岸邊，就朝著人跡走來。

「你們是誰呀？」他叫道，「我看出你們是希臘軍的裝束，用家鄉話跟我說說話吧！別讓我這狼狽的樣子給嚇跑，我只是一個被朋友們遺棄的不幸之人呀！」

皮洛斯照著奧德修斯教他的話回答他，菲羅克特特斯得知這位少年英雄是自己老戰友的兒子，高興地大叫，「啊，可愛的家鄉話呀，我已很久沒聽到了！我是菲羅克特特斯，奧德修斯和亞特遼斯的兒子們在我極其痛苦時將我遺棄在這裡。他們趁我昏睡時將我抬到這裡，只留給我一些襤褸的衣服和少許的食物。想想我醒來的情形！我發覺自己孤獨地躺在這裡，船艦已離去，身邊沒有醫者，沒有援助，除了孤寂和痛苦外一切都沒有，那時我是多麼的害怕啊！許多天、許多年過去了，我靠著我的弓箭射殺動物維生，但這個島是世界上最貧苦的地方，沒有航海的船會將我帶回故鄉。唉，轉眼間，我過著這種悲慘的生活已足足十年了！而這都是奧德修斯的罪過，但願神祇會懲罰他！」

皮洛斯聽到菲羅克特特斯述說起他的生活故事，他十分感動，但想到奧德修斯對他的警告，卻勉強抑制自己的感情。他僅僅告訴菲羅克特特斯說阿基里斯已死，以及任何他所要聽的同鄉人的現況。

菲羅克特特斯聚精會神傾聽，最後他握著皮洛斯的手，哭泣著，並對他說：「請你不要再遺棄我！我知道我是不受歡迎的，但請帶我走吧！你願將我放置在哪裡，都請隨便，只要將我從這可怕的孤獨中救出！」

皮洛斯再也忍耐不住，他告訴菲羅克特特斯實情。「我不能再瞞你了，」他說，「你必須和我一起到特洛伊去，到亞特遼斯的兒子們和阿高斯人那裡去。」

菲羅克特特斯站住了。他戰慄、詛咒著，但當皮洛斯還來不及發現，奧德修斯就從樹叢竄出，命令僕人將這不幸的老英雄抓起來，作爲俘虜。

「唉唉，」菲羅克特特斯驚呼道，「我又被騙了！這便是九年前將我棄置在這裡的人，現在他的詭計又騙去了我所有的弓箭！」於是他回頭對皮洛斯說：「孩子，還給我那些屬於我的弓箭呀！」

但奧德修斯不讓他過去。「絕不！」他喝道，「即使這孩子願意也不行！你必須和我們同去，爲了所有希臘軍隊的利益，爲了征服特洛伊城！」說著就將皮洛斯拉走，命僕人看管菲羅克特特斯。

這老人站立在岩洞外面，悲痛著他遭受到的陰謀。這時他看見皮洛斯又轉回來，對著奧德修斯吼道：「不，這是不對的！你不能違反他的心願，硬將他帶到特洛伊去，除非你先把我殺死！」

於是他們拔劍決鬥。但菲羅克特特斯走上前去排解，他伏在地上請求皮洛斯。「請你答應救我，」他呼叫著，「我向你保證，我將用海克力斯給我的這些弓箭保衛你的國家！」

「跟我來吧，」皮洛斯一面說，一面扶起老人，「我們離開這裡，到我的故鄉去。」

這時，蔚藍的天空突然陰暗起來。他們都抬頭看，菲羅克特特斯看見他的老朋友海克力斯站在雲端。

「你不要回去！」海克力斯高聲在天上叫喚，大地震響著他的聲音，「我的朋友，我要親口將宙斯的願望告訴你，你必得服從。你知道我成仙升天之前所做的許多艱苦的工作。命運女神規定在你得到光榮之前，你也必得受苦。如果你與這青年到特洛伊去，你的創傷即可癒合。當你的健康恢復後，天神將派你去殺死帕里斯，消滅這次戰爭的禍首。接著你要將特洛伊夷爲平地。你將獲得最珍貴的戰利品，如果你的戰利品中有什麼東西剩餘，就用來獻祭我的墳墓。再會吧！」

菲羅克特特斯向他的朋友高舉雙手，這時海克力斯隱沒在天際，那是人類所看不見的地方。

「那麼，好吧，」他喊道，「讓我們上船。將你的手給我，阿基里斯的高貴兒子。而你，奧德修斯，我願意和你盡釋前嫌！」

帕里斯之死

當希臘人望見搭載著菲羅克特特斯歸來的船艦，他們都蜂擁到岸上大聲歡呼。菲羅克特特斯拖著瘦弱的身體，由皮洛斯攙扶著走上海岸。名醫波達里爾立即給他的傷口塗上特效藥膏，果然傷口癒合，這老英雄的身體迅速恢復了健康。

亞特遼斯的兩個兒子，看見這種如同再生的奇蹟，都感到驚奇。當飲食使菲羅克特特斯恢復了精神以後，阿伽門農便對他說：「朋友，如果說我們把你拋棄在蘭諾斯島傷害了你，請你莫再懷恨我們。我們為這事已受夠了懲罰。等我們攻下特洛伊城後，將會彌補你。」

「我的朋友，」菲羅克特特斯和靄地回答，「我並不怨恨，也不仇視你或其他傷害我的人。因為我知道一個高貴的人必然心胸寬闊，能屈能伸，既嚴肅又溫和。現在讓我們睡吧，在戰鬥的前夕，與其暢飲敘談，不如睡個好覺。」說著，他就自去就寢，一直酣睡到第二天的天明。

第二天，當朝陽剛剛照到山上，做好戰鬥準備的希臘聯軍已出現在平原上。菲羅克特特斯佩戴海克力斯送給他的弓箭，英姿颯爽地走在隊伍中間，他那英武之氣大大鼓舞了希臘將士們的士氣。

特洛伊人剛剛哀悼完戰死的將士來到城外，當他們看到希臘連軍整齊的隊伍湧來，心中頓生恐懼。赫克托的朋友波里達馬斯見狀，就勸告道：「特洛伊城是神祇造的，絕不易攻破，既然我們有足夠的糧食，能忍受長期的圍城，我們還是放棄平原，固守堅實的城池吧！我們可以日夜在城樓上守城，直到希臘人一無所獲乘船回國。」

但他的話音剛落，英勇的愛涅亞斯就反駁道：「波里達馬斯，你想讓希臘人把我們困在城裡餓死、冷死嗎？如果要死，我們寧願爲保衛國家光榮的死，而不願像鼴鼠那樣躲在洞裡死。」

愛涅亞斯的話贏得了特洛伊戰士們的熱烈掌聲。他們立即排成戰鬥隊形，準備迎接新的戰鬥。兩軍相遇，戰鬥立即猛烈地展開。紛爭女神厄莉絲穿梭在兩軍中煽風點火，恐怖和恐懼女神也在兩軍中製造氣氛。而菲羅克特特斯則在特洛伊人中左右突擊，如同戰神，又如沖洗著田地和草原的暴雨。每一個在遠處的敵人剛看見他，就已喪命在他的箭下。

最後帕里斯舉著弓箭向他奔來，迅速地射出一箭，箭鏃從菲羅克特特斯身邊掠過，射傷他身旁的戰士。菲羅克特特斯怒火中燒，大聲罵道：「狗東西，你這個給希臘帶來巨大痛苦的禍根，竟敢來和我較量！你會後悔的，你一旦陣亡，毀滅之日就在眼前，你的部隊、你的城市都將消滅！」說完便張弓搭箭，直把那箭拉到懷中，嗖的一聲射出去。那箭劃空而過，正中帕里斯的小腹，帕里斯如獅前的驚犬，戰慄著逃走了。

軍醫們爲帕里斯檢視傷口，戰鬥仍然繼續進行。直到夜幕落下，特洛伊人才退回城裡，希臘聯軍也回到船艦。帕里斯在黑夜裡呻吟著，不能入睡。箭鏃深入臟腑，海克力斯箭頭的毒藥使傷口發黑潰爛，所有的醫師們都束手無策，只能盡量減輕他的痛苦。

這時，帕里斯在劇痛中記起一道神諭，它說在最危急的時候，只有他所遺棄的妻子奧伊諾妮能夠使他免於死亡。於是他叫人將他抬到奧伊諾妮居住著的伊德山去。

他受著良心的譴責，心虛地讓僕人們抬著爬上山坡，這時不祥的惡鳥在樹上咿呀嗚叫，牠們的叫聲令他恐懼，但強烈的求生慾望又使他顧不了這些。他們來到奧伊諾妮的住處，帕里斯伏在被他遺棄已久的妻子腳下。

「請不要怨恨我，」他哭道，「都是命運女神的安排，使我離開了妳，讓妳受了很多苦。希望妳看在我們過去的愛，原諒我的過錯，消解我血管裡致命的蛇毒，請妳救救我！」

但這話不能使奧伊諾妮回心轉意。「你怎麼有臉來見我呢？你將我遺棄，陷我於我孤獨和悲愁之中，卻與美麗年輕的海倫享受歡樂！」她忿忿地說，「爲什麼不去伏在海倫的面前哀求她，請她救治你？你的痛苦和悲泣是絕不能使我同情的。」

帕里斯被趕了出來，十分痛楚地由僕人們抬著下山，這時在奧林帕斯山的希拉對他的慘狀感到十分的高興。他還沒有回到宮殿，就毒發身亡，海倫再也看不到他了。

一個牧人將這個惡耗告訴他的母親海卡貝，她雙膝戰慄，暈倒在地。而普里亞摩斯卻毫不知情，他鎮日坐在赫克托的墓前，浸沉在悲愁裡，不知道世界正發生什麼事情。另一方面海倫也在哭泣流淚，但與其說她在悲泣丈夫，毋寧說是悲泣自己。她正為長久壓抑在心中的內疚感到惶恐。

奧伊諾妮也深深地後悔，她回憶起青春年少的帕里斯和他們新婚時的快樂。如同冰雪在春風的吹拂下融化，她一顆怨恨的心也為悲愁所溶，眼淚如雨般地流淌在面頰上。她一躍而起，如同風暴一樣地奔出去，在黑夜的危岩險谷踉蹌，月光之神塞勒涅在暗藍的天上同情地看著她，用光輝照著前方道路。最後她來到丈夫的火葬堆。

大火正熊熊燃燒，伊德山的牧人們都站立在周圍，對他們少時的朋友致哀。奧伊諾妮悲痛得說不出話來，用面紗遮蒙著美麗的臉，躍進熊熊的烈火裡。任何人都來不及搶救，她的頭髮已經著火，和她深愛的丈夫一起被焚為灰燼。

木馬屠城計

當牧人把帕里斯和奧伊諾妮的骨骼埋葬在地裡時，特洛伊城外的戰鬥仍在激烈地進行著。阿波羅鼓舞起愛涅亞斯和歐里馬可斯的勇氣，他們合力將希臘人逐退。希臘人遭受了巨大損失，重新整頓軍隊，全力反擊，終於反敗為勝。

只有少數的特洛伊人死裡逃生，他們退回城裡去，都已受傷或精疲力盡。婦女和孩子們悲泣著從他們手裡接過血跡斑斑的武器，並為他們解下沉重的盔甲，醫師也忙著為他們檢視。

第二天，希臘聯軍趁勝追擊，他們用各種方法衝擊城門，但特洛伊人死守著城池，不斷地從城牆上投擲巨石，使希臘人無法逼近。最後奧德修斯突發奇想，他命令戰士們高舉著盾牌構成一層保護殼，在保護殼下面，戰士可以密集前進。

從城頭發出的矢石像雨點般射來，但都落在盾牌上，沒有一個人受傷。就這樣，他們如同一團堅固的烏雲，一直逼近城垣。大地在他們的踐踏下呻吟，塵土在他們的頭上飛揚，盾牌下面的戰士們的談話聲也如蜂群一樣嗡鳴著。他們向各城門前進，並預備好斧頭，準備砸毀城門。

正當鉸鍊快要斷裂、城門即將被砸開時，愛涅亞斯突然充滿神力，他兩手抱起一塊巨石兇猛地投擊盾牌所構成的保護罩。巨石使保護罩下的戰士如被崩裂的岩石所擊倒的山羊一樣紛紛倒下。愛涅亞斯站在城頭上，四肢充沛著威力，鎧甲像閃電般放射著金光。在他的身旁則是隱蔽在雲霧裡的戰神阿利斯。每當愛涅亞斯投擲石塊，阿利斯就讓它命中敵人，在希臘軍隊中製造恐怖和死亡。

希臘人的攻城戰久久不能獲勝，戰爭彷彿沒有盡頭。付出了巨大代價的希臘勇士士氣低落，失去了信心，歸鄉的日子遙遙無期。於是預言家卡爾卡斯召集英雄們，告訴他們：

「這種艱困的作戰是沒有用的，我們絕不能用武力和敵人硬拚，我們應該找個巧妙的辦法來結束這場戰爭。剛才我看到一隻老鷹追逐一隻鴿子，這隻鴿子敏捷地飛到岩洞裡。老鷹就在洞口等著鴿子出來，但鴿子卻藏匿不出，於是，老鷹想了一條妙計，牠埋伏在附近茂密的樹叢中，讓鴿子以爲老鷹已經飛走。果然，鴿子馬上從岩洞裡飛出來，牠一出洞老鷹就撲上去，用利爪將牠攫住。讓我們以這鳥雀爲例，我們應該停止對特洛伊的攻擊，而另想別的計謀智取特洛伊城。」

「親愛的朋友，」聰明的奧德修斯說，「如果眞如你所說，命運女神讓我們智取普里亞摩斯的城池，那麼，我倒是有一條妙計。讓我們造一匹巨大的木馬，在馬腹中盡可能的載滿將士，其餘的人則乘船撤退到特尼多斯島去。但在出發之前必須先燒燬帳篷，使得特洛伊人能夠從碉樓上看見煙火，不懷戒備地蜂擁出城。同時，我們要派一個特洛伊人所不認識的戰士冒充逃難的人，到特洛伊城去，告訴他們說希臘人要把他殺了給眾神作祭品，以祈求歸途平安，只是他躲在這匹獻給雅典娜的神聖木馬下面才免於一死。這時特洛伊人一定會同情這個可憐的外鄉人，將他帶到城裡去。在那裡他要設法讓特洛伊人將木馬拖進城門。當敵人熟睡的時候，他就發出暗號通知，我們便從木馬的腹中湧出，然後燃起火把召喚軍隊，裡應外合，將特洛伊城毀滅。」

奧德修斯的木馬計謀立刻取得全體將領的贊同。他即刻委託伊佩奧斯設計建造一匹像小山一樣高大、像戰船一樣堅固的木馬。

第二天，東方剛發白，阿伽門農兄弟就命令士兵們到伊德山的山坡砍伐巨木。樹木倒地的轟天巨響在山谷中迴盪，遮天蔽日的冷杉很快變得稀疏。龐大的隊伍在伊佩奧斯的指揮下進行伐木工作，一些人砍樹，削成木板，另一些人把板材運回營地，山上山下，到處一片繁忙的景象。

伊佩奧斯自己建造木馬，他先削製馬蹄和馬腳，然後在上面削製馬腹，在馬腹上面裝置拱形的馬背；接著又安置胸部和脖子，脖子上的鬃毛是如此精緻，似乎可以迎風飄動；馬的兩耳豎立，兩眼奕奕有神，整匹馬栩栩如生。由於雅典娜的援助，這工作三天內就告完成。大家都驚嘆伊佩奧斯所造的這件巨大藝術品。

特洛伊人仍很安靜地隱伏在城裡，對於這場長期的戰爭，他們都有著難以言喻的恐怖和疲憊。

另一方面，在奧林帕斯聖山上此時卻有著極大的擾亂。因爲特洛伊的命運既已決定，神祇們也就分爲兩派，一派愛護希臘人，另一派則敵視他們。他們在斯卡曼德羅斯河岸上列成陣勢，只是凡人看不見他們。現在連海洋的神祇也加入他們的隊伍，海中仙女因爲是阿基里斯的親戚，所以站在希臘人這邊；其他的海洋神祇則袒護特洛伊人，他們激起狂濤巨浪向希臘人的船艦和木馬打來，意圖毀滅他們。

同時，在平原上的戰鬥亦也開始，阿利斯突擊雅典娜，引發全體神祇都加入作戰，他們的黃金鎧甲響震著，海浪洶湧到沙地上。在眾神的足下，大地震動，他們的叫囂甚至遠達地府，使在最底層的泰坦族們也爲之戰慄。

原來宙斯已出外，神祇們即選擇這個時間作戰。宙斯到了大地的極邊，雖然距離如此遙遠，但他仍然對於特洛伊城所發生的一切徹底明瞭。他剛一知道眾神們在作戰，就御著四種神風，立刻回到奧林帕斯山。他用迅急而強大的手掣出閃電轟擊地上的神祇們，令他們立刻放下武器，木然不動地站立著。

正義女神特彌斯是唯一沒有參加作戰的神祇，她立刻降到地上，向他們宣告：除非他們服從宙斯的命令放棄戰鬥，否則他決定將他們完全毀滅。眾神畏懼萬神之父，只好抑制心中的敵意各自歸返，有的回到天上，有的回到海底。

這時，木馬已經完成，奧德修斯在會議中起立發言。

「各位將領，請大家不要忘記，勇敢勝於力量。現在，請勇士們到巧奪天工的木馬上來。木馬活門的門洞關閉後，其餘的將士就乘船到特尼多斯島去。只留下一個大無畏的人在木馬附近，按照計畫去進行。現在誰願意來承擔這件任務呢？」

沒有一個人敢站出來。英雄們都猶豫著。最後西農挺身而出，走向奧德修斯，說道：「我願擔當這樁必須完成的任務，即使他們侮辱我、拷打我，把我扔到火裡燒死，為了讓希臘人攻取特洛伊城，我決心冒一切危險。」

他的話受到了大家的歡呼。接著，皮洛斯全副武裝率先走進空廓的馬腹裡。在他之後是美尼勞斯、狄奧美德斯、菲羅克特特斯以及奧德修斯，其他勇士也先後進入木馬。最後進去的則是木馬的建造者伊佩奧斯，他進入馬腹，就將梯子抽上去，關閉木門，並從裡面下了閂。英雄們默默無聲地擁擠在黑暗的馬腹中，不知道前方等待他們的命運是勝利還是死亡。

其餘的人放火燒燬棚屋及不能帶走的雜物，然後他們登上船艦，由阿伽門農和納斯佗指揮向特多尼斯出發。這是會議時大家決定這麼做的，大家不願叫這兩位英雄進入木馬，一個由於他是全軍的統帥，另一個由於他年事已高。他們在特尼多斯島拋錨上岸，引頸期待預先約好的舉火信號。

特洛伊人不久就注意到海岸上的煙霧和大火，他們從碉樓用心窺探，發現希臘人的軍艦已大舉離去。他們如釋重負，把全部的城門打開，快樂地湧到城外。不久，特洛伊將兵們來到海邊，發現了這匹木馬，大家都十分驚愕和不安，因爲他們不曉得這是什麼，也不知道這個龐然大物會帶給他們什麼。他們議論紛紛，意見紛紜。突然，他們發現了躲在馬腹下面的西農。

爲了演好奧德修斯一手導演的這齣戲，西農站立著，沒有武裝，裝成嚇呆的樣子。他對著圍觀的人們哭泣哀求：「唉，我能到什麼地方去，到哪兒乘船去呢？希臘人放逐了我，特洛伊人也一定會殺死我的呀！」這時來了一群戰士，他們拷問他是誰，從什麼地方來。

西農對他們說：「希臘人已經精疲力竭，再也撐持不下去了，他們逃回希臘去了。根據卡爾卡斯的建議，爲了祈求雅典娜的保佑，他們製造了這匹木馬給女神作祭品。爲了在歸途一帆風順，奧德修斯竟建議把我殺掉，作爲給海神的祭品。我爲了逃命，只好掙斷了捆綁我的繩索，拔腿奔逃，隱藏在沼地的蘆葦叢中，直到他們航海走了。後來我爬出來，躲在這匹木馬的下面。我不能回鄉，也永遠見不到我的親人了，現在我又落在你們的手裡，就聽憑你們的處置吧！」

這些謊話使特洛伊人非常憐憫。普里亞摩斯國王也溫和地和西農說話，叫他忘記他殘忍的同伴，並許可他到城裡居住。他所要求的唯一報答就是關於這個所謂的「聖木馬」的詳細情況。

於是西農高舉雙手，向天做假意的祈禱。「啊，我所敬愛的天神們！請你們爲我作見證，我和我同鄉人的關係至此已斷絕，所以我洩露他們的祕密已不算罪過了！」然後他開始說：「其實希臘人回邁錫尼是爲了補充兵員和武器。他們把木馬留在這裡，是爲了保護他們將要重新佔據的營地。

如果你們把這匹木馬遺棄在這裡，就會惹雅典娜生氣，她就會讓特洛伊城落入希臘人手中。但是，如果你們把木馬拉進城裡，你們就會代替希臘人得到雅典娜的庇護，把希臘聯軍打退。」

特洛伊人分裂成兩派陣營。那些輕信的人主張立即將木馬拉進城裡，持穩重態度的人則主張把這令人生疑的祭品推到海裡。拉奧孔則要求立即燒掉這匹馬。

「特洛伊人，你們怎麼能夠相信敵人留下來的東西沒有詭計？」這位阿波羅的祭司高聲嚷道，「這是多麼愚蠢，多麼荒謬呀！總之我們不能相信這木馬！」

他的話音剛落，兩條巨大的蛇從特多尼斯島的方向通過明鏡般的清水，向海岸泅來。牠們從海面伸出紫色肉冠的頭，蛇身在水裡蜿蜒

拉奧孔的預言　葛雷柯　1604～1614年，華盛頓國家畫廊

前進，瞬間便爬上岸來。牠們眼光炯爍如火燄，吐著舌頭，嘶嘶地叫著。擁擠在海灘的特洛伊人都嚇得面無人色，放腳奔逃。但這兩條蛇卻一直奔向拉奧孔的兩個兒子，牠們緊緊纏住兄弟倆，使他們窒息而死。拉奧孔為了救他的孩子，也被巨蛇咬死。

特洛伊人看到這一情景，以為是這祭司對於「聖木馬」表示懷疑所得到的懲罰。於是，他們決定立刻將這個龐然大物拉進城裡。有些人忙著在城垣上開洞讓木馬通過，另外一些人則在木馬下安置輪軸，並把鍊條繫在粗大的馬頸上，他們歡呼著把這巨大的木馬拖拽到城裡去。

特洛伊的婦女們給木馬披紅掛綠，以為這個勝利品終於結束了眾人唾棄的戰爭。孩子們追隨在後面，歌唱神聖的讚歌。有幾次木馬稍遇顛簸，似乎發出金屬相擊的響聲，然而特洛伊人充耳不聞，他們歡聲如雷，一直將這木馬拖到城市中心。

在眾人的狂歡中，只有卡桑德拉公主看出了危險，她狂亂地從宮殿奔出，一路大聲呼喊：「特洛伊人呀，你們還不知道我們正走著毀滅的道路，已經來到死亡的邊緣了嗎？我看見城裡充滿著血腥與火光，我看見死亡從你們帶回來的這隻木馬中衝出啊！」

但特洛伊人只是譏笑或嘲弄她，根本不相信她的預言。

特洛伊的陷落

就在這天的深夜裡，特洛伊人舉行歡宴慶祝，到處都是歌聲和樂聲，人們沉浸在歡樂中，一次又一次地斟酒、飲盡。夜半時，大家舌倦眼疲，昏昏入睡。這時，與眾人一起飲酒作樂的西農也假裝睏倦了。他從床榻起身，偷偷走出城門，燃起火把，並高舉著它搖晃，使特尼多斯島上的希臘軍可以看見。然後他爬到木馬下面，輕輕扣擊馬腹。英雄們聽到了這暗號，但他們只是沉默著，等待奧德修斯發號施令。

奧德修斯伸出頭來，看看是否有特洛伊人放崗站哨，結果什麼也沒看見，周圍是一片寂靜。於是，他放下梯子，走下木馬，英雄們魚貫跟隨在他後面，緊張得怦怦心跳。

勇士們下馬後立即揮動長矛，拔出利劍，對正在昏睡的特洛伊人展開恐怖的屠殺。火把被投擲到家宅、城堡、寺院，住屋被熊熊的烈火所吞噬。同時，一陣順風使特尼多斯的希臘船隊飛快地趕來，他們一上岸就從特洛伊人自己拆毀讓木馬通過的缺口洶湧入城。他們到處殺人放火，這座美麗的城池如今充滿了

木馬屠城 龐貝城壁畫，那不勒斯國立博物館

哭喊和悲號。殘廢和受傷的人們在死屍上爬行，火星和天星，還有房子倒塌時竄得高高的火燄，把街上的血流映得通紅。

兇猛的皮洛斯衝進普里亞摩斯的王宮，看見這老人正跪在宙斯的神壇前祈禱，他毫不猶豫地一刀砍去老國王的頭。希臘士兵則在離他不遠的地方找到了安德洛瑪凱。她淚流滿面，腳步遲緩，懷裡抱著赫克托心愛的幼子。希臘戰士殘忍地把他從母親懷中搶來，從城垛上擲下去摔死。安德洛瑪凱哭叫著也想死，可是，希臘人沒有讓她如願，將她抓起來作爲俘虜。

這時，一直在奮力抵抗的愛涅亞斯，見到一切已經無望，終於跳上一條小船，自求活命去了。他將他的老父扛在肩上，牽著幼子的手，慌忙逃遁。孩子緊靠著父親，腳幾乎沒有著地的跟著跳過滿街的屍體。阿芙蘿黛緹也緊緊跟隨，保護她的兒子，凡他走過的地方，火燄熄滅，煙霧散去，希臘人所射出的箭也落到地上，無法傷害到他們。

城內的其他地方，殺戮持續進行著。就在不貞的海倫的房門外，美尼勞斯遇到普里亞摩斯國王的兒子伊福波斯，自從赫克托死後，他便是家族和人民的重要支柱，帕里斯死後，海倫歸他所有。晚宴後，他醉醺醺地從宮殿跑出，美尼勞斯追上去，揮著利劍將他殺死。

接著，美尼勞斯在王宮裡四處搜索，滿心希望能發現海倫。海倫因恐懼丈夫的憤怒，瑟縮著躲藏在最遠的屋角。當美尼勞斯一眼瞥見她時，一種嫉妒的心情慫恿他立即將她殺死，但阿芙蘿黛緹已經使她比過去更美麗，她打落他手中的利劍，平息他胸中的怒氣，並燃燒起他潛伏在心中的舊情。他被海倫的美麗所蠱惑，手中的利劍一再舉不起來，突然他忘記她一切的過錯，擁著她走出宮殿。

這時，特洛伊成了一片火海。當大地正大肆屠殺，神祇們用濃雲遮蒙著自己，悲痛特洛伊的陷落。唯一感到歡喜的神祇是特洛伊人的死敵希拉，和阿基里斯的母親特蒂絲。雅典娜雖不斷地援助希臘聯軍攻擊特洛伊城，如今也忍不住流淚，因爲她看見希臘英雄埃阿斯進入她的神廟，玷汙她的女祭司卡桑德拉。這女神沒有援助她敵人的女兒，但看了這種罪惡的景象，她決心爲卡桑德拉所受到的侮辱復仇。

城裡大火三天三夜不熄，熊熊的火燄和滾滾的濃煙像一根柱子聳立在天空，對所有在附近的人們和海上來往的船隻宣告特洛伊的陷落。

班師回國

希臘聯軍將特洛伊城夷爲平地，但他們並不就此滿足。他們隨心所欲地劫取儲存在城裡的大量財富。一些人搬運著各種戰利品，一些人則押送著淚流滿面的女俘，排著長長的隊伍走回船艦。

人群中，美尼勞斯領著海倫走出雜沓混亂的城區，他雖然略有愧色，卻歡喜他的妻子重回懷抱。在他的旁邊則是阿伽門農和他從粗暴的埃阿斯手下救出的卡桑德拉公主。皮洛斯帶著赫克托的妻子安德洛瑪凱從焚燒的城裡走回。王后海卡貝凌亂著滿是塵土的白髮，踉蹌地走著，她已成爲奧德修斯的俘虜。

還有無數的特洛伊婦女跟隨在後面，她們都在痛苦地哽咽和悲泣。只有海倫沉默著，她滿臉羞愧，緊緊地跟在丈夫後面。當她到達船艦時，希臘人都爲她的美豔感到眩惑，他們心想，爲了這樣一個美女，他們追隨美尼勞斯航海遠征，經過十年戰爭的危險和痛苦，也是值得的。因此沒有人想到要傷害海倫，他們仍將她留給美尼勞斯。

美尼勞斯把海倫帶回自己的帳篷。她跪在他面前，抱著他的雙膝祈求：「我知道你有權將不貞的妻子處死，但我並非自願離開斯巴達的，是帕里斯脅迫我，強把我帶走的。當時你不在家，沒有人保護我，後來我幾次想要自殺，都被侍女給阻止了，現在隨你怎麼處置我吧！」美尼勞斯將她扶起，溫柔地說道：「海倫，忘記過去的事吧。妳所犯的過失我都不再懷恨。」說著就把她抱在懷裡。

皮洛斯睡得很香甜，他夢見父親，就好像他還活著一樣，他說：「不要爲我的死感到悲痛，親愛的兒子，我現在已成爲神祇。你要像我活著時一樣，爭求光榮，享受大地的陽光，別讓不幸的遭遇壓在你心上。每個人離地府的大門都是那麼的逼近。人們如春天的花朵，自

美麗的海倫 伊芙琳．摩根 1898年

開自落。告訴阿伽門農，叫他用最高貴的戰利品祭獻我，使我同享特洛伊陷落的歡喜，並護佑你們一路順風。」

第二天，希臘人都早早起床，渴望著啓航歸鄉。但皮洛斯卻出來勸阻他們。「朋友們，」他用雄壯年輕的聲音對他們說，「你們還不能離開這裡的海岸，除非報答了使你們獲得勝利的阿基里斯！昨夜我父親向我顯示一夢，他要我轉告你們，用這次從特洛伊得到的最珍貴戰利品向他獻祭。」

希臘人恭敬地遵從他們戰死英雄的要求。由於對阿基里斯的愛護，波塞頓也在海上吹起一陣暴風，巨浪排空，使希臘人即使想走也不可能動身。當他們看到浪濤如山、狂風呼號時，更加願意服從他的命令，立刻蜂擁到巍然聳立在海岸上的阿基里斯之墓。

但用什麼來獻祭呢？什麼才是最高貴的戰利品？每個希臘戰士都自動將他所擄得的珍寶和奴隸陳列出來。後來大家一致認爲所有的金銀財寶，比之於普里亞摩斯的女兒波里克賽娜都黯然無光。

戰士們馬上從海卡貝王后的懷裡奪走波里克賽娜，老王后哭喊著，但女兒仍然十分鎮定。因爲波里克賽娜是願意以一死殉阿基里斯的。她曾經在城頭看見過阿基里斯，雖然他是特洛伊的敵人，他的俊美和強健早已激起她心中的愛情。這時，出人意料的，公主突然奔出，奪過一柄短刀，她緊伏在阿基里斯的祭壇，將短刀刺入自己的心臟。

希臘的隊伍中響起一片悲嘆聲。年老的母親伏在女兒的屍體上哭泣。在波里克賽娜的鮮血汩汩流出的同時，海浪立刻趨於平靜，希臘戰士們高興地呼叫著。於是，他們解纜啓錨離開特洛伊海岸。

海浪緩緩地拂打著船底，船頭上滿滿堆積著被殺死的敵人們的武器，無數戰勝的紀念品懸掛在船桅上。船艦都用花環圍繞，戰勝者的戰盔、盾牌也飾以花環，他們歡樂而驕傲，灌酒於煙波浩瀚的大海，祈求神祇保佑他們平安歸鄉。但他們的祈禱從沒有達到奧林帕斯高峰，急風將它們從甲板吹走付之於流雲之中。

當英雄們躊躇滿志之時，被俘虜的婦女和孩子們則頻頻回顧在廢墟中仍冒著青煙的特洛伊城。她們哽咽著，以淚水來沖淡悲哀。卡桑德拉公主站立在她們中間，沒有眼淚，她的驕傲使她不肯悲嘆。眼前所發生的一切，正是她過去所預言過而遭到國人嘲弄的事。雖然如此，她的心裡仍爲被搶劫和焚燒的特洛伊城悲泣。

在特洛伊的廢墟被遺留下來的只是老者和傷者。他們木然地埋葬鄉人的屍體，但僅有少數活著的人，卻要埋葬這麼多的屍體，他們不禁癱軟在地，放聲大哭。

同時希臘人遙望著漸行漸遠的特洛伊海岸，想到有多少同伴戰死，多少朋友被遺留在異鄉的土地上，他們的快樂也被憂傷沖淡。多少海岸、多少海島不知不覺地過去了，大風揚帆，波濤洶湧，海面漆黑，僅在船艦後面有一線雪白的水花。

勝利者本來可以平安到達希臘的海岸，但因爲雅典娜對於埃阿斯的瀆神行爲感到惱怒，她用宙斯借給她的一束雷電，使天空中充滿轟隆的雷聲，並以濃雲包蒙著山嶽、海洋和大地。然後她派遣使者伊麗絲去召喚風神艾奧羅斯，他受命後即刻用他巨大的三尖神叉，挖開封閉各種風的岩洞。各種風隨即像一群獵狗一樣衝出，他們合爲一股濃黑的暴風，去掀起海浪，於是海洋在急風下咆哮，巨浪騰湧如山。

希臘人看到巨浪向他們捲來，大家都失魂落魄，再也無力搖動大槳，暴風雨將他們的船帆撕成碎片，雅典娜不斷地從聖山向下閃擊雷霆和閃電，船艦裡發出恐怖的號叫。在風浪的衝擊下，木片裂開，船艦破碎了，想附著碎木片逃生的人也被浪濤吞沒。

最後，雅典娜用最大的雷霆轟擊埃阿斯的船艦，大地和空中響震著可怕的破裂聲，巨浪吞食著破船，水手們都掙扎著溺死，埃阿斯卻仍然活著。他有時浮在浪頭上，有時又沉沒下去，這時，閃電不斷地在他周圍攻擊。然而，雅典娜還不讓他死去，這樣的死法太仁慈了。

最後埃阿斯攀到一塊岩石，他頑強的抱住它，並誇口說自己死裡逃生，無視眾神的威力。大地的震撼者波塞頓正在他身邊，他狠狠地以三叉戟一敲，海岸瞬間崩裂，埃阿斯也隨即粉身碎骨。

雅典娜之姿　蘇維依　1771年

別的希臘船艦漂流在海上。有些碎爲破片，有些沉沒入海，風暴仍然繼續著。

當希臘人在歸途中遭逢慘劇時，波塞頓命令海浪沖毀他們在特洛伊城外的圍牆和碉堡。因此，在這次偉大戰爭中的一切，除了特洛伊城的灰燼和少數船艦載著歸去的英雄與俘虜外，一切已化爲烏有。

克麗泰梅絲特拉 李頓 1874年，倫敦

而在歷盡千辛萬苦才回到家鄉的希臘英雄中，能得到幸福的也僅僅是極少數的幾個人。

阿伽門農回到邁錫尼後，發現他的王位已被艾基斯特篡奪，他的妻子克麗泰梅絲特拉因爲怨恨丈夫，也與艾基斯特私通。當他們得知阿伽門農歸來，先是假意歡迎，接著又爲他舉行了豐盛的宴會。阿伽門農疲憊地放下武器，解下戰甲和武裝正要沐浴時，艾基斯特和克麗泰梅絲特拉立即從隱伏處奔出，用密網套在他的頭上，然後以短刀將他刺死。

艾基斯特統治了邁錫尼七年。第八年，阿伽門農的兒子奧雷斯特在朋友皮拉得斯的幫助下，殺死了謀害他父親的凶手。

美尼勞斯比邁錫尼王幸運得多。他帶著海倫回到斯巴達，平靜地統治了好幾年。傳說，海倫死後被葬在她丈夫的墳墓旁邊。

至於安德洛瑪凱，她隨阿基里斯的兒子皮洛斯來到埃比勒。皮洛斯雖鍾情於她，但不久便把她讓給了赫楞。赫楞是普里亞摩斯在特洛伊戰爭中唯一生還的兒子。皮洛斯死後，赫楞繼承了埃比勒王國的一部分土地，安德洛瑪凱就在異鄉的一條她稱爲斯摩伊斯河的旁邊建立了一個小特洛伊城，以紀念消逝的特洛伊。

而被母親阿芙蘿黛緹從戰場救走的愛涅亞斯，在歷經艱辛的冒險旅程後，輾轉來到義大利。他的後代建立了新的特洛伊城，這就是永恆的羅馬城，這座城以後還將成爲世界的主宰。

愛涅亞斯後裔建立之羅馬城　洛漢　1672年，倫敦國家畫廊

2 奧德修斯迷航記 Odyssey

特洛伊戰爭結束以後，從戰場和歸途的暴風雨中逃脫性命的希臘英雄們，都先後回到祖國。只有奧德修斯沒有回來。

奧德修斯離家已有十年，非常想念他美麗的妻子蓓妮蘿佩和家鄉伊薩卡，他是這片荒瘠土地上的國王。雖然他的國土和他剛剛才離開的小亞細亞肥沃的平原，或在歸途中所經過的那些富庶國家比起來，實在是貧窮有餘，但不論他到什麼地方去，總覺得沒有一塊土地比自己的故鄉更好。由於這個緣故，他拒絕了許多誘惑，克服了許多困難，在流浪了十年後，終於回到家鄉。

異國的歷險

可怕的大風暴將奧德修斯一行人的艦隊颳到了敵視希臘人的克孔尼斯人的海岸。奧德修斯的軍隊登陸後，攻下他們的首邑，殺死了很多人，也擄獲許多戰利品。他的士兵被勝利沖昏了頭，只顧著縱酒狂歡，根本毫無戒備。於是，克孔尼斯人就伺機召來盟友偷襲他們，打得他們措手不及，損折了不少人馬，好不容易才殺出重圍，退回船上。

他們揚帆起程，心裡雖然悶悶不樂，但是想起在這場險惡的敵軍突擊戰中，他們居然沒有全軍覆沒，心裡又不免有些慶幸。

不久，海上又掀起了狂風惡浪。正當他們的船艦快要繞過墨勒業海角時，風浪又把他們的船隊吹到庫特拉島。之後，一連九天，逆風都把他們吹向和目的地相反的方向，直到第十天，他們才被送到了海岸邊。

上岸後，奧德修斯派了幾個戰士去打聽這是什麼地方。

這裡的居民是以吃忘憂樹的果子爲生，他們熱情友好地拿了一些忘憂果給戰士們吃。這種果子味道非常甜美，戰士們吃了這種果子，便會忘記自己的任務和使命，忘記自己的故鄉，只想留在那裡，和當地的居民住在一起，永遠吃著那種寶貴的食物，所以當奧德修斯派人來抓他們回去時，他們掙扎、哭泣，寧死也不願離開。最後，奧德修斯只好叫人把他們的手腳捆起來，扔在甲板底下，立即以最快的速度開船，離開那片海岸，生怕又有人吃到忘憂果。

當天晚上，他們沿著偏僻而不知名的海岸航行，在黎明時分來到了庫克羅普居住的地方。

庫克羅普是一種游牧巨人，既不播種也不耕地，沒有開墾的土地卻爲他們長出了豐饒的小麥和葡萄。可是他們沒有麵包，也沒有酒，因爲他們不知道製作的技術，甚至也不想知道。他們每個人都自顧自的生活，沒有法律，沒有政府，也沒有城邦和王國這一類的組織。他們都住在陡峭山嶺的巖洞裡，憑自己的高興治理家園。

奧德修斯到這裡以後，挑選了十二個人跟他上岸探查。

他們來到一個巨大的巖洞，修築得十分粗糙，單從寬廣度看來，就可以想見洞主人的身材是如何地高大。奧德修斯進了洞，卻不見這座世外洞府的主人。繼而他又想，如果希望洞府主人以禮相待，應該送些禮物籠絡他，於是他叫部下抬了一大皮囊的美酒，準備送給他。

他們在山洞裡逛了一整天，參觀了遍地都是羊肉的廚房、堆著一桶桶羊奶的奶棚以及空著的畜欄。正當他們待在洞裡時，忽然聽見一聲震耳的巨響，彷彿房屋倒塌下來一般。原來是洞府主人放牧回來了。

希臘人一看見這野蠻的怪物，都遠遠地躲到洞的深處。這怪物就是波里培摩斯，也是庫克羅普族中身材最高大、性情最兇惡的一個，他自稱是波塞頓的兒子。看上去與其說他像人，倒不如說像一座山，同時他那副野蠻的頭腦和他的野蠻身體很相稱。他把所有的母羊全

獨眼巨人　魯東　1895～1900年，奧特盧／庫拉．穆拉國立美術館

部趕到洞裡，公羊則留在洞外。然後他搬起一塊巨石，把洞口堵住，接下來便坐下來擠羊奶。擠完奶後他升起一堆火，一邊用他那只有一隻的大眼睛向洞裡看了看。藉著微弱的火光，他看見了奧德修斯的幾個部下。

「喂，你們是什麼人？到這裡來有什麼事？」他吼出來的聲音是那樣地可怕，嚇得他們一句話也說不出來。

「我們是希臘人，」奧德修斯回答說，「我們離家多年後現在要回故鄉去。可是逆風卻把我們吹到這座陌生的海島上，我們並不要你接待迷失風向的可憐人，但至少請你不要傷害我們。」

「外鄉人，你們的船在哪裡？」庫克羅普又問道。

「波塞頓把我們的船打碎了！」奧德修斯聰明地回答說。

波里培摩斯一言不發，立即就把離他最近的兩個人抓起來，往地上一摔，摔得腦漿迸裂，然後把他們的肢體一塊一塊地撕下來，活生生地呑下去。原來庫克羅普是吃人的巨人，也由於他們會吃人，所以除了少數迷途的旅人以外，很少人會走近他們這片海岸的。

奧德修斯他們看到這樣恐怖的景象，都嚇得魂不附體。而庫克羅普吃完這頓殘忍的晚餐後，就躺在羊群中間呼呼大睡。奧德修斯見機會難得，立刻拔出寶劍，打算刺死這個熟睡的怪物。但是他突然想到堵在洞口的那塊巨石，除了巨人以外，再也沒有人能搬得開了。他只好打消了這個念頭，提心吊膽地熬過一夜。

第二天清晨，波里培摩斯醒來，又抓了兩個人當早餐，然後像往常一樣，推開大石頭，把羊群趕出山洞，又用巨石堵住洞口，把俘虜關在裡面，吹著如同狂風一樣尖厲的口哨，走上山去了。

這時，奧德修斯撿了一枝木樁，把它削尖，用火烤硬，然後把它藏在一堆草木灰裡。黃昏時，庫克羅普趕著他的羊群回來，他像往常一樣，忙完之後，又開始吃起他那嚇人的晚餐來。等他又吞下兩個人之後，奧德修斯鼓起勇氣，斟了一碗美酒，笑嘻嘻地勸波里培摩斯喝。

波里培摩斯接過美酒喝下去，非常欣賞酒的滋味。他說，「再給我一些這種神奇的酒。告訴我你叫什麼名字，我要回報你一件禮物。」

「我的名字叫『無人』，」奧德修斯邊給波里培摩斯倒酒，邊回答說，「我的親戚朋友都叫我『無人』。」

「那麼，無人，」波里培摩斯說，「我的獎賞就是，把你保留到最後才吃掉。」

說完，他就醉倒在地上昏昏沉沉地睡著了。奧德修斯見機不可失，馬上從草木灰裡取出木樁，把尖端放在火上燒紅，接著朝怪物的眼睛使勁刺去，怪物的眼珠登時爆破，冒出一股煙來。

波里培摩斯痛醒過來大聲吼叫，整座島都被他巨雷般的吼聲所震動。他用盡力氣把沾滿血汙的木樁從眼眶裡拔出，瘋狂地擲在地上，然後大聲地向那些住在附近山洞的庫克羅普兄弟呼喊，求他們快來幫助他。他們聽到那可怕的喊聲，都從四面八方跑來。

「出了什麼事？」他們來到洞口問道，「為什麼三更半夜發出這樣恐怖的喊叫聲？」

波里培摩斯在洞裡回答說：「兄弟們，『無人』用詭計傷害我，『無人』在地洞裡！」

「既然無人欺負你，那麼你是一個人在洞裡。你的災難一定是來自天上，我們也幫不了你。」說完他們便各自離開了。

波里培摩斯非常失望，他的眼睛瞎了，頭痛欲裂，一邊呻吟著，一邊在黑暗中摸索找尋洞口。找到以後，他就搬開大石頭，在門口坐了下來，用手摸來摸去，想要等凶手出洞時把他們抓住。但是他怎麼也沒料到，奧德修斯找了一些繩子，把洞裡仍然活著的同伴綁在公羊的肚子下面。

天亮後，羊群從巖洞走出來，到牠們平日的牧場去。波里培摩斯用手摸索著每一隻羊的羊背。奧德修斯他們則躲藏在又肥又大的公羊肚子下面，就這樣一個個逃出了野人的魔掌。

奧德修斯最後一個出洞，脫險後立刻鬆手跳下

奧德修斯與獨眼巨人 佐甸斯，莫斯科

羊腹，幫著解下他的朋友。然後他們直奔船艦，立即起錨開船。波里培摩斯聽到他們的腳步聲，怒不可遏地追到岸邊，狂暴地搬起巨石向他們的船投過去，巨石掉在水裡，激起一股洶湧的浪濤，幾乎又把他們的船盪回岸邊。

「庫克普羅，」奧德修斯得意地喊，「如果有人問你，是誰把你的眼睛弄瞎的，你可以說是奧德修斯，我的稱號是伊薩卡國王，城市的毀滅者。」

於是他們張滿所有的帆，乘風破浪，向前航去了。他們心中雖然爲死去的夥伴悲傷，但是也爲自己的生還而慶幸。最後，他們來到了風神艾奧羅斯所管轄的海島。

奧德修斯和他的部下受到了島主的殷勤招待，還由島主引見了他那掌管十二種風的十二個兒子。他們在那裡住了一個月，跟風神一起大吃大喝，到了月底，風神送他們許多禮物，打發他們動身。臨走時，他還送給奧德修斯一個牛皮袋，袋子裡裝的是「所有的風」，只有西風留在外面，以便吹著帆蓬，平穩地把他們送回伊薩卡去。

這口袋子用一條閃亮的銀帶緊緊地箍著，使一絲風也不能透過。奧德修斯把這口袋子高高地掛在桅杆上，他的伙伴不知袋子裡裝的是什麼，都以爲那是島主送給奧德修斯的金銀珠寶。

第九天，他們順著西風平穩地前進。第十天，眼看著已經駛近了家鄉，都可以望見岸上的燈火了。可是，奧德修斯竟然因爲掌舵掌得困乏而昏昏睡去了。那些貪心的水手抓住這個機會，立刻將那口袋子解開；但是，裡面並沒有金銀，「所有的風」從這個縫隙往外湧出，頓時，海上波浪滔天，狂風惡浪又把他們的船艦逐回大海。

他們在大風大浪中顛簸了六天六夜。第七天早上，他們來到海灣外。海灣的周圍是陡峭的山岩，只有一條通道連接外海。奧德修斯的部下把船開進平靜如鏡的海灣裡躲避風暴，僅遺奧德修斯所乘的船泊在外海。他把船牢牢地繫在海岬外的一座礁山上，自個兒爬到上面去眺望這片國土。

他看見一座城市，炊煙從各家的屋頂上冒出來，但是既不見有人犁地，也不見有牛耕作，甚至沒有任何犁地耕作的跡象。於是他打發兩個人進城，探查一下住在那裡的是什麼居民。

這兩名使者沒走多遠，就遇見一個少女，身材大得出奇，正要去溪邊打水。他們問她住在這裡的是些什麼人，她卻一言不發，只是把他們帶到她父親的宮殿裡去。他父親是當地的國王，名叫安提法提斯，這個國度裡的人民都是身材高大的巨人。他們走進宮殿時，身材比那少女更高大的王后正好跑出來，大聲叫著安提法提斯。他應聲走過來，隨手抓起他們中間的一個人就往自己的嘴裡送，另外一名使者嚇得沒命地逃。

於是安提法提斯大吼一聲，立即有成千上萬的巨人從四面八方跑來，直向港口奔去。他們跑到港口後，便搬起一塊塊巨大的岩石，向停泊在那裡的船隻擲去，不一會兒的功夫，就把全部的船隻都擊沉了。船員們漂浮在水上，不是被海水吞噬，就是被吃人的巨人們用魚叉戳住，彷彿捉魚一般，捉到他們的宴會上成爲腹中的佳餚。只有奧德修斯的船，因爲沒有開進港口才躲過了這一場劫難。

當初離開特洛伊時所率領的龐大艦隊，現在只剩下唯一的一艘了。殘餘的部下，看見同伴的厄運，嚇得呆若木雞，個個愁容滿面。奧德修斯只好一面鼓勵他們，一面趕緊掌舵，離開了海岸。

克爾珂的宮殿

孤舟默默地在海上航行。不久，來到了一個小島。這座島上住著太陽神的女兒克爾珂，她是個精通魔術的高傲美女，有著太陽神般的美麗金髮。

到了這裡，奧德修斯的部下發生了爭執，爭論應該派誰上岸，調查一下這座小島，因爲他們早就飢腸轆轆，可是他們一想到那些給巨人族吃掉和給波里培摩斯嚼得粉碎的同伴，就嚇得勇氣全失、不願意再上岸去探查新島。

於是奧德修斯把部下分爲兩隊，由勇士歐里羅科斯帶領二十二人上岸。臨出發時大家都悲痛得哭了起來，因爲他們對之前的恐怖經驗記憶猶

太陽之女——克爾珂　多西　1525年，華盛頓國立藝廊

新，想到可能永遠再也見不到這些同伴了。

歐里羅科斯一隊人上岸後，直往內地走去，最後來到了一處山谷，在那裡看到了克爾珂的宮殿，那是用金燦的石頭築成的。宮殿的周圍坐著許多野獸，有狼、豹和獅子，全都是克爾珂用魔術馴服的。牠們一看見生人，立刻站了起來，對著歐里羅科斯的一隊人做出逢迎的媚態。看到這種奇異的情況，他們都愣住了，就在門口停了下來。

這時，宮殿裡突然傳出一陣歌聲，那麼迷人、那麼甜蜜，引誘著他們伸手去敲門。過了一陣子，克爾珂走了出來，打開發亮的大門，請他們進去喝酒。他們全都魯莽地跟了進去，只有歐里羅科斯因爲疑心有什麼陷阱，仍然留在門外。

克爾珂把客人帶到她華麗的客廳，讓他們在桌子旁坐下，爲他們送來美酒，還有蜂蜜和奶酪，但裡頭卻摻了藥力猛烈的毒藥。等他們飽吃一頓後，她就拿起魔杖在他們身上一點，立刻把他們變成了一群豬。克爾珂把他們關進豬欄，用橡實、板栗給他們作飼料。

歐里羅科斯在門外等了很久，一直不見冒失的同伴出來，他非常驚慌，馬上跑回船上報告奧德修斯。奧德修斯聽說他的部下莫名其妙地不知去向，便懷疑是施了某種可惡的魔術，他立即拿起劍和弓去找克爾珂。

奧德修斯獨自穿過樹林，來到綠樹掩映的女巫克爾珂的宮殿前。當他正要踏進大門時，忽然有位手持金杖的青年攔住他的去路，這個青年就是使神漢密斯。他把一株草藥交給奧德修斯，這株草藥能解去女巫施放的迷魂藥。

天神走掉以後，奧德修斯拚命敲門。那輝煌的大門又像以前一樣打開，克爾珂走了出來，非常客氣而高興地把客人請進去。這一回，她比對待奧德修斯的那些同伴更加恭敬，她把奧德修斯請到寶座上，在一只金杯裡把酒倒好。奧德修斯喝下那杯摻過迷魂藥的酒，才剛一喝完，她立刻就用魔杖打在他身上，喝道：「到豬欄裡去吧！出去吧！豬！和你的朋友們在一起吧！」

可是，這些咒語卻敵不過漢密斯交給奧德修斯的護符，奧德修斯非但沒有變化，反而按照天神的指示，拿起他的劍，向巫女勇敢地刺去。克爾珂大驚失色，驚叫起來，抱住奧德修斯的膝求饒。

漢密斯與奧德修斯 阿羅利 1580年

「你是誰？從沒有人能抵抗我的魔力。你是奧德修斯嗎？很久以前命運女神就向我預言過，說你是我要鍾愛的人。如果眞的是你，就請放下利劍，讓我這顆高傲的心歸順了你，讓我們結爲夫妻吧！」

「克爾珂，」奧德修斯仍不放下武器，「妳已將我的朋友都變成了畜生，妳怎能要求我和妳結爲夫妻呢？在這種情況下，我不能接受妳，除非妳向神祇發誓永不傷害我。」

這時，被愛情所降服的女巫立即起了誓，保證絕對不再起任何壞念頭。於是，奧德修斯才露出較溫和的態度，使得克爾珂充滿了希望，立刻召喚四名貼身侍女，叫她們趕快把大廳佈置好，鋪上華貴的地毯，在白銀的桌子上擺出佳餚美酒，好好款待貴賓。

可是，奧德修斯還是悶悶不樂地坐在那裡，心事重重，不肯嚐一口食物。克爾珂見了，馬上看出他愁悶的原因，於是離開寶座，走到豬欄裡，把奧德修斯的同伴釋放出來。變成一群豬的同伴們走了進來，擁擠在奧德修斯坐著的大廳上，不停地發出嗚嗚的叫聲。克爾珂不等奧德修斯要求，就在他們的身上塗抹了油膏，頃刻之間他們就脫去了鬃毛，跳起身來，恢復了原來的形體。

接著，克爾珂又派人到船上去，把奧德修斯留在船上的部下也都請來。他們本來以爲偉大的首領已遭遇不測，到達宮殿以後，見奧德修斯還活著，同伴們也都安好，不禁互相擁抱，喜極而泣。

克爾珂叫大家放心，並十分友善地招待他們。告訴他們說，既然他們都遠離祖國，漂泊在外，不如留在此地。她的好言相勸，令奧德修斯和他的部下深受感動，於是他們就留了下來，同她一起享受各式各樣的歡樂，度過一年的快樂時光。

克爾珂神通廣大，她能使月亮離開原來的位置，使根深蒂固的橡樹跳舞，供他們觀賞。她用幻術不斷地想出各種遊戲，以排遣一天天的時光，就像搖晃嬰兒似地搖晃漫長的歲月，使歲月墜入甜蜜的睡夢。

後來，奧德修斯終於從克爾珂的魔力夢境中清醒過來，思鄉的心情又重新湧上心頭。有一天，他向克爾珂提出了歸鄉的意願，克爾珂沒有阻撓，她說：「奧德修斯，天神已經注定了要繼續受磨練的人，我是沒有權力阻留的。但在你回到伊薩卡以前，你必須先到地獄去，到波瑟楓妮所統治的陰冷王國去，向特瑞西阿斯的鬼魂詢問未來的事。他是底比斯的盲預言家，死後，波瑟楓妮仍使他保留著預言的才能。只有他有辦法告訴你怎樣才能安全地返鄉。」

「克爾珂啊！」奧德修斯渾身戰慄，「這是不可能的，有血有肉的人是不能航行到地府裡去的，由誰來作我的嚮導呢？」

「你不必為你的船舶擔心，也不必找什麼嚮導，」克爾珂回答，「你只要升起桅杆，掛起白帆，一陣北風自然會將你漂過長河，送過大海，一直帶你到長著一排排白楊和柳樹的地方。那兒是波瑟楓妮的聖林，也就是地府的入口。你到了那裡，就掘一個一吋見方的洞，往裡面灌進牛奶、蜂蜜、水酒、一隻公羊和一隻黑母羊的血；在你傾倒這些東西時，你要背過臉去，那麼所有的幽靈就會成群結隊地上來想要啜飲這些祭品。但在你還沒有見到特瑞西阿斯出現以前，你必須用利劍將他們揮開，不要讓任何一個幽靈上前舐食你的祭品。」

克爾珂的話使奧德修斯稍稍感到安心。第二天早晨，克爾珂預先在船上擺好祭品，當奧德修斯他們來到船上時，她已經悄悄地走了。他們將船推到海裡，豎好船桅，掛上船帆，然後坐下來搖槳，不久就航行到大海。

陰間的王國

不久，日落大海。一陣勁風將奧德修斯他們的船送到大地的極邊，這裡終年為大霧所包圍，永遠不見陽光。

奧德修斯來到山岩那裡，按照克爾珂所吩咐的獻祭。羊頸上的血剛剛流入土坑，死者的陰魂就紛紛從岩縫裡走出。男女老少都有，且有戰死的英雄們，帶著裂開的傷口和血染的盔甲，他們哽咽著擁擠在奧德修斯身旁。可是，在特瑞西阿斯還沒有來受食之前，他不讓任何一個幽靈靠近祭品。

不久，奧德修斯的母親陰魂也來了。直到這時他才知道母親已死了，當年他離家出征特洛伊時，她還健在。現在，她默默地坐在一旁，注視著那一攤祭品。她沒有抬頭看奧德修斯，看一看她的兒子。

後來，特瑞西阿斯拿了一支金節杖，上來舐食那些祭品，他認出奧德修斯，一面吸食鮮血，一面開始說道：

「啊，奧德修斯，我知道你希望我告訴你如何可以平安回鄉，但很不幸的，你的路途上還有許多的災難在等著你。這都是因爲你刺瞎了波塞頓兒子的眼睛，引起了海神震怒的緣故。但最後你仍可以歸鄉，所以不必失望。你要記住，千萬不可傷害太陽神的聖牛，否則，你們就會船沉人亡。至於你本人，可憐啊，天神注定國王要變成乞丐，除非你能殺死那些驕橫的人。在這些事變不久以後，你又得重新航海，漂流又漂流，直到你來到一個地方，把你在海上的遭遇告訴人們，最後再度回家。你的王國將就此繁榮，你也可以活到老年，最後在距離海洋很遠的地方壽終正寢。」

奧德修斯謝過特瑞西阿斯，再問他：「請告訴我，我母親的陰魂默坐在那兒，我如何能使她認出我呢？」

「讓她吸點鮮血，她就會開口說話了。」這盲先知回答。

於是奧德修斯讓她的母親走近祭品。突然她看到他了，淚流滿面地說道：「親愛的孩子，你還活著，怎麼會來到這死人的地方呢？自從特洛伊陷落以後，你就在海上飄零了嗎？你不能回到伊薩卡嗎？」

「啊，母親！」奧德修斯回答了她的問題後，忐忑不安地問她說，「我出征特洛伊時，把妳留在家裡，告訴我，爲什麼命運讓妳到陰間來？請把有關我父親、妻兒的情況告訴我，不要對我有所隱瞞。」

「你的妻子堅貞不渝，日夜想念你。你的兒子特勒馬可斯保護著你的財產，沒有人敢奪走你的王杖。你的父親在鄉下過活，從不到城裡來。他爲你悲慘的命運傷心落淚。至於我，我也是因過度想念你而死的。」

奧德修斯聽到母親傷心的敘述，十分感動。他忘記了這是死者的國土，脫離了肉體的靈魂不能接受血肉之軀的擁抱，他伸出雙臂，想要擁抱母親，可是那可憐的靈魂卻從他的懷抱中隱退，只悲苦地望了他一眼就消逝了。

奧德修斯又看到許多希臘英雄們的妻子、女兒的靈魂，她們都吸食著祭品，並向他訴說自己的往事。她們散去以後，愁容滿面的阿伽門農出現在奧德修斯的面前。他泣訴著自己被妻子和她的奸夫謀害的事，「我勸告你，奧德修斯，你要祕密地回去，因爲沒有一個婦人是能夠完全相信的呀！」

說完這些喪氣話，阿伽門農的陰魂就轉身消失了。在他之後來到的是阿基里斯和他的朋友帕特羅克洛斯和艾亞斯的陰魂。阿基里斯看到奧德修斯很吃驚，他問道：「是什麼絕望的冒險把奧德修斯帶到這裡，來看死者的末路和他們愚昧的靈魂呢？」

奧德修斯回答說，他來這裡是向特瑞西阿斯打聽回家的道路。他又說：「可是你，阿基里斯，你是所有希臘英雄中最負盛名的人，死後亦當是最偉大的鬼魂，在地府裡享受幸福。」

這時阿基里斯卻悲痛地回答：「奧德修斯，不要對死者說這些安慰的話。與其爲地府的君王，不如作人間的奴隸啊！」接著他請求奧德修斯告訴他關於他兒子皮洛斯的近況。他聽到兒子的英勇和輝煌功業時，顯得非常滿意，大步地離開了。

其他希臘英雄的陰魂，都來跟奧德修斯講話，只有艾亞斯不肯理會他。因爲他曾與奧德修斯爭奪阿基里斯的武器，奧德修斯得到勝利，他因此喪命，所以現在只冷冷地站在一旁看著。

奧德修斯溫和地對他說：「艾亞斯啊，死後你還不能忘卻以前的仇恨嗎？我願意和你言歸於好，只要能夠安慰你那受傷的靈魂，我願意做任何事情向你贖罪。」但這陰魂默不回答，轉身消失在黑暗中。

然後奧德修斯看見一張寶座，上面坐著一個審判官，正在判案。那位審判官就是米諾斯，他正在公平地審判死者，把他們發落到幸福或悲苦的境界裡去。

隨後一個喊聲如雷的幽靈從奧德修斯身邊走過，那是偉大的獵人俄里翁，他正在追趕著一群野獸的陰魂，那都是他在世時所殺死的，因為死者仍然會喜歡他生前所做的行業。

奧德修斯也看見西西弗斯在永遠滾動巨石上山。他全身用力，手足並用，剛要把巨人滾到山頂，巨石就從山頭滾下，於是他又得重新工作。

奧德修斯本來還想看看鐵修斯和他的朋友佩里托斯。可是他已經看到這麼多悽慘的景象，實在不忍再看，於是飛奔上船。那艘船自動動了起來，不用任何槳櫓，轉眼之間，就把他從死者的冥土送到了世人快樂的天地，回到他原來出發的埃艾奧島。

女妖之歌

當奧德修斯返回克爾珂的小島時，她立即命令侍女們送來美酒和佳餚。餐後，克爾珂向奧德修斯伸出手，把他拉到一邊，對他說：

「既然你明天黎明就要動身回國，我現在要把你回國的路上將會遇到的艱難險阻告訴你。離這兒不遠，你會遇到塞壬，她們是三姐妹，住在一塊蔥綠的海岸上，每逢船舶駛過就曼聲歌唱，引誘航海者觸礁身亡。所以，當你從她們的身邊經過時，必須用蠟把同伴們的耳朵全塞起來，不要讓他們聽到那危險的歌聲。但如果你自己願意聽一聽這些女妖的歌聲，最好叫同伴們將你的手腳都捆在桅杆上，在你們還未逃出誘惑的危險以前，無論如何也不要把你鬆綁。這樣你們才能逃出她們的羅網。」

克爾珂接著又說：「在你們從埃艾奧到特里那克里亞島去的時候，你們一定要從兩座致命的礁山正中央駛過。不能稍有偏差，否則你們就會慘遭滅頂。其中那座較大的礁山，屬於斯庫拉所有。她就住在礁山下面一個嶙峋陡峻的洞穴裡，將她的半個身軀隱藏起來，卻將六條蛇樣的長脖子從岩縫伸出，獵食著海上的一切，包括整隻船和船上的人。另外一座礁山，比較小一些，情況也沒有這麼凶惡，但是那裡坐著吞食黑色海水的卡律布狄斯。每天三次，她把深潭的海水喝乾；然後再把它們吐滿。在她喝水時，你不要靠近她，因為你如果被她捉住，就連波塞頓的神力也沒有辦法把你從她的嘴裡救出來。你寧可多靠斯庫拉一點，因為她的六條頭頸每次只能吃掉六個人，而卡律布狄斯貪得無饜的大口卻能吃掉所有的人。」

奧德修斯又問她，假如他能夠逃過卡律布狄斯，是不是可以用劍攻另外一個妖怪。克爾珂搖頭阻止，她說斯庫拉是永遠不會死的。所以，最安全的辦法還是趕快逃走。至於到了特里那克里亞之後的旅程，他只要記住特瑞西阿斯的預言就可以了。

第二天，東方剛亮，啓程的時刻到了，他們扯起帆篷，告別克爾珂。克爾珂用法術使海洋靜下來，讓他們能在平穩的海面上航行，並且還給了他們順風，一路吹送他們向伊薩卡前進。

他們走不到一百浬，順風突然停止，海面上一片死寂，連天空中也沒有一絲微風。奧德修斯預感到塞壬的島嶼一定就在前面了，這一定是她們那具有魔力的歌聲使空氣也著了迷，停止了流動。於是他立刻按照克爾珂的指示，做了許多蠟團，塞住部下的耳朵，然後叫他們把他的手腳捆起來，又命令船上的槳手盡力搖槳，趕快駛過這致人死命的海岸。不一會兒，塞壬們看見這隻船舶，就變形爲最美的美女來到岸邊，開始揚聲唱歌：

「來呀，奧德修斯，你值得舉世讚美；
請停止前進，來傾聽我們的歌聲！

塞壬三姐妹的歌聲 希臘壁畫

這歌兒從不放過任何人，
要你細聽，要你銷魂，
從我們的美歌得到快樂與智慧，
然後再平安地航海前進。
因爲我們完全知道在特洛伊的曠野，
神祇使希臘人和特洛伊所遭遇的苦難，
此外，我們有明澈的睿智，
在豐饒的大地上深知一切所發生的事情。」

奧德修斯聽得心醉神迷，心裡燃燒起奔赴她們的熱望。他極力想掙斷捆著他的繩子，他威脅、哭泣，請求地大聲呼喊，激動地詛咒，請他的部下想一想他們過去所經歷的苦難，想一想他們彼此之間的感情和友誼，要他們解開繩子將他放下來。但是他們始終不肯聽他的命令，那些女妖依然不停地唱著歌，他愈請求同伴們放開他，他們就愈把他捆緊，這樣一直到遠離海島，聽不到歌聲，奧德修斯的同伴才取下耳中的蠟丸，並解開他的繩索。

逃出一場危險，他們還沒有走上三百浬，又聽見遠處傳來了一陣汪汪嗚吠的吼聲。奧德修斯知道這一定是斯庫拉所發出的吠叫。更近一些時，他們就看到另一邊的那個大漩渦騰起一片煙霧，傳來一陣可怕的隆隆聲。他把船更向外緣靠過去一些，以便離斯庫拉遠些。

那裡的海面波濤洶湧，但就在這沸騰的水花上，他們的船竟像一塊石頭似的靜止不動，因爲這時已沒有一人搖槳，遠處斯庫拉所發出的令人喪膽的吠叫，以及較近的卡律布狄斯所發出的囂聲，再加上四周接連不斷的回聲，已使他們嚇呆了。這時，奧德修斯從座位上站起來，走到每一個人面前鼓勵他們。他們聽了他的話，全都鼓起勇氣抓起槳來，一直向浪頭衝去。

船隻已逼近卡律布狄斯所在的礁石，這怪物用大口吸著海水，又復將它噴出。海水湧沸著如火爐上的滾湯一樣，雪白的水花滿佈在空中。當她再一次把海水吸進去時，海底全暴露了出來，海岸深處的黑色沙礫，全都赤裸裸地呈現在他們的眼前。當他們正驚怖注視，舵手也小心謹愼地避過漩渦時，他們卻不知不覺地靠近了斯庫拉。

斯庫拉一看到他們，立刻從黑色洞穴裡伸出她那六條細長的脖子，一口就攫去了六個人。他們被高舉在空中，在她的齒縫裡掙扎，驚呼求救，頃刻間即已全被嚼爲血漿。奧德修斯掩面不忍卒睹。

他們終於逃離了斯庫拉和卡律布狄斯，浪濤洶湧的喧聲漸漸消失，奧德修斯和滿懷悲痛的部下們最後來到了風光明媚的特里那克里亞島。

他們上岸來，奧德修斯看到了一群巨大無比、美麗絕倫的牛在岸邊吃草。這時，奧德修斯想起了特瑞西阿斯的警告，他很怕自己或部下冒犯褻瀆了那群聖牛，所以，儘管已經困頓不堪，他還是命令同伴們立刻登船，盡快離開這個危險的地方。但他的部下卻異口同聲地堅決反對，歐里羅科斯尤其憤怒地說：「奧德修斯，你眞是殘酷無情，縱使我們的身體是鐵打的，也需要休息呀！」

「我讓步就是了，」奧德修斯勉爲其難地同意，「既然你們執意要上岸去，那就去吧。但是，你們必須向我保證，絕對不能傷害太陽神的神畜，你們只能坐在岸上休息，吃克爾珂給我們的食物。」奧德修斯的部下都向他發誓保證遵從他的命令，於是他們上了岸，吃了晚飯，大家想到被斯庫拉吞掉的六位同伴，不勝悲慟，但他們已過分疲憊，因此哭著哭著就倒地睡熟了。

是夜，突然吹起一陣大風。天明時他們只好將船舶搖到山岩下面躲避。可是，誰也沒想到這場暴風竟呼嘯了整整一個月，使他們的船無法啓航。在他們的食物還夠支撐時，一切尙無問題。但後來酒食耗盡，漸漸感到飢餓，他們就開始捉魚捕鳥，奧德修斯則沿著海岸找尋，希望遇到一個神衹或人可以解救他們的危急。但上天彷彿完全沒有聽到他的禱告，他們使奧德修斯昏沉，他睡熟了。

這時，歐里羅科斯對飢餓難忍的戰友們提出一項危險的建議。「聽我說！」他說，「反正我們現在一無所有。死有各種死法，但餓死才是最可怕的。我們爲什麼不用牛身上最肥美的肉獻給神衹，而以剩餘的肉屑來滿足我們的飢餓呢？我們一回到伊薩卡，就可以馬上爲阿波羅建立華麗的神廟，獻上充足的祭品，請求他的饒恕。萬一他眞的惱恨我們，降下暴風雨，使我們在歸途中沉船落水，那我也認了，我寧願在海裡溺死，也不願在這海島上苟延殘喘，逐漸地餓死！」大家都同意歐里羅科斯的話。於是，他們立即挑了幾頭最肥壯的牝牛宰了燒烤，大嚼一頓，這肉眞是又香又甜。

奧德修斯醒來時，正趕上這一場褻瀆神靈的荒唐筵席，但一切已來不及了。可怕的跡象表明他們犯了大罪：被剝下的牛皮都自己走動，就好像活著一樣；在鐵叉上的烤牛肉也哞哞地鳴叫。看到這種不祥的預兆，奧德修斯嚇得毛髮豎立，但是他的那些同伴，卻像被天神奪去了神智一樣，視若無睹地大吃大嚼，整整六天。

在第七天，風浪已平靜，他們上船向大海航行。

就在他們已遠離陸地時，海面上突然籠罩著一片濃雲，狂風大作，桅杆被折，駕船的舵手頭顱瞬間被砸碎，從船尾滾到海裡去了。他們的船失去了掌舵的人，只有任憑狂風吹來吹去。

雷聲轟鳴，宙斯可怕的雷電轟擊著船隻，空中充滿著硫磺煙火的氣味。歐里羅科斯第一個被劈死，全船水手沒有一個倖免。他們的屍體像海鷗似的在海面漂浮。船隻也給打得粉碎，只有奧德修斯一個人逃過了上天的懲罰，他緊緊抓住桅杆，在層層的海浪中漂流了九天。直到第十天的夜晚，才給海浪拋到了卡莉普索的島國。

卡莉普索的島國

姿色迷人的仙女卡莉普索居住在歡樂島上。她的洞府在滿是赤松和白楊的森林裡，樹上巢居著羽毛美麗的鳥雀，葡萄藤盤纏在岩石上，濃密殷綠的枝葉下懸掛著纍纍成熟的葡萄，水晶般的泉水流過佈滿香草和紫羅蘭的草坪。

一天早上，卡莉普索來到洞口觀賞日出的景色時，她看見一個人浮在木板上，那人正在用手划水，向著歡樂島岸邊游來。這美髮披拂的仙女對這個落難的人十分憐憫，立即命令侍女把他救起來，請他到洞府裡休息。

奧德修斯全身溼透，疲憊不堪，他搖搖晃晃地來到卡莉普索的家裡。卡莉普索馬上叫人給奧德修斯生火做飯。

爐子裡燃起熊熊的爐火，檀香木的芳香青煙在島上裊裊上升。奧德修斯貪婪地端詳仙女的美貌，她正在他身邊唱著迷人的歌，一面用金梭織著精緻的綾羅。對客人講述的戰功和奇遇故事，美麗的卡莉普索聽得出了神。

很快地，卡莉普索對奧德修斯產生了愛情，她向他傾吐衷曲，答應讓他長生不死，永遠和她過著甜蜜的生活。她以爲這樣就可以說服客人和她白頭偕老。

就這樣，奧德修斯和她一起整整度過了七年。儘管仙女對他溫柔體貼，但是，奧德修斯仍然日夜思念他的故鄉和結髮的妻子。他想回祖國去，可

卡莉普索的島國 揚·布勒哲爾一世，倫敦

是，他沒有船隻，沒有槳手，他總是悶悶不樂。

一天，奧德修斯仍如平時一樣坐在海邊，渴望的眼睛裡含著淚水，呆呆地眺望著茫茫的大海。這時，雅典娜從天上看到了這個她所喜愛的人，她完全不能容忍像奧德修斯這樣聰敏和英勇的人，竟給困在這樣一個微不足道的仙女的柔情裡。於是在她的請求下，宙斯就派遣漢密斯來到下界，命令卡莉普索放掉她的客人。

神使從雲端下降到海上，如同一隻海鷗掠過巨浪，飛快地來到歡樂島。

卡莉普索聽到漢密斯的傳達以後，她沉默了一會兒，最後悲嘆地說：「啊，殘酷到嫉妒的神祇們喲！你們不容許一位神祇去愛一個凡人，以他為丈夫嗎？我愛他，看護他，他應該是屬於我的，你們竟要把他從我這裡搶走？我知道你們的力量，知道反抗是沒有用的。你回去告訴宙斯，我服從他的命令就是了。」

卡莉普索悲傷地去找奧德修斯，對他說：「別再因渴望回鄉而痛苦了，你趕快造一隻船，有了船你就可以回到家鄉去了。因為這是天神的意旨。但我發誓，除了為你的安全著想之外，對你實在沒有任何意圖。哦！親愛的奧德修斯，假如你知道自己在到達故鄉以前，還會遭遇到怎樣可怕的災難，你就不會把一個女神要求與你同享長生之樂的請求看得如此困難，你也不會只為和生命短暫的蓓妮蘿佩過幾年夫妻生活，而拒絕和我在一起共享永生的幸福。」

奧德修斯回答：「卡莉普索，請妳不要動怒，我是一個普通的凡人，只想和同樣是普通凡人的妻子重新團聚，因爲只有人世才是最適合具有人間缺陷的世人。我知道妳的智慧和美貌都遠超過我的蓓妮蘿佩，她只是個凡人，必定會一天天地衰老，而妳是不死的仙女，妳將永生，妳將永不衰老。可是我最後的希望，最後的心願都只是想見到她，和回到我的故鄉。如果有天神不願我回到家鄉，要在我渡海時把我處死，我也願意忍受，因爲天神也同樣賜給我一顆寧死不屈的心！」

卡莉普索無言以對，只好吩咐侍女從她的聖林砍下一批木材，替奧德修斯建造一艘船。奧德修斯也忙碌起來，他像個熟練的造船師，四天的時間就把船造好了，甲板、艙房、欄杆、帆都已齊全。卡莉普索又親自給他送來大批的食物和華麗的衣服，以及金銀財寶。

第五天早晨，卡莉普索喚來微風，依依不捨地望著掌著舵的奧德修斯漸漸離岸而去。她看著順風吹動

奧德修斯和卡莉普索　伯克林　1882年，巴塞爾美術館

鼓起來的帆篷，不禁熱淚盈眶。

暴風雨

奧德修斯小心謹愼地掌著孤舟前進。他晝夜不眠，堅定地望著天上的星座，一連十七天他都在航行，到了第十八天，他才看見斯凱里伊山的海岸。這座山如同一面盾牌浮在陰暗的海面上。

這時候波塞頓剛好從一場盛宴回來，看見了奧德修斯從他的領域上經過。一見到這個挖掉他兒子波里培摩斯眼睛的人，這位天神就冒起火來。於是，他召來濃雲，從天頂喚來黑夜，用三叉戟攪動大海。一瞬間，海面上濃雲翻滾，狂風大作，波浪咆哮，大地籠罩在一片漆黑之中。

奧德修斯渾身戰慄，恐懼得彎下了雙膝，喪失了一切的勇氣。他寧願和同伴們一起在特洛伊戰死，讓全希臘人來參加他的喪禮，也不願這樣死去，既沒有人來哀悼他，也沒有人知道。

突然，一個巨浪打來，小船捲沒在漩渦裡。舵柄從他手中滑落，桅杆、帆篷都漂浮在洶湧的海上。奧德修斯被捲進水裡，他濡溼的衣服更使他下沉。最後他又掙扎著浮到海面，吐出呑入的海水，泅向漂浮的木板。

他抓到一塊最大的木板，使勁爬了上去。兩天兩夜，他來回漂蕩如同秋風中的薊草。

這時，海洋仙女遼科特亞看到他，心中充滿同情，便決定幫助他。遼科特亞本是凡人伊諾，她的姐妹爲宙斯所愛，遭到希拉嫉恨，而遭到殺身之禍，生下的嬰兒就被伊諾領去收養。希拉於是又加恨伊諾，使伊諾的丈夫發瘋，親手殺死了自己的一個兒子。這時伊諾因恐懼她的另一個兒子也會遭到丈夫的殘殺，便抱著兒子跳進了大海，因此感動了天神，讓她作了海中仙女。

她從海波中升起，化成名爲鷺鷥的海鳥，棲止在破碎的小船上，嘴裡啣著一條由海草編成的腰帶，對奧德修斯說道：「奧德修斯喲，請聽我的忠告。脫下你的衣服，丟掉木板，用這腰帶纏繞你的身體，然後向前泅去，不要管風浪有多麼凶險。」

奧德修斯接過腰帶，那隻鳥在他面前一閃，潛到深邃的大海中去了。他雖已半昏迷，但仍然勉力聽從她的吩咐，撕去衣服，用腰帶纏在身上，然後躍入洶湧沸騰的海浪中。他和波濤掙扎了一夜，雖已精疲力盡，痛苦異常，但他卻絕不放棄求生的希望。

第二天早晨，總算風平浪靜，天空也晴朗起來。奧德修斯看見一處滿是綠樹的海岸，那裡海水沖刷著險峻的懸崖。他被一陣海浪沖到海岸邊，雙手緊緊地抓住一塊突出的岩石，但一個巨浪又將他打退，他載浮載沉，奮力游泳，終於發現一處低淺的海灣，有一條河就從這裡傾注入海。於是，他趕緊向河神祈禱，河神聽到了，使潮浪平靜，讓他可以游達陸地。奧德修斯精疲力盡地倒在地上，失去了知覺。他清醒過來以後，解下腰帶，懷著感謝的心情將它投入大海，歸還原主。

此時，他光著的身體感到寒冷，在清晨的冷風中瑟縮發抖。他四面搜尋，看見附近有一座林木蓊鬱的小山，於是，他爬上山去，躺在枝葉交錯的兩株橄欖樹下，用樹葉鋪成床，躺下來，再用更多的葉片蓋在身上。不久，奧德修斯就沉酣入睡，忘卻一切苦難，更不去想等待在他前面的更多危險。

瑙西卡公主

當奧德修斯熟睡時，他的保護神雅典娜四處奔忙，爲他佈置。她趕到國王阿爾克諾俄斯的宮殿裡，如同一陣清風一樣輕輕地走到瑙西卡公主的床邊，化身爲公主的女伴，出現在她夢中，對她說：「多麼懶惰呀！妳的衣櫥裡全是沒有洗濯的衣服，如果妳明天要和人訂婚，該怎麼辦呢？妳將沒有一件乾淨的衣服可穿。天一亮就起身吧，公主，我們一起到河邊去洗一洗那些美麗的細布衣裳！」

夢醒了，瑙西卡趕緊和侍女來到河水清澈的河邊洗衣服。侍女們手腳俐落地把衣衫洗淨，然後鋪在河岸上晾乾。接著，女孩們就到河裡沐浴，之後又在河邊野餐。女孩們像狩獵女神阿緹密斯一樣嬌豔，野餐後，一塊兒打球。當輪到公主拋球的時候，她把球拋得太遠，落進了遠處的一個水池裡去，大家都驚叫起來。這陣尖叫的聲音，竟驚醒了睡夢中的奧德修斯。

奧德修斯趕緊折取一枝樹葉濃密的橄欖枝，遮掩著自己赤裸的身體。他從樹叢爬出來，頭髮上仍然沾附著海草和海水的泡沫，女孩們以爲他是怪物，都驚駭得四處奔逃。只有瑙西卡勇敢地站在那裡不動。

「不管妳是人還是神，」奧德修斯謙恭地說，「懇求妳可憐可憐我，我在狂風惡浪中漂泊了二十天，昨天晚上才上了岸。請隨便給我一塊布，作爲遮身之用。」

瑙西卡聽到外貌這樣粗魯狼狽的一個人，說話竟如此謙遜文雅，心裡很是歡喜，就回答說：「外鄉人哪，我看你既不是懶惰又不是愚笨，可是竟淪落至此。因此我想，智慧和勤勞都不能使人獲得幸福，幸福只是宙斯憑他的愛憎賜給某些人的。也許正是他把你弄得這樣落魄，不過你既已流落到了我們這個地方，我們就有責任使你衣食無缺。這裡是懷阿克亞人的國土，我父親阿爾克諾俄斯就是國王。」說完之後，她呼喚侍女們，並吩咐她們挑一件長衫送給奧德修斯穿上。

奧德修斯在水池裡洗淨了身上的汙穢，穿上衣服，從樹蔭走出。瑙西卡看見他如此威嚴而俊美，心下很是讚嘆，認爲他一定是某位國王或英雄，一面暗暗地希望天神會賜給她這樣一個丈夫。

接著，瑙西卡吩咐侍女套車，和奧德修斯一起回到王宮。車子走進城市，奧德修斯看見一片繁榮的氣象，不禁感到十分驚服。等他走近王宮，看到王宮的富麗、建築的宏偉，不由得呆立在那裡。這宮殿很高，燦爛得如同太陽一樣。宮門兩邊的牆壁是銅製的，有著淺藍色的金屬屋檐。內廷有黃金的大門，青銅的門檻上豎立著銀柱。門楣是白銀所鑄，門扣則是金的。

宮廷的旁邊有座葡萄園，成熟的葡萄在太陽下面閃爍放光，有的已被摘取，有的尚是新綠。在園子的另一端，百花怒放，噴著沁人的芳香。一股清泉從地裡湧出，從花草樹木間蜿蜒流過。奧德修斯盡情地觀賞了一番，就進入宮殿，來到國王的大廳裡。這時候，國王和王后正在和貴族們一起用餐，瑙西卡已經把他的到來告訴了他們。

奧德修斯請求國王賜給他一條船，讓他回到祖國去。他看起來是這樣地威嚴、高貴，使得阿爾克諾俄斯國王竟親自站起來向他還禮，而且讓他在寶座旁坐下，然後國王向貴族們說道：

「各位，這個人，向我們求助，我不知道他是什麼人，但他看起來絕非一個低微之人。既然眾神把他交給我們保護，我們就應該按照禮節來款待他。等他離開時，我們也應該送他一條配備精良的船，把他送回家鄉。」

貴族們都一致同意。美酒和佳餚立刻送到奧德修斯的面前，他一邊吃喝，一邊衷心地感激這些友善的人。但他並沒有向國王和王后表明他是什麼人、來自什麼地方，他只是簡單地把自己怎樣漂流到岸邊，怎樣在樹林中熟睡，以及怎樣遇到公主的經過講一遍。阿爾克諾俄斯國王考慮到他的客人經過了這許多苦難，一定需要休息，因此雖然還沒談得盡興，還是先讓他到臥房去安睡。

第二天，國王履行自己的諾言，給奧德修斯一條船，並且把各種裝備送到船上。水手們在船上裝上木槳，豎起桅杆，檢查帆篷；廚師們則忙著準備宴會。貴族們和很多來賓都出席了這場盛大的宴會。席中，宮廷歌手德摩多科斯由人攙扶著走進宴會廳。他是詩歌女神繆思同時給與了快樂和不幸的人，女神奪去了他兩眼的光明，卻燃燒起他心中詩歌的火燄。

使者引他坐在大廳中間的椅子，將豎琴放置在他可以拿到的地方，並在他面前安置一張餐桌，放上食物和美酒。當宴會完畢，那盲詩人就開始歌唱他的故事。他歌唱那些名聲響震全世界的特洛伊英雄，特別是其中爲人所熟知的最勇敢的阿基里斯和奧德修斯。

詩人演唱得這麼逼眞，使得奧德修斯回想起過去的一切，不禁流下淚來。他扯起寬大的紫袍遮蒙著自己的臉，使人看不見他在流淚；隨後他要了一杯酒，倒在地下偷偷地奠祭眾神，感謝他們使德摩多科斯歌唱讚美他的榮譽。

可是，當這位動人心弦的詩人唱到奧德修斯曾經參與的事時，他不由得想起了他那些勇敢的部下，他們曾經和他一起歷盡千辛萬苦，而現在卻已全部葬生魚腹；以及那些曾和他在特洛伊一同作戰的國王，他們現在有的已經死去，有的也像他一樣在外流浪。這些痛苦的回憶一齊湧上他的心頭，他一時不能自已，激動地啜泣起來。

國王不願引起這位賓客的悲哀，就命令盲詩人停止歌唱，並宣布爲了向外鄉人致敬，將舉行各種的競賽。他說：「我們的貴賓回去以後，將告訴他的國人，懷阿克亞人精於角力和拳擊，也長於奔跑和跳躍。」

於是每個人都離開餐桌，湧到廣場上。那裡有許多貴族青年，其中有國王的三個兒子，他們三個人以賽跑開場。信號一響，他們就沿著沙土的跑道奔去，使地上的塵土飛揚起來。

接著是角力競賽、跳躍比賽和拳擊比賽，在這些活動中，奧德修斯有時也謙虛地跟那些青年比賽一番。他所顯示的神力和勇武是那麼地超群，使得那些對他驚佩不已的懷阿克亞人更相信他如果不是天神，也一定是出自神族的英雄。

阿爾克諾俄斯爲了款待客人而舉行的隆重賽會，一連進行了許多天，在這段時間內，他沒有問過奧德修斯的名字，也從不打聽有關他個人的事情。終於有一天，在一次宴會後，盲詩人德摩多科斯又拿起豎琴，彈唱著特洛伊城陷落的故事。這位詩人把那個場面吟唱得出神入化，把奧德修斯在戰場上的戰績渲染得轟轟烈烈；又對殺戮場面描寫得絲絲入扣，似乎使枯朽的白骨重新有了生命。

聽眾們沉浸在其中，唏噓著生命的無常。而奧德修斯也感慨到詩人的吟唱竟生動到能使死人回生，但卻無法叫活人不死，不禁後悔自己過去的殘酷殺戮，淚水逐漸湧上他的雙眼。

阿爾克諾俄斯國王看在眼裡，注意到這已是第二次，只要一提特洛伊戰爭，奧德修斯的感情就會激動起來。於是，他趁機問客人，奧德修斯便回答道：

「阿爾克諾俄斯王啊！你們誠懇的友情已在我心中燃起了熱愛，如果我再隱瞞什麼，那麼我不是卑鄙的懦夫，就是忘恩負義的小人了。我就是奧德修斯，關於我的事情，想必你們已聽過一些，因爲特洛伊城就是靠著我的木馬屠城計，才被攻下來的。

可是我是個不幸的人，給上天和憤怒的眾神放逐在海上，到處流浪，遠離家鄉。我的祖國是陽光普照的伊薩卡島，在島嶼的中央矗立著林木蓊鬱的尼里頓山。我想，你們這個以航海聞名的國家，也許有船隻曾在那裡的港口躲避風暴吧？」

阿爾克諾俄斯國王驚喜地說道：「能夠看到傳聞已久的英雄，眞是我們莫大的榮幸呀！我的國家是以航海爲業的，我們的船熟悉大海上的每一塊礁石和每一堆流沙。這樣吧，明天，要是你願意，你就可以上船出發回鄉，但今天請你和我們一同飲宴，天神送來像你這樣一位客人，無論我們怎麼款待，也是不夠的。」

奧德修斯對國王的慷慨表示感謝。這時，他在宮殿門口突然看見瑙西卡站在石柱旁邊。他自進宮後就沒見過她，因為她深居內廷，不參加男子們的飲宴。現在，在他離去以前，她要再看看這宮廷裡面顯赫的貴賓。她讚嘆地望了望他高大的身軀和俊秀的臉龐，並溫柔地對他說：「祝你幸福，高貴的外鄉人喲！當你回到故鄉後，請不要忘記我，因為我曾經光榮地救過你的生命。」

奧德修斯深深感動。「瑙西卡呀，」他說，「如果宙斯能使我平安回到故土，我一定永遠記住，我現在享有的生命，以及我回家後所得到的一切幸福，全是出於妳的美手所賜。願天神賜給妳一位高貴的丈夫，願你們倆白頭偕老。」

隨後，應阿爾克諾俄斯王的請求，奧德修斯把他離開特洛伊後所經歷的一切冒險，簡單地敘述一遍。大家都屏息傾聽這些故事，對這位百折不撓的英雄滿懷敬意。

奧德修斯說完時，天已經快亮了。他的眼光凝望著窗外的太陽，心裡熱望著乘船出發。於是他對國王說：「敬愛的阿爾克諾俄斯王，讓我啓程吧！願眾神降福於你，並願我可以見到忠貞地等候著我的妻子、我的兒子，和我的人民。」

所有的懷阿克亞貴族都湧到海灘上，爭相祝福奧德修斯平安歸國，並遙望那艘扯滿船帆的漂亮船隻在波濤上顛簸前進，久久不願散去。

奧德修斯上了船。過去，他所經歷的生活是無窮盡的憂患和恐懼，在海上所遇到的是兇猛的海浪，戰場上所遇到的是兇猛的敵人，但現在他卻拋開一切，靜靜地睡著了。

歸鄉的船在船槳刷刷有力的擊水聲中，飛快地向前行駛。

還鄉

奧德修斯沉酣熟睡著。船舶飛快地航行在海面上，有如四匹馬拉著的戰車在平原上奔馳。

當晨星高掛在天空的時候，船舶抵達伊薩卡。奧德修斯還睡夢未醒，水手們不忍心叫醒他，就輕手輕腳地把他抬到岸上，放在一棵橄欖樹下的洞穴裡，讓他睡在那兒，又在他身旁找了一個安全的地方，把國王送的禮物放好，就動身回懷阿克亞去了。

但這些可憐的水手卻從此沒有再踏上懷阿克亞的國土，因爲他們快要抵達時，憤怒的海神從海底升起，用巨掌一擊，將船隻和水手都變爲石頭。直到今天，他們還屹立在懷阿克亞城外，全城都可以望見的地方。也因爲這樣，所以直到今天，懷阿克亞人無論如何也不肯把船隻借給外鄉人使用，或替別的國家運送貨物，因爲這個恐怖的遺跡一直擺在他們眼前，使得他們再也不敢觸怒海神。

同時，奧德修斯已經醒來。但因爲離開伊薩卡太久，所以故土的一切已全不認識。況且，雅典娜又降下一層大霧遮蒙著大地，因爲她不願讓他毫無準備地回到他的宮殿去。因此，這裡迂迴的小道、海港、山岩、高大的樹林，在奧德修斯看來都很陌生。他坐起來，悲嘆地自言自語：

「我來到了什麼陌生的地方呢？我將在這裡遇見什麼新的怪物？」

他向周圍觀望，發現大批禮品都很整齊地堆放在那裡。當他正躊躇著不知道該怎麼辦時，雅典娜變身爲一個年輕的牧人向他走來。奧德修斯客氣地問他這是什麼地方，是大陸還是海島。

「你必是從遠方來的人。」女神回答，「這是全世界知名的地方。我們的穀麥和葡萄年年豐收。還有無數的牛羊、高大的森林和清澄的溪流。無人不知我們伊薩卡島的名字。」

奧德修斯發現自己已回到了祖國，覺得萬分高興，但他竭力掩飾自己心中的澎湃情緒，瞞住了自己的名字和身分。他對牧人說，他是個外鄉人，因爲遇到風暴，才避到這港口來的。他又編出一個故事，說他殺死了一個企圖強佔他財富的人，所以被迫逃離故土。

這時，年輕的牧人哈哈大笑，雙手握住奧德修斯的手，說道：「我發現誰要是想騙你，還眞得耍一些手段，怎麼！你在你的祖國也仍然不說眞話？不過，我同意你是人類中最有智謀的人，正如我是神祇中最睿智的神祇一樣。」

奧德修斯再細瞧一番，忽然發現站在他面前的不是牧人，而是一個美麗的女子，他立即就知道她是女神雅典娜。在特洛伊戰爭時，她好幾次在他面前出現，一直在暗中搭救他。

「偉大的雅典娜啊！」他叫道，「妳能做這麼多的變形，一個凡人怎麼能認識妳呢？我是否眞的回到了伊薩卡？還是妳故意欺瞞著來安慰我？」

「用你的眼睛看呀！」雅典娜回答，「你不認識這個海港嗎？還有濃密樹林的尼里頓山？」雅典娜一面說，一面揮散周圍的靄霧，使奧德修斯能夠清楚地看到他的故鄉。

奧德修斯定睛一看，果然他已歸鄉了。他快樂地伏在地上，連連向大地親吻，拜謝眾神的庇護。

然而，雅典娜並沒有讓他在歡樂中沉溺很久，就立刻把他不在伊薩卡時所發生的事情告訴他。

原來，特洛伊城陷落和英雄們紛紛歸回的消息傳到了伊薩卡，但奧德修斯仍不見歸來，於是奧德修斯已死的謠言就漸漸地傳開。他的妻子蓓妮蘿佩被視作一個年輕美麗且富有的寡婦，吸引了許多求婚者。

這些人都是伊薩卡和鄰近各島的貴族，他們每天在宮殿裡聚會，吃喝玩樂了三年多，靠地方的膏脂過活。但蓓妮蘿佩依然堅貞，她爲了避免求婚者的追求，曾經使過許多計策來婉言推拖。其中一個計策，就是假稱要爲奧德修斯的父親織一件壽衣，等她織成之後，再決定與哪一個求婚者結婚。但是她總是白天織好，夜晚又拆散，壽衣永遠無法完工。然而，這些求婚者最後竟以等待王后的抉擇爲由，反賓爲主，盤踞在王宮裡。

蓓妮蘿佩　沃達候斯　1912年，蘇格蘭

蓓妮蘿佩擔心這些不法的人加害他的兒子特勒馬可斯，就叫王子出門，到遠地去尋找父親。

王子雖然沒有如願尋找到父親，但在外出尋訪的途中，卻學會了忍耐和在經驗中積累的智慧。現在，特勒馬可斯也剛回到家鄉，因爲女神注定他的歷險路程，使他回家的日子恰好和奧德修斯回家的日子相合。這樣一來，父子倆就可以一起商量，用什麼辦法來趕走這些可惡的求婚者。

奧德修斯聽完女神的敘述，不禁義憤塡膺，恨不得立刻衝到王宮與那些無恥的求婚者決鬥，把他們的鮮血和腦漿灑在殿階上。

「不要害怕，我的朋友。」雅典娜說道，「我永不會離開你。不過，現在我得先使這個島上的人都不認識你。你必須穿著襤褸的衣服，使看到你的人都討厭你，而且不單是那群求婚者，甚至連你的妻子和兒子都會將你視爲一個老醜的外鄉人。接著，你必須去尋找你最忠心、最誠實的僕人，那個衷心愛戴你的牧豬人，你要向他詢問這裡所發生的一切事情。」

女神說完，就用她的神杖輕觸奧德修斯。頃刻間，奧德修斯的肌肉萎縮，俯首屈背，像一個襤褸汙穢的乞丐。他拄著拐杖，越過山區，走到雅典娜所說的地方，找到了牧豬人歐邁奧斯，他最忠心的僕人。

最先看到奧德修斯走近的是一群看門的猛犬，牠們狺狺狂吠，朝著這位乞丐撲過來。幸好，這時歐邁奧斯走了出來，大聲吆喝，又丟石塊把牠們趕開，否則奧德修斯差點就被自己所養的猛犬給咬傷了。

「老人家，」歐邁奧斯對奧德修斯說，「你差點兒就被這群惡狗撕碎了！如果你因我的疏忽而受了傷，那麼就使我在苦惱之上更加苦惱了。唉，我剛剛躺在那裡，想起從前治理這裡的國王，爲他的不在而黯然。如果他還活著，或許正在海外飄零，沒有一塊麵包可充飢，而我卻被迫養肥他的豬牛，去塡那些壞人的口腹。這批歹人，佔據他的皇宮，我心裡眞是恨哪！巴不得他們都去死！」接著，他請客人到屋子裡，把食物和酒放在客人面前。

奧德修斯說：「謝謝你這麼殷勤地招待我，願眾神保佑你！」

「外鄉人，請你不要客氣，吃飽喝足吧！」歐邁奧斯回答道，「我即使再窮，也會盡心款待你。窮苦的人，尤其是沒有家的人，是宙斯親自交給我們照顧的，雖然我們作僕人的，所能給你的不過是些粗茶淡飯。現在可不比從前啊，要是奧德修斯國王還在這裡，他一定會寬厚地招待你。只可惜他已經死了！你盡量吃吧，窮苦的牧人所能吃到的只是這種瘦巴巴的肉，而那些肥美的，都給王后的求婚者拿去塡飽肚子了。」

奧德修斯靜靜地聽完歐邁奧斯的話，心中激起深仇大恨，他在心裡盤算著如何懲罰這些無恥之徒。他們兩人一直談到天黑。這時，牧人已把畜群趕回畜棚，歐邁奧斯用綿羊毛皮爲客人鋪好床，然後才回去睡覺。

奧德修斯看著歐邁奧斯離開茅屋，心中暗暗慶幸自己有著這樣一個忠心的僕人。

重逢

第二天早晨，奧德修斯要走了。他說，他要去試試城裡人的人情，也許那裡會有人賜給他一點麵包；也許王后的求婚者會給他一些盛宴的殘餚，因爲他可以在餐桌旁侍候，作一個僕役。

「啊喲！可憐的客人，」歐邁奧斯說，「你要自己去尋死嗎？你眞的相信這些狂妄的求婚者會要你這樣的僕人嗎？他們有的是年輕力壯的少年人來侍候他們。你還是跟我們在一起，不必擔心會成爲我們的負擔，因爲特勒馬可斯會照顧我們的。」

他在說這些話時，聽到有人走過院子的腳步聲，和那些狗快樂得搖著尾巴的響聲。他告訴奧德修斯說：「這是奧德修斯之子，特勒馬可斯王子的腳步聲。」

話還沒說完，王子已經到了門口，奧德修斯立刻站起來迎接他。但特勒馬可斯不願讓年紀這麼大的人站起來向他致敬，他尊敬而有禮地攙者他的手。

特勒馬可斯問道：「請問你在旅途中有沒有聽說過我的父王？」

「他自稱是克里特島人，」歐邁奧斯說，「而且他說他流浪了很久，到過許多城鎭，接觸過許多民族的人。你可以將他帶回去，好好跟他談談。」

「既然上天把這位老人送到你這裡來，」特勒馬可斯說，「只要他願意，你就讓他留在你家裡吧。爲了不給你造成經濟上的負擔，你現在立即到王宮找我的母親，叫她派人送衣物和糧食過來。」

忠誠的歐邁奧斯立刻執行王子的命令，他穿上鞋就往城裡跑。

這時候，雅典娜正等候著歐邁奧斯離開茅屋，他剛剛走出，她就現身爲一個婦人，站在門口。奧德修斯看得見她，可是特勒馬可斯卻不能看見。她示意奧德修斯走出門外，對他說：「奧德修斯，現在不必向你的兒子再隱瞞自己了。最好你們父子聯合一氣到城裡去收拾那些惡形惡狀的求婚者，因爲我也想嚴厲地懲罰這些無賴。」女神說完，就用金杖輕觸他。即刻出現了奇蹟，他變得高大了，面容光潤，有濃密的鬍鬚和鬈髮。他強健的身體穿著華麗的長袍。

奧德修斯回到茅屋裡，他的兒子吃驚地瞧著他。剛才站在他眼前的還是一位衰弱老邁的乞丐，現在卻成了一個壯年的國王。他不禁惶恐起來，以爲這是哪一位天神降臨到這裡來了。他連忙垂下眼睛，想要禮拜，但是他父親阻止他這樣做，對他說：「仔細看看我，我不是神，我是你想念多年的父親啊！」

但特勒馬可斯仍然覺得難以相信。「不，不，」他喊道，「你不會是我的父親奧德修斯！神祇在欺瞞我，只是要加深我的失望。一個凡人怎麼能以人爲的力量，使自己的面貌發生這樣的改變呢？」

「親愛的特勒馬可斯。」奧德修斯說，「這眞的是我，我離家二十年，歷盡了艱苦，總算重見故鄉的土地。是雅典娜使我的形貌改變的，她以無窮神力讓我改變外貌，現在又恢復我的原形了。」特勒馬可斯鼓起勇氣伸手擁抱他的父親，現在他完全相信了。父子倆相互擁抱，熱淚交溶在一起。

奧德修斯止住眼淚，問兒子說：「告訴我，這些求婚者是誰，他們有多少人，還有你母后怎麼對待他們？」

「她讓他們等待，」特勒馬可斯說，「等待她接受他們中間一個人的求婚。但是她始終不做最後的決定。她怕斷然地拒絕了他們，會使他們不高興，所以讓他們的希望一天一天地拖延下去。」

奧德修斯說：「把他們的人數算一下，看看我們兩人的力量是否可以擊敗他們，或者還要到附近請求援兵去。」

「父親，你的光榮功業我已聽說過許多次了，」特勒馬可斯回答，「我知道你是剛強而有智謀的。不過我們兩人絕不能戰勝這麼多的求婚者。他們並不是一、二十人，而是二、三百名啊，所以，只要可能，我們得設法請求別人的援助。」

奧德修斯回答：「別忘記，雅典娜是援助我們的。一旦戰爭爆發，她就會即刻來援助我們。明天你仍然回去，和那批求婚者在一起，好像什麼事情也沒有發生過。在雅典娜神杖的點觸下，我仍然會變爲一個乞丐，由歐邁奧斯領著到宮殿裡去。無論他們怎麼對付我，甚至用東西投擲我，或者將我拖出門外，你都得忍耐，不要動氣。等我向你示意，你就將大廳裡所懸掛的各種武器都收拾起來，藏到內廷去。如果他們問你爲什麼宮裡的武器都不見了，你就說因爲爐子裡的煙火將這些武器給燻黑了，所以要收拾到裡面去；只要留下兩柄利劍、兩根矛和兩面盾就行了。此外，你千萬不要把我回來的消息告訴任何人，包括你的母親。」

特勒馬可斯答應了父親，父子倆又談了好一會兒，特勒馬可斯才回到宮裡。待他一走後，奧德修斯的外貌又回復到先前的樣子，依然穿著破舊的衣服，十足乞丐的打扮。

第二天，喬裝成乞丐的奧德修斯拄著拐杖，來到王宮，一直走進那些求婚者用餐的大廳。他們吃得意趣正濃，看見來了一個老乞丐，都興高采烈地向他打趣起來。

奧德修斯做出一副乞憐的樣子，走到每一個求婚者面前，向他們伸手乞求布施。在座的人，有的可憐他，有的給他一些錢，但大多數的人都辱罵他，叫他滾出去，認爲他破壞了興致。

特勒馬可斯這時正和那些求婚者坐在一起吃飯，當奧德修斯來到他前面時，他就把肉和美酒給了他。求婚者認爲他只不過是個卑賤的乞丐，王子竟然這麼優禮款待他，都感到非常地憤怒。

於是，求婚者的首領，大貴族安提諾俄斯說：「你擾亂了我們的筵席，快滾開！討厭的窮鬼！」他一邊說，一邊狠狠地瞪了奧德修斯一眼，順手抓起一張凳子向奧德修斯的肩頭打去。

但是英雄並不動怒，在心裡默默算計著要如何鏟惡除奸。他回到門檻坐下，開始吃討來的食物，一面吃，一面說道：「人都是爲了生命，爲了財產才與人爭鬥，而這個人只是爲了捨不得一口食物就動手打人。如果窮人也有天神幫助的話，那麼我們的貴族安提諾俄斯就是到死也作不成王后的丈夫！」

聽了這些話，安提諾俄斯暴跳如雷，他威脅說，如果他再多說一個字，就要把他摔得粉碎。

別的求婚者並不贊成安提俄諾斯這樣粗暴的言詞，也不贊成他那樣動手打人。他們七嘴八舌地爭吵，而特勒馬可斯只是坐在一旁觀看，保持沉默。

這一天，跟奧德修斯一道到宮裡來的，還有一個以貪饞、吹牛和怯懦出了名的乞丐伊洛斯。他一心想諂媚那些求婚者，尤其想博得安提諾俄斯這樣個大貴族的歡心。於是伊洛斯就開始嘲弄辱罵奧德修斯，對他說了許多難聽的話，並且公然向他挑釁，要和他鬥拳。

這時，那些貴族們看到兩個乞丐在爭吵，都大笑大嚷地在一旁加以挑撥，還圍成一個圓圈把決鬥的人圍在中間，並提出一隻肥羊作為勝利者的獎賞。奧德修斯看事到如今已沒有辦法可想，當即緊束破爛衣服，露出肌肉發達的大腿、寬闊的胸膛和粗大的手臂，準備和伊洛斯較量。

伊洛斯害怕得渾身發抖，想要逃跑，卻被這些浪蕩貴族們硬拉回來。這時，兩個乞丐擺好架勢，準備應戰。奧德修斯想到自己要和這樣一個下賤的人進行這般無謂的決鬥，心裡非常氣憤，因此出手狠狠地打在對方耳根底下，伊洛斯馬上口吐鮮血，牙齒跌落，像狗一樣趴在地上。奧德修斯抓住他的一隻腳，在求婚者的掌聲中把他拖出大門口，讓他靠在牆角下。

「你就待在這兒。」奧德修斯對他說，又把拐杖遞到他手裡，「你對那些豬狗發號施令吧。以後再也不要欺負乞丐了，否則你會吃更大的虧。」

把伊洛斯攆出去後，求婚者又繼續在消遣和娛樂中消磨時間。夜幕低垂，他們玩膩了，就一個一個地回到自己的住處去，最後大廳只剩下奧德修斯和特勒馬可斯兩人。於是，特勒馬可斯按照父親的指示，將武器全都收到內廷去。

自從奧德修斯回來之後，他還沒有見過妻子蓓妮蘿佩，因為她從不參加那些宴會，她始終都保持著奧德修斯妻子所應有的身分，深居內廷。

奧德修斯和妻子闊別已二十年了，他現在滿心渴望見到她，因此，他悄悄地向宮中熟悉的通道走去。他看見一群宮女正打著燈護送王后走過一條富麗堂皇的走廊，引她向寢宮走去。那些宮女一看見奧德修斯就說：「這就是今天到宮裡來的那個乞丐。大廳裡亂哄哄地鬧了半天，就是他所引起的。他到這兒來做什麼呢？」

蓓妮蘿佩命令她們把他帶到面前，她說：「也許他到過許多地方，聽過什麼有關奧德修斯的消息。」

「外鄉人。」她說，「請告訴我，你是誰？你從那裡來的？」

「可敬的王后。」奧德修斯回答說，「請你不要問我從那裡來，談起這些事會使我痛苦！」

「唉！」蓓妮蘿佩說，「自從我丈夫遠征特洛伊後，眾神已使我失去力量和嫵媚。那些求婚者把我家的鐵門檻踏平了。你曾經見過奧德修斯嗎？至少聽人講過他吧？」

「我出生在克里特島。」客人回答道，「我有幸在克里特島見過他，當時他正要去特洛伊，途中遇上風暴，他被海浪拋到克里特海岸，我很高興能夠接待他，讓他在我家住了十幾天。」

聽了這席話，蓓妮蘿佩秀麗的臉上掛滿了淚水。奧德修斯爲心愛的妻子所感動，但他竭力忍住淚水，對蓓妮蘿佩說：「貞潔的王后，請妳不要爲丈夫難過。他可能很快就會回到他親愛的祖國。我在特斯普洛托時，曾聽說奧德修斯還活著。」

「眞是謝天謝地，親愛的外鄉人。」王后說，「但願你說的都是眞的。一想到奧德修斯也許永遠回不來，我就心如刀割。他是個慷慨大方的人，如果他在的話，你要什麼都可以。現在宮裡爲非作歹的人都不像他那樣對待客人。我會囑咐侍女們幫你準備衣服和床鋪，請你安歇吧！」

「謝謝妳，仁慈的王后。」奧德修斯充滿感情地望著她，「妳也早點就寢安睡吧！」

「唉，每當夜深人靜，我就心亂如麻，無法闔眼。我不知道是否要終生守寡，把丈夫的家產留給兒子，還是命運注定要我嫁給某個求婚者？」蓓妮蘿佩憂愁地說，「你去安歇前，能否幫我解釋一下使我百思不解的夢？我夢見二十隻鵝正在家裡吃用水浸過撒在地上的小麥，突然一隻鷹俯衝下來，把這些鵝啄死了。我正在爲死去的鵝嘆息，鷹卻棲歇在王宮的屋頂上高聲說：『尊敬的奧德修斯夫人，妳不要難過，妳剛才看見的那一幕並不是夢，而是在妳身邊就要發生的事。那些鵝就是求婚者，而鷹就是妳的丈夫，他就要來殺死那些求婚者了。』我一醒來，就去看那些鵝，可是，我看見牠們都在槽裡吃穀子，就像我作夢以前一樣安然無事啊！」

「王后陛下，」奧德修斯說道，「妳不要懷疑這個夢，這件事很快就會發生的。」

「唉，外鄉人。」蓓妮蘿佩回答說，「夢是虛幻的，誰能告訴我它是否能應驗。我準備對眾多的求婚者進行一次決定性的考驗，以便證實我的命運如何。明天，我將叫人把十二把斧頭取出來，排成龍骨狀。如果他們之中有人能夠拉開奧德修斯的弓，一箭射中十二把斧的柄孔，他便可以成爲我的丈夫。」

夜深了，一切交由上天安排。王后告辭客人，回到自己的寢宮去了。

尾聲

蓓妮蘿佩回到內宮後，奧德修斯也到侍女爲他準備的床榻上休息。但他怎麼也無法闔眼。王后回去就寢後，侍女們在庭園裡與求婚者嬉戲作樂，奧德修斯心中燃起了怒火。

他竭力抑制自己將要爆發的感情。可是，他就像睡在炭火上翻來覆去，無法入睡。東方剛發白，他就從床上爬起來，到庭園祈禱：

「偉大的宙斯，在你的庇護下，我終於回到祖國，今天我將奪回自己的國家，請你賜給我勇氣，鼓舞我，給我吉兆！」

奧德修斯話音剛落，滿天星斗的天空突然響起了隆隆雷聲。這時，正在王宮裡磨麵的女僕喊道：「偉大的宙斯，你在萬里晴空中發出這樣的響雷，一定是向某個幸運的人顯示吉兆，並使一個可憐的老女僕如願以償，但願宮裡的求婚者們全被趕盡殺絕！他們強迫我日夜磨麵供他們食用，我的筋骨都快累斷了，但願今天是他們的最後一次宴會。」

奧德修斯聽了女僕的話，心裡很高興，因爲他看到了這些求婚者不得人心。

天亮了，宮裡一片熱鬧，侍女們開始忙碌起來，她們生火做飯，而男僕們則忙於劈柴，準備烤肉。過了一會兒，歐邁奧斯和牧人們又趕來了幾隻肥羊和一頭牝牛。宮裡迅速地瀰漫著烤肉的香味。

不久，求婚者們蜂湧進入王宮，他們怎麼也沒有想到這是自己的最後一餐。

這時，蓓妮蘿佩來到寶物庫房，取出奧德修斯曾經用過的弓箭。她從掛鉤上取下弓，緊緊地把它摟在懷裡，不禁悲從中來，淚水簌簌而下。接著，她又把復仇的箭裝滿箭袋，然後往大廳走去，兩位侍女抬著十二把斧頭走到她的後面。這位忠貞的女性用面紗遮住迷人的臉蛋，來到大廳門口停住，對求婚者說：

「各位王子們，現在請你們進行一次比賽。這是奧德修斯的弓，你們當中誰能拉開它並射中那排列成龍骨形的十二把斧頭的柄孔，就可娶我爲妻，我將與優勝者共享伊薩卡國。」

那些求婚者立刻爭先恐後，吵嚷不休地搶著比試。安提諾俄斯因爲是那群求婚者的首

蓓妮蘿佩取弓　巴度維諾　1620年，愛爾蘭

領，於是拔得頭籌，第一個上前試弓。他拿起大弓，在弦上搭一支箭，拚命地拉，可是使盡了力氣，也不能把那張堅硬的弓拉滿。他試了幾次，發現要拉開奧德修斯的弓簡直是不可能的，只得作罷。他退下來時又羞又怒，滿臉通紅。

接著，其他的求婚者也上前嘗試，有人的手被弓磨破；有人叫侍從拿來油脂塗在弓上，以爲這樣可以使弓變得柔軟一點。但是，不論他們怎麼做，都不能使那張弓被拉動分毫。

後來，奧德修斯走過來，懇求他們讓他試一試，那些求婚者聽到他的請求，立刻叫嚷了起來。他們對這狂妄的要求盡情嘲笑怒罵了一番，說他一個乞丐竟然想要參加這樣一場高貴的競賽。特勒馬可斯卻命令他們把弓給他，說他們既然都失敗了，就應該讓他來試試。

這時，奧德修斯對兒子打了一個暗號，於是他兒子便下令把大廳的門關上，並叫歐邁奧斯和牧人們把守著。大家都對他的命令感到詫異，可是誰也猜不出他的用意。

奧德修斯接過弓，仔細地檢查一遍，接著，他挑起弓弦，把手一放，弓弦就鏗的一聲，發出非常尖銳的聲音，就像燕子飛過長空時的歌聲一樣。這聲音使得那些求婚者大驚失色。就在這時，天空發出一聲雷鳴，奧德修斯聽到雷聲，心裡非常高興，因爲他知道命運之神給他的艱苦生活就快要結束了。於是他在弓弦上搭上一支箭，輕鬆自如地拉開弓，他一鬆手，箭就嗖地一聲穿過排列成龍骨形的十二把斧頭的柄孔。

這時，奧德修斯對兒子說：「特勒馬可斯，作你的客人，我並沒有辱沒你吧。我能夠拉開這把弓射中目標，這就證明了我的年紀雖大，卻不像那些人所想的那樣衰老和可厭。求婚者們再也不要欺負我了。你吩咐僕人爲他們準備筵席吧。」

看到奧德修斯發出的約定暗號，特勒馬可斯立即腰掛寶劍，手持長矛，朝父親走去。怒火中燒的奧德修斯脫下身上的破衣，露出國王的風采。他高高地站在門檻上展開復仇，首先他拉弓搭箭，向無恥的安提諾俄斯射出致命的一箭。

「你們這些狗東西！」奧德修斯高叫著，「你們作夢也想不到我會回來吧。你們竟敢肆無忌憚，在我家裡作威作福，揮霍我的家產，蹂躪我家的女僕，在我還活著的時候想強娶我的妻子。今天就是你們的末日到了。」

奧德修斯聲如驚雷，把那些求婚者嚇得心驚肉跳，面無人色。有的躲到桌子下渾身打顫，有的在大廳來回亂跑，尋找不翼而飛的武器。雖然上天的忿怒，使他們變得昏聵糊塗，早就失去了勇氣，但現在大難臨頭，燃眉的危險使他們看清了自己的困境。這時候，凡是有劍的都拔出劍來，找得到盾牌的都拿起盾牌，更有人急急地隨手抓起桌子板凳，一擁而上，向奧德修斯父子猛攻。

但奧德修斯和特勒馬可斯沒有絲毫畏懼，精神抖擻地和這一大群人對抗。奧德修斯的箭和特勒馬可斯無堅不摧的長矛刺穿了桌子、盾牌，那些求婚者一個一個倒下。這時，雅典娜化成了一隻鳥，歇在大廳的橫梁上，振翅作響，發出非常可怕的聲音。這隻巨鳥有時在他們中間飛翔，在劍和長矛上碰擊，有時又揮動著翅膀在大廳裡飛來飛去，到處擾亂，那情景看來非常可怕，那些爲天神所憎恨的求婚者都嚇得面無人色。
然而在奧德修斯父子眼裡，雅典娜仍然顯露出原有的天神面目，他們看見她全身披掛，拿著她的蛇邊盾牌，在爲他們作戰。這殺氣騰騰的父子倆，不把所有的敵人打倒在地是絕不罷休的。
現在那些求婚者像漁夫開網時的魚蝦一樣，已經成堆地躺在奧德修斯和他兒子的腳跟前喘息掙扎。這時候，奧德修斯記起了特瑞西阿斯的預言；他曾向他預言說，他如果不把那些不認識的賓客殺掉，他就會被自己的賓客所殺。
這時候，王后的奶媽趕到蓓妮蘿佩身邊，她輕聲把王后叫醒：「王后，快醒來吧。快來看看妳日夜思念的人。奧德修斯王已經回來了，他現在就在大廳裡，他剛剛殺死了揮霍他家產的求婚者了！」
「我的好奶媽，」蓓妮蘿佩睡眼惺忪地回答說，「是哪一位不幸的神祇使妳發瘋了。妳爲什麼把我叫醒，提起我長期的不幸使我煩惱？妳走開吧，要是別人把我叫醒，告訴我那些似是而非的事，我可是會馬上把他攆出王宮的。」
「孩子，我講的是眞的，」奶媽堅持地說，「我絕不騙妳，奧德修斯眞的回來了，妳快出去看看吧！」
聽到這裡，蓓妮蘿佩淚如泉湧，緊緊摟住奶媽。她從床上爬起來，走出內廷，來到奧德修斯面前坐下，火光照著他的面孔。她卻在剎那間呆住了，一句話也說不出來。突如其來的驚喜、快樂、恐懼和許許多多的情感，頓時在她心裡攪成一團。

一會兒，她清楚地知道她所見到的就是自己的丈夫，不知道該怎麼好。突然的喜悅令她不能相信，然而她又不能不相信他就是她的丈夫，而最使她感到不安的，還是他從乞丐突然變成國王的這件事。這給了她無數的疑慮。特勒馬可斯看見母親沉默發呆，心裡很著急，不禁責備起母親對父親冷若冰霜。

然而，蓓妮蘿佩不爲所動，爲了確信他是自己的丈夫，於是她問道：「請你把我們寢宮的床榻重新佈置一番，這張床是我的丈夫娶我的時候親自製作和佈置的，從來沒有別人見過這張床。」

奧德修斯立即準確地講出那張床的特點。蓓妮蘿佩再也不疑心了，她雙膝發抖，滿臉淚痕地奔向丈夫，雙手緊緊地擁抱著他，說：「親愛的奧德修斯，你出現在我面前時，我沒

荷馬吟唱奧德修斯的故事　勒盧瓦爾　19世紀

有立即擁抱你，請你不要責怪我，也不要生我的氣。因爲我害怕有人假冒使我受騙上當，請你原諒我。」

奧德修斯淚流滿面，他爲妻子的謹愼和貞操所感動。他想到，雖然犧牲了克爾珂所能給他的歡樂和卡莉普索所許給他的長生之福，卻換得了這樣一個妻子，他覺得此生無憾。至於他曾受到的艱辛勞苦和深沉的苦難，現在那麼在他看來，也都算不了什麼了。

宙斯在天上看見這對緊緊相擁的夫妻，他命令雅典娜去平息那些求婚者的親友即將發動的戰爭，然後大聲的宣布：

「現在，我宣布奧德修斯永爲國王！死者的親族將會忘記他們的憤怒與憂愁，與國王和平共處，使伊薩卡王國和平繁榮！」

國家圖書館出版品預行編目資料

希臘羅馬神話故事【更新版】／黃晨淳編著
—— 四版. ——臺中市：好讀出版有限公司, 2025.2
面：　公分，——（神話誌 ；1）

ISBN 978-986-178-744-2（平裝）

1.希臘神話　2.羅馬神話

284.95　113019395

好讀出版

神話誌 1

希臘羅馬神話故事【更新版】

作　　者／黃晨淳
總 編 輯／鄧茵茵
文字編輯／莊銘桓、鄧語葶
美術編輯／陳麗蕙
發行所／好讀出版有限公司
台中市407西屯區工業30路1號
台中市407西屯區大有街13號（編輯部）
TEL:04-23157795 FAX:04-23144188　http://howdo.morningstar.com.tw
（如對本書編輯或內容有意見，請來電或上網告訴我們）
法律顧問　陳思成律師

填寫讀者回函
好讀新書資訊

讀者服務專線／ TEL：02-23672044 / 04-23595819#212
讀者傳真專線／ FAX：02-23635741 / 04-23595493
讀者專用信箱／ E-mail：service@morningstar.com.tw
網路書店／ http : //www.morningstar.com.tw
郵政劃撥／ 15060393（知己圖書股份有限公司）
印刷／上好印刷股份有限公司
如有破損或裝訂錯誤，請寄回知己圖書更換

四版／西元 2025 年 2 月 1 日
定價：250元

Published by How Do Publishing Co. ,LTD.
2025 Printed in Taiwan

ISBN 978-986-178-744-2